高等职业教育“互联网+”新形态教材

管理学基础

主　编　郝　倩　王志伟　程　继
副主编　邓瑞芬　娄芳芳　聂丽君
　　　　张平平　嘉　丹　廖洪富
参　编　王成云　贺旭红　郭花容
　　　　赵倩蓉　唐倩倩

扫码申请更多资源

南京大学出版社

内容简介

本书根据高等职业教育教学及改革的实际需求，以培养适应社会需要的高素质、高技能人才为出发点，注重高职高专学生适用性、实践性的特点，以培养学生树立管理理念、掌握管理方法、能进行管理实践的分析决策为目标。本书以项目教学为主，根据管理的基本原理和工作内容分为5个项目，每个项目按需解决和掌握的问题分为不同的任务。每个任务以“任务情境”作为导入，以“知识准备”作为基本内容，以“案例分析”和“任务实施”作为基础能力，以“提升扩展”作为扩展能力，实现“教、学、做、思”一体化。本书既可作为高等职业技术院校、大中专及职工大学财经商贸类相关专业的教材，也可作为相关技术人员的参考教材。

图书在版编目(CIP)数据

管理学基础/郝倩，王志伟，程继主编. —南京：南京大学出版社，2021.8(2023.9 重印)
ISBN 978-7-305-24756-9

Ⅰ.①管… Ⅱ.①郝… ②王… ③程… Ⅲ.①管理学—高等职业教育—教材 Ⅳ.①C93

中国版本图书馆 CIP 数据核字(2021)第 147276 号

出版发行　南京大学出版社
社　　址　南京市汉口路 22 号　　　邮编　210093
出 版 人　王文军

书　　名　管理学基础
主　　编　郝　倩　王志伟　程　继
责任编辑　武　坦　　　编辑热线 025-83592315

照　　排　南京开卷文化传媒有限公司
印　　刷　南京人文印务有限公司
开　　本　787×1092　1/16　印张 14　字数 340 千
版　　次　2021 年 8 月第 1 版　2023 年 9 月第 3 次印刷
ISBN 978-7-305-24756-9
定　　价　42.00 元

网　　址：http://www.njupco.com
官方微博：http://weibo.com/njupco
微信服务号：njuyuexue
销售咨询热线：(025)83594756

前　言

《管理学基础》是高等职业教育专科财经类专业的必修课程，本书以培养适应社会需要的高素质、高技能人才为出发点，注重高职高专学生适用性、实践性的特点，以培养学生树立管理理念，掌握管理方法，能进行管理实践的分析决策为目标。

本书以项目教学为主，根据管理的基本原理和工作内容分为5个项目，每个项目按需解决和掌握的问题分为不同的任务。每个任务以“任务情境”为导入，以“知识准备”为基本内容，以“案例分析”和“任务实施”为基础能力，以“提升扩展”为扩展能力，实现“教、学、做、思”一体化。

本书教学采用翻转课堂的方式，以学生为主。课前教师安排学生了解任务要求、阅读案例素材、自学理论知识内容，编制任务方案。课中以学生共同讨论和方案展示为主，教师通过设问、点评等形式与学生共同探讨，引导学生掌握正确的管理理念和方法。课后安排学生通过网络、实地考察等形式，了解现代先进管理思想和技术的实际应用，分析不同企业的管理模式和成败经验，形成分析报告。

编者希望通过教材改革，探索理论与实践结合的教学模式，实现高职高专学生会动手、会思考、能管理的培养目标，使学生从技能型人才向技术型人才转变。每个项目附有习题和案例，便于学生理解和练习，学生能够举一反三，融会贯通。

本书由湖南财经工业职业技术学院、武汉商贸职业学院、湖南水利水电职业技术学院、安徽商贸职业技术学院的一线教师和行业专家结合多年的教学和管理实践经验编写而成。由湖南财经工业职业技术学院郝倩、王志伟，武汉商贸职业学院程继担任主编；由湖南财经工业职业技术学院邓瑞芬、娄芳芳，湖南水利水电职业技术学院聂丽君，安徽商贸职业技术学院张平平、湖南财经工业职业技术学院嘉丹、廖洪富担任副主编；由湖南财经工业职业技术学院王成云、贺旭红、郭花容、赵倩蓉、唐倩倩担任参编。全书最后由郝倩负责统稿定稿。

由于编者水平有限，书中的错误在所难免，恳请读者给予批评指正。

编　者

2021年5月

前言

目　录

拓展资料

项目一 管理导论

项目导学

本项目主要通过组成管理和学习团队，采用情境模拟方式，分析实际企业管理案例，了解管理的基本思维、角色、技能，探索管理发展历程和管理思想的演进，从而建立基本的管理理念和意识。

学习目标

【认知目标】

1. 了解管理和管理者的概念；
2. 了解管理者的角色和技能；
3. 了解管理学的发展演变的历史；
4. 了解管理学主流的管理思想与理论。

【情感目标】

1. 培养自我管理的意识；
2. 培养团队协作精神；
3. 培养勇于探索和创新精神。

【技能目标】

1. 能分析判断企业管理岗位的构成和管理层级；
2. 具有初步应用现代理念和理论分析与处理实际管理问题的能力；
3. 能够从管理思想的高度认识与分析我国的经济改革。

任务1　管理与管理者

任务情境

IHS Technology 中国研究总监王阳发布了《2016 年中国十大智能手机厂商排行》，华为依然稳坐第一名，小米 2016 年手机销量遭遇严重下滑。

品　牌	华　为	OPPO	vivo	小　米	中　兴	联　想	TCL	金　立	魅　族	乐　视
出货量(台)	1.39亿	9 500万	8 200万	5 800万	5 700万	5 000万	3 400万	2 800万	2 200万	1 900万

与2015年小米手机7 100万台的销量比，小米2016年销量暴跌了30%左右，甚至不及2014年度的6 112万台。

任务要求

如你作为小米的CEO，面对公司如此状况，你将做什么？

知识准备

一、管理

（一）管理的概念

管理是在特定的环境下，一定组织中的管理者，通过实施计划、组织、领导、控制等职能来协调他人的活动，以充分利用资源，从而实现组织目标的活动过程。

（二）管理的内涵

(1) 管理是组织行为的重要组成部分。组织作为一个行为的系统，其内部行为中除了主要从事具体操作活动的操作行为外，还包括专门对各种操作行为进行协调的一般性协调行为，即管理行为。离开了管理，就无法对各种操作行为进行分解、综合和协调。当然，离开组织行为或协调行为，管理也就不复存在。

(2) 管理的实质是协调。管理适应协调的需要而产生，并因不同的协调水平而产生不同的管理效应。任何经济活动，都是各种要素资源的结合，不同的结合方式与结合状况会产生不同的结果。只有有效的管理，才能整合各种资源，实现资源的最佳组合。

(3) 管理的目的是实现组织目标。任何管理活动都必须围绕实现组织目标来进行，而组织目标又是通过执行相互关联的计划、组织、领导、控制等管理职能实现的。任何一个组织都是为实现某种目标而组成的人和技术的系统安排，任何管理活动都是围绕组织目标而进行的，在管理过程中执行的计划、组织、领导、控制等各项职能，无不体现出管理具有一定的目的性，是一种有意识、有目的的活动过程。

(4) 管理活动是在一定的环境下进行的。管理始终处于不断变化的内外环境之中，能否适应环境的变化，审时度势，因势利导，灵活应变，是决定管理成败的重要因素。

思考

作为一名学生，你认为在课堂教学中教师为什么管，管什么，怎么管？

二、管理者

（一）管理者的概念

管理者是指在组织中直接监督和指导他人工作的人。管理者通过其职位和知识，对组织负有贡献的责任，因而能够实质性地影响该组织经营及达成成果的能力。现代观点强调管理者必须对组织负责，而不仅仅是权力。与管理者相对应的是非管理者。

（二）管理者的分类

1. 基层管理者

基层管理者是指那些在组织中直接负责非管理类员工日常活动的人，主要职责是直接指挥和监督现场作业人员，保证完成上级下达的各项计划和指令。基层管理者的称谓主要有督导、团队主管、教练、轮值班长、系主任、部门协调人、部门组长等。

2. 中层管理者

中层管理者是指位于组织中的基层管理者和高层管理者之间的人，中层管理者主要职责是正确领会高层的指示精神，创造性地结合本部门的工作实际，有效指挥各基层管理者开展工作，注重的是日常管理事务。中层管理者的称谓主要有部门主管、机构主管、项目经理、业务主管、地区经理、部门经理、门店经理等。

3. 高层管理者

高层管理者是指组织中居于顶层或接近于顶层的人，高层管理者主要职责是对组织负全责，主要侧重于沟通组织与外部的联系和决定组织的大政方针，注重良好环境的创造和重大决策的正确性。高层管理者的称谓主要有总裁、副总裁、行政长官、总经理、首席运营官、首席执行官、董事会主席等。

思考

作为一名即将走向职场的大学生，你认为自己具备了能担任哪级管理者的能力和素质？

三、管理者的角色

亨利·明茨伯格（Henry Mintzberg）研究发现管理者扮演着十种角色，这十种角色可被归入三大类：人际角色、信息角色和决策角色，如表 1－1 所示。

表 1－1　管理者的角色

角　色	描　述	特征活动
人际关系方面		
1. 挂名首脑	象征性的首脑，必须履行许多法律性的或社会性的例行义务	迎接来访者，签署法律文件

续　表

角　色	描　述	特征活动
2. 领导者	负责激励和动员下属，负责人员配备、培训和交往的职责	实际上从事所有的有下级参与的活动
3. 联络者	维护自行发展起来的外部接触和联系网络，向人们提供恩惠和信息	发感谢信，从事外部委员会工作，从事其他有外部人员参加的活动
信息传递方面		
4. 监听者	寻求和获取各种特定的信息（其中许多是即时的），以便透彻地了解组织与环境	阅读期刊和报告，保持私人接触，作为组织内部和外部信息的神经中枢
5. 传播者	将从外部人员和下级那里获得的信息传递给组织的其他成员——有些是关于事实的信息，有些是解释和综合组织的有影响的人物的各种价值观点	举行信息交流会，用打电话的方式传达信息
6. 发言人	向外界发布有关组织的计划、政策、行动结果等信息；为组织所在产业方面的专家	举行董事会，向媒体发布信息
决策制定方面		
7. 企业家	寻求组织和环境中的机会，制定“改进方案”以发起变革，监督这些方案的策划	制定战略，检查会议决策执行情况，开发新项目
8. 混乱驾驭者	当组织面临重大的、意外的动乱时，负责采取补救行动	制定战略，检查陷入混乱和危机的时期
9. 资源分配者	负责分配组织的各种资源——事实上是批准所有重要的组织决策	调度、询问，授权，从事涉及预算的各种活动和安排下级的工作
10. 谈判者	在主要的谈判中作为组织的代表	参与工会进行合同谈判

（一）人际角色

人际角色直接产生于管理者的正式权力基础，管理者在处理与组织成员和其他利益相关者的关系时，扮演人际角色。管理者所扮演的三种人际角色：挂名首脑（代表人）、领导者、联络者。

（二）信息角色

在信息角色中，管理者负责确保和其一起工作的人具有足够的信息，从而能够顺利完成工作。信息角色中包括监听者（监督者）、传播者、发言人。

（三）决策角色

在决策角色中，管理者处理信息并得出结论。如果信息不用于组织的决策，这种信息就丧失其应有的价值。管理者负责做出组织的决策，使工作小组按照既定的路线行事，并分配资源以保证小组计划的实施。决策角色包括企业家、混乱驾驭者（干扰应对者）、资源分配者、谈判者。

管理者要扮演好人际关系角色，就要具备一定的责任感和人格魅力，要注意形象、善于沟通。管理者要扮演好信息角色，就要思维敏锐，要善于捕捉信息，表达能力要强。管理者要扮演好决策角色，就要善于放权，要有远见，能够自我控制，临危不乱，当然也要善于沟通。

案例分析 1－1

李莉扮演的角色

李莉是某市有名的女强人，典型的职业女性，担任某宾馆的总经理已经 10 年了，在此期间。该宾馆为商务和旅游旅行者提供高质量的旅馆服务，现拥有 150 名员工，4 个部门，每年上缴国家利税 2 000 多万元。李莉信奉“业精于勤”这 4 个字。

这一日，她早上 5:00 起床，穿衣，洗脸，化妆，吃饭。5:30 上路，16 分钟后到达办公室。坐下后开始浏览报纸，当天的日程已经安排好了。6:00 准时召开高层领导班子碰头会；上午视察第三分部；下午写一篇 10 分钟的演讲稿，以便在明天的旅游业会议上致辞。

5:58，原定高层领导班子碰头会的时间到了。会议的议题是由运营副总经理汇报全面质量管理计划的进展情况；讨论年度资金预算情况；解决第二分部春节期间由于供热系统出现问题而引起的顾客投诉；讨论今年的“五一黄金周”如何做广告来提高宾馆的收入。李莉对会议的内容和结果基本满意，因为大家发言踊跃，对备选的解决方案准备得都很充分。会议用了 1 小时 20 分钟。

7:30，早操、早歌时间。“一日之计在于晨”，李莉认为这是企业文化的一项重要内容，早操锻炼身体、早歌凝聚人心。10 年来，她基本上就是利用这个时间和这种形式激励员工，使每位员工一天都有好心情和奋斗力。她也以身作则，带领大家不断向前进步。

7:50，李莉坐上了前往第三分部的汽车。虽然总部有计算机决策支持系统，可以帮助她根据各分部的入住率、客户投诉次数和其他服务质量指标来评估业绩，并能够在出现问题时做出快速的反应，但她仍然坚持每月一次的实地考察。她说：“走动管理至少有 3 个好处，一是可以直接获得计算机不能提供的、更可靠的信息，有时这些信息非常重要；二是可以激励员工，振奋人心；三是可以拉近与顾客的距离，能更加准确地知道他们想要什么样的服务。”

8:40，到达目的地。她走访了每位员工及一些顾客，与他们进行了亲切的交谈，对于他们提出的问题，都记录在笔记本上，以备改进。后来又察看了分部的每处地方，如餐厅、游艺厅等。

11:30，视察结束，吃完简单的工作午餐后，于 13:00 回到办公室。铺开稿纸，准备写演讲稿。

13:30，秘书进来告诉她说某装饰公司的胡经理来了。李莉想公司是胡经理的老客户，以前胡经理对公司非常优惠，装修质量也不错，但最近装饰材料价格上涨，公司若按以前的报价，胡经理肯定不会承揽即将进行的总部翻新工程。翻新工程不大不小，领导班子决定预算在 30 万元，假如胡经理不同意这个价格，公司将在全市公开招标，她知道毕竟他们也不想失去老客户。

15:00，送走胡经理后，李莉的注意力又回到了演讲稿上。

16:00，演讲稿完成。

案例分析
1－1 解析

李莉喜欢像今天这样紧张而有序的日子，她觉得这样才过得充实、有意义。每当总结一天的情况，进而看到公司在不断发展壮大时，李莉浑身的疲惫就会烟消云散，取而代之的是全身的兴奋和喜悦之情。

请问：李莉在这一天中都扮演了什么角色？

四、管理者的技能

不管什么类型的组织中的管理者，也不管他处于哪一管理层次，所有的管理者都需要有一定的管理技能。罗伯特·李·卡茨（Robert L.Katz）列举了管理者所需的三种素质或技能，海因茨·韦里克对此进行了补充。综合来说，管理者需要具备的素质或管理技能主要有四个。

（一）技术技能

技术技能是指对某一特殊活动——特别是包含方法、过程、程序或技术的活动——的理解和熟练。它包括专门知识、在专业范围内的分析能力以及灵活地运用该专业的工具和技巧的能力。技术技能主要是涉及“物”（过程或有形的物体）的工作。

（二）人事技能

人事技能是指一个人能够以小组成员的身份有效地工作的行政能力，并能够在他所领导的小组中建立起合作的努力，也即协作精神和团队精神，创造一种良好的氛围，以使员工能够自由地、无所顾忌地表达个人观点的能力。管理者的人事技能是指管理者为完成组织目标应具备的领导、激励和沟通能力。

（三）思想技能

思想技能包含：“把企业看成一个整体的能力。包括识别一个组织中的彼此互相依赖的各种关系，企业部分的改变如何影响其他部分，进而判断个别企业与行业、社团的总体关系，并在任何时候都能对上述关系正确地领会和把握。”即能够总揽全局，判断出重要因素并了解这些因素之间关系的能力。

（四）设计技能

设计技能是指以有利于组织利益的种种方式解决问题的能力，特别是高层管理者，不仅要发现问题，还必须像一名优秀的设计师那样具备找出某一问题切实可行的解决办法的能力。如果管理者只能看到问题的存在，并只是“看到问题的人”，他们就是不合格的管理者。管理者必须具备这样一种能力，即能够根据所面临的现状找出行得通的解决方法的能力。

这些技能对于不同管理层次的管理者的相对重要性是不同的。技术技能、人事技能的重要性依据管理者所处的组织层次从低到高逐渐下降，而思想技能和设计技能则相反。对基层管理者来说，具备技术技能是最为重要的，具备人事技能在同下层的频繁交往中也非常有帮助。当管理者在组织中的组织层次从基层往中层、高层发展时，随着他同下级直接接触的次数和频率的减少，人事技能的重要性也逐渐降低。也就是说，对于中层管理者来说，对技术技能的要求下降，而对思想技能的要求上升，同时具备人事技能仍然很重要。但对于高层管理者而言，思想技能和设计技能特别重要，而对技术技能、人事技能的要求相对来说则很低。当然，这种管理技能和组织层次的联系并不是绝对的，组织规模大小等一些因素对此也会产生一定的影响。

案例分析 1－2

小郭的成长

学工商管理专业的小郭，大学毕业后到某机电公司工作。公司给他安排的工作是液压装配车间主任助理，负责车间的质检和监督工作。由于对液压装配所知甚少，在管理上也没有实际经验，所以他感到几乎每天都手忙脚乱。可是他非常认真好学，一方面，他仔细参阅部门所订的工作手册，并努力向书本、向工人师傅们学习有关的技术知识；另一方面，车间主任也对他主动指点，使他逐渐摆脱困境，胜任了工作。经过半年多的努力，他已有能力独担液压装配的车间主任工作。可是，当时公司并没有提升他为车间主任，而是在他工作刚满八个月的时候直接提拔为装备部经理，负责包括液压装配在内的四个装配车间的领导工作。

他当车间主任助理时，主要关心的是每天的作业管理，技术性很强；而当装配部经理时，他发现自己不能只关心当天的装配工作状况，他还得做出此后数周乃至数月的规划，还要完成许多报告和参加许多会议，还必须协调处理四个装配车间之间的关系。他没有多少时间去从事他过去喜欢的技术工作。当上装配部经理后不久，他就发现原有的装配工作手册已基本过时了，因为公司又安装了许多新的设备，引入了一些新的技术，于是，他又花了大量时间去修订工作手册，使之符合实际。在往后的工作中，他发现，仅仅靠个人的力量不够，因为车间的工艺设备经常更新，于是，他开始把一些工作交给助手去做，教他们如何去完成。这样，他可以腾出更多的时间用于规划工作和帮助他的下属把工作做得更好，以花更多的时间去参加会议、批准报告和完成自己向上级的工作报告。

两年后，公司决定任命小郭为总裁助理，这是一个高级的职务。他知道，职位的提升，意味着对自己的能力提出了更高的要求，他不禁担忧起来：自己的未来究竟会如何？

请问：小郭职务的变化对其管理技能的要求发生了怎样的变化？总裁助理对小郭的哪些能力提出了更高的要求？

案例分析
1－2 解析

任务实施

1. 全班分成 5 个小组(每组 5～10 人)，组成小米公司管理团队。
2. 每组选出 CEO，并按工作岗位对团队成员进行分工。
3. 分组由 CEO 组织管理团队对小米现状进行分析，并提出改进方案。
4. 分组进行汇报，并进行点评。

任务评价与反馈

评价指标		A组	B组	C组	D组	E组
职业素质能力（30分）	仪态仪表（10分）					
	语言表达（10分）					
	精神面貌（10分）					
团队协作能力（30分）	岗位分工（10分）					
	成员参与（10分）					
	合作效果（10分）					
职业技能能力（40分）	PPT制作（10分）					
	分析能力（10分）					
	决策能力（10分）					
	组织能力（10分）					
总　分						

扩展提升

企业高层管理岗位构成

CEO(Chief Executive Officer)	首席执行官
COO(Chief Operating Officer)	首席运营官
CFO(Chief Financial Officer)	首席财务官
CTO(Chief Technology Officer)	首席技术官
CIO(Chief Information Officer)	首席信息官
CSO(Chief Security Officer)	首席安全官
CKO(Chief Knowledge Officer)	首席知识官
CMO(Chief Marketing Officer)	首席市场官/首席营销官
CCO(Chief Crisis Official)	首席危机官

CHO(Chief Human Resources Officer)　　人力资源总监
CPA(Certified Public Accountant)　　注册会计师
CPO(Chief Privacy Officer)　　首席隐私官
CBO(Chief Brand Officer)　　首席品牌官
CAO(Chief Administrative Officer)　　首席行政官
CGO(Chief Government Officer)　　首席政府关系官
CRO(Chief Research Officer)　　研究总监
CPO(Chief Procurement Officer)　　首席采购官
CQO(Chief Quality Officer)　　首席质量官

京东组织架构示意图(见图 1-1)

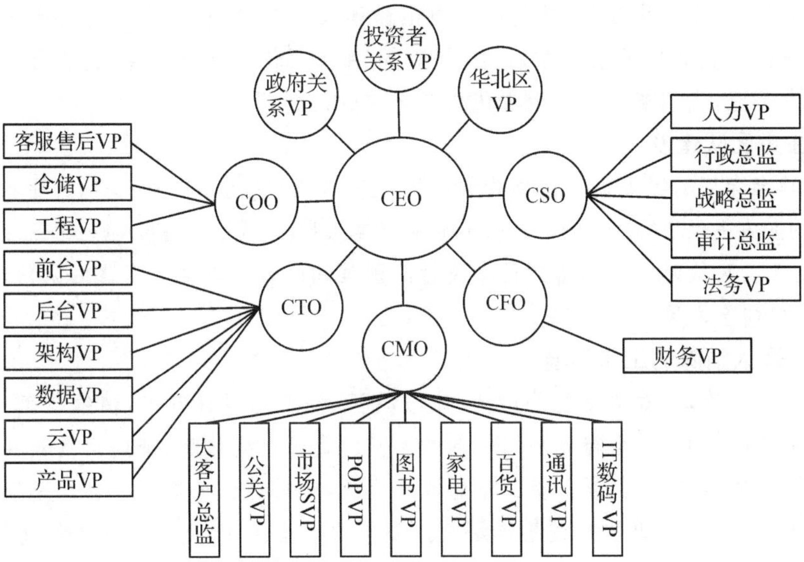

图 1-1　京东组织架构示意图

任务 2　管理思想与理论的发展

任务情境

西安杨森的人性化管理

西安杨森制药有限公司成立于 1985 年 10 月。合资中方以陕西省医药工业公司为代表,外方为美国强生公司的成员比利时杨森制药有限公司。总投资 1.9 亿元人民币,注册资本比例为外方占 52%,中方占 48%,合资期限 50 年。

一、严格管理，注重激励

合资企业的工人和中层管理人员是由几家中方合资单位提供的。起初，他们在管理意识上比较涣散，不适应严格的生产要求。有鉴于此，合资企业在管理上严格遵循杨森公司的标准，制定了严格的劳动纪律，使员工逐步适应新的管理模式。

通过调查研究发现，在中国员工尤其是较高层次的员工中，价值取向表现为对高报酬和工作成功的双重追求。优厚的待遇是西安杨森吸引和招聘人才的重要手段，而不断丰富的工作意义，增加工作的挑战性和成功的机会则是公司善于使用人才的关键所在。在创建初期，公司主要依靠销售代表的个人能力，四处撒网孤军奋战，对员工采用的是个人激励。从“人员—职位—组织”匹配原则出发，选用那些具有冒险精神、勇于探索、争强好胜又认同企业哲学对企业负责的人作为企业的销售代表，主要是医药大学应届毕业生和已有若干年工作经验的医药代表。此时，西安杨森大力宣传以“鹰”为代表形象的企业文化，“鹰是强壮的，鹰是果敢的，鹰是敢于向山巅和天空挑战的，他们总是敢于伸出自己的颈项独立作战。在我们的队伍中，鼓励出头鸟，并且不仅要做出头鸟，还要做搏击长空的雄鹰。作为企业，我们要成为全世界优秀公司中的雄鹰。”

二、注重团队建设

在1996年年底的销售会议中，集中学习并讨论了“雁的启示”：“……当每只雁展翅高飞时，也为后面的队友提供了‘向上之风’。由于组成V字队形，可以增加雁群71%的飞行范围。”

“当某只雁离队时它立即感到孤独飞行的困难和阻力。它会立即飞回队伍，善用前面同伴提供的‘向上之风’继续前进。”

三、充满人情味的工作环境

每当逢年过节，总裁即使在外出差、休假，也不会忘记邮寄贺卡，捎给员工一份祝福。在员工过生日的时候，总会得到公司领导的问候。员工生病休息，部门负责人甚至总裁都会亲自前去看望，或写信问候。员工结婚或生小孩，公司都会把这视为自己家庭的喜事而给予热烈祝贺，公司还曾举办过集体婚礼。公司的有些活动，还邀请员工家属参加，一起分享大家庭的快乐。主办的内部刊物名字就叫《我们的家》，以此作为沟通信息、联络感情、相互关怀的桥梁。

经过公司的中外方高层领导之间几年的磨合，终于形成共识：职工个人待业、就业、退休保险、人身保险由公司承担，由部门专门负责；员工的医疗费用可以全部报销。在住房上，他们借鉴新加坡的做法，并结合中国房改政策，员工每月按工资支出25%，公司相应支出35%，建立职工购房基金。

四、加强爱国主义的传统教育

1996年11月22日，西安杨森的90多名高级管理人员和销售骨干，与来自中央和地方新闻单位的记者及中国扶贫基金会的代表一起由江西省宁冈县茅坪镇向井冈山市所在地的茨坪镇挺进，“进行30.8公里的‘96西安杨森领导健康新长征’”活动。他们每走3.08公里，就拿出308元人民币捐献给井冈山地区的人民，除此以外，个人也进行了捐赠。公司还向井冈山地区的人民医院赠送了价值10万元的药品。

1996年冬天的早晨，北京天安门广场上出现了一支身穿“我爱中国”红蓝色大衣的30多人的队伍，中国人、外国人都有，连续许多天进行长跑，然后观看庄严肃穆的升国旗仪式，高唱国歌。这是西安杨森爱国主义教育的又一部分。

前任美籍总裁罗健瑞说:“我们重视爱国主义教育,使员工具备吃苦耐劳的精神,使我们企业更有凝聚力。因为很难想象,一个不热爱祖国的人怎能热爱公司,而且我也爱中国!”

任务要求

1. 西安杨森的管理实践中用到了哪些管理方法?
2. 失去员工认同的经营理念会成功得到贯彻吗?
3. 你认为在企业管理中应该如何正确运用教育方法?

知识准备

一、早期管理思想

(一) 古罗马帝国的卓越组织

古罗马帝国之所以兴盛,在很大程度上应归功于领导者卓越的组织才能,他们采取了较为分权的组织管理形式,从一个小城市发展成为一个世界帝国,在公元 2 世纪取得了统治欧洲和北非的成功,并延续了几个世纪的统治。

(二) 中国古代的管理实践

在中国古代典籍中也有不少有关管理思想的记载,如《周礼》中记有对行政管理制度和责任的具体叙述。《孟子》《孙子》等书对管理的职能(如计划、组织、指挥和用人等)都有不少适用于今天的精辟见解。秦始皇改订李悝《法经》,从规定到实践都体现了古代管理思想中一种改革和创新的精神。

(三) 中世纪西方的管理实践

中世纪是指公元 6—18 世纪,在欧洲大体上是奴隶社会末期直至资本主义萌芽时期,社会生产力、商品生产有一定的发展,并产生了所谓的“重商主义”。从管理来看,主要出现了两种类型的社会经济活动的组织形式:一种是商业行会和手工业行会,另一种是厂商组织。为了筹措资金,有两种主要的形式:合伙和联合经营。二者都是后来公司的前身。

随着工业革命及工厂制度的发展,工厂及公司的管理越来越突出,也有很多实践。许多理论家,特别是经济学家,在其著作中越来越多地涉及有关管理方面的问题。很多实践者(主要是厂长、经理)则注重总结自己的经验,共同探讨有关管理问题。

案例分析 1-3

摩西出埃及记

《圣经》里说,希伯来(今天的以色列)人的领袖摩西在率领希伯来人摆脱埃及人的奴役而出走的过程中，一路上是“扶老携幼”“将男带女”“乱乱纷纷”“熙熙攘攘”，每天只走10来里路。人们的大小事情都找摩西解决，这使摩西狼狈不堪。他的岳父叶忒罗对他处理政务事必躬亲、东奔西忙的做法提出了批评，并向他建议：一要制定法令，昭告民众；二要建立等级、授权委任管理；三要责成专人专责管理，问题尽量处理在下面，只有最重要的政务才提交摩西处理。于是摩西在每10个人中选一个能干的当“小头儿”，“小头儿”们再选精明些的当“大头儿”，“大头儿”们再选更精明的人当“更大的头儿”，这些更大的头儿则由摩西指挥。居民有事，逐级处理或上报；摩西有令，逐级下达和执行。这样一来，居民们就成了有秩序的队伍，行进速度就加快了，摩西也有时间考虑大事了。摩西听了岳父的建议，对民众进行了组织，行进速度加快了，顺利到达了目的地。

案例分析
1－3解析

请问：摩西的岳父的指点体现了管理学中的什么管理思想？

二、古典管理理论

（一）科学管理理论

弗雷德里克·温斯洛·泰勒（Frederick Winslow Taylor，1856—1915，美国人）持续研究操作方法和动作时间而形成科学管理理论体系，1911年出版《科学管理原理》，阐述了科学管理理论。《科学管理原理》的出版标志着系统化管理理论正式形成，管理正式成为一门科学，泰勒因此被称为“科学管理之父”。

泰勒对科学管理做了这样的定义：“诸种要素——不是个别要素的结合，构成了科学管理，它可以概括如下：科学，不是单凭经验的方法。协调，不是不和别人合作，不是个人主义。最高的产量，取代有限的产量。发挥每个人最高的效率，实现最大的富裕。”这个定义，既阐明了科学管理的真正内涵，又综合反映了泰勒的科学管理思想。“科学管理”理论的主要内容概括为以下八个方面：

（1）科学管理的中心问题是提高效益，因此要制定工作定额。

（2）为了提高劳动生产率，必须为工作挑选“第一流的工人”。

（3）要使工人掌握标准化的操作方法，使用标准化的工具、机器和材料，并使作业环境标准化，这就是所谓标准化原理。

（4）实行刺激性的计件工资报酬制度。

（5）工人和雇主两方面都必须认识到提高效率对双方都有利。

（6）把计划职能同执行职能分开，变原来的经验工作法为科学工作法。

（7）实行“职能工长制”。

（8）在组织机构的管理控制上实行例外原则。

小知识

“科学管理之父”——泰勒

弗雷德里克·温斯洛·泰勒（Frederick Winslow Taylor，1856—1915），出生于1856

图 1-2　泰勒

年 3 月 20 日，于 1915 年 3 月 21 日去世。泰勒出生在美国费城一个富有的律师家庭，中学毕业后考上哈佛大学法律系，但不幸因眼睛得病而被迫辍学。1875 年，19 岁的泰勒进入费城的一家机械厂当学徒工，1878 年转入费城的米德维尔（Midvale）钢铁公司当技工（机械工人），他在该厂一直干到 1897 年。在此期间，由于他工作努力，表现突出，很快先后被提升为车间管理员、小组长、工长、技师、制图主任。他通过业余学习还获得了机械工程学士学位。泰勒的这些经历，使他有充分的机会去直接了解工人的种种问题和态度，并看到提高管理水平的极大的可能性。1884 年，他升任总工程师。1898—1901 年，泰勒受雇于宾夕法尼亚的伯利恒（Bethlehem）钢铁公司，取得了一种高速的工具钢的专利。1901 年后，他把大部分时间用在写作和演讲上，来宣传他的一套管理理论——“科学管理”。1906 年，泰勒担任美国机械工程师学会主席职务。泰勒在管理学方面的代表作有《计件工资制》（1895 年）、《车间管理》（1903 年）和《科学管理原理》（1911 年）等。

（二）一般管理理论

亨利·法约尔（Henry Fayol，1841—1925，法国人）1916 年发表《工业管理与一般管理》，其管理理论不但可用于工商企业，还可用于政府、教会、慈善团体和军队。法约尔是第一个概括和阐述一般管理理论的管理学家，被称为“经营管理理论之父”。

1. 企业经营的六项基本活动

法约尔在他的一般管理理论中提出企业经营和管理是两个不同的概念。他认为经营意为指导或引导一个组织趋向一个目标，并进而提出经营活动包括六种活动，管理活动只是其中的一种。不论企业大小、复杂还是简单，企业的经营中都必然存在六种基本活动（见图 1-3）：

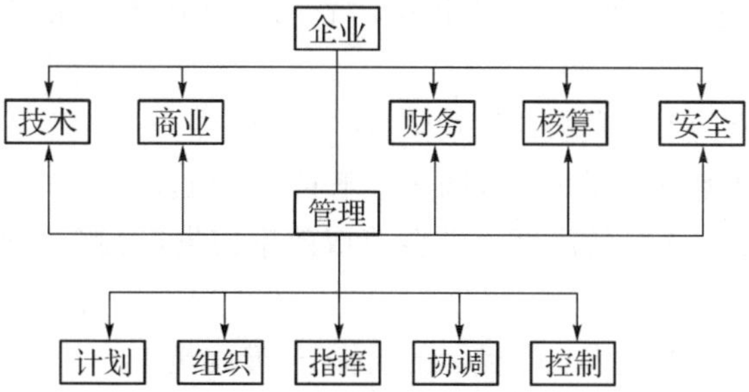

图 1-3　企业的六项基本活动和管理的五项职能图

（1）技术活动指生产制造、加工等活动；

（2）商业活动指购买、销售、交换等活动；

（3）财务活动指资金的筹措和运用；

（4）安全活动指设备的维护和职工安全的活动；

（5）会计活动指货物盘存、成本统计、核算等；

（6）管理活动包括计划、组织、指挥、协调和控制五项职能活动。

2. 管理的五项职能

法约尔指出，管理是一种普遍存在于各种组织的活动，这种活动对应着计划、组织、指挥、协调和控制五种职能，从而形成一个完整的管理过程。

（1）计划。对有关事件的预测，并且以预测的结果为根据，拟定出一项工作方案。

（2）组织。为组织中各项劳动、材料、人员等资源提供一种结构。

（3）指挥。有关促使组织为达成目标而行动的领导艺术。

（4）协调。为达成组织目标而进行的维持必要的统一的工作。

（5）控制。保证各项工作按既定计划进行。

3. 法约尔的14条管理原则

法约尔根据自己的工作经验，归纳出简明的14条管理原则：

（1）分工。类似亚当·斯密的劳动分工原则，其核心在于专业化可以提高生产率，从而增加产出。

（2）权力责任。管理者有发布命令并使人服从的力量；而此权力的前提是，管理者遵从职权对等的管理思想。

（3）纪律。全体员工服从和遵守组织运作中的原则。

（4）统一指挥。任何一位员工只接受一位上级的指挥。

（5）统一领导。为达成同一目标而从事的各种活动，只能在一个领导和一个计划下进行。

（6）个人利益服从整体利益。

（7）员工报酬。报酬合理，能够奖励有益的工作成果和激发全体员工的工作热情。

（8）集权化。必须根据组织的客观情况，确定适度的决策权力的根本与集中的结构。

（9）等级链。组织机构由最高层到最基层所形成的层次结构，这一结构实际上是一条权力线，它是自上而下和自下而上确保信息传递的必经途径。在一定条件下，允许跨越权力线而直接进行的横向沟通，可以克服由于统一指挥而产生的信息传递延误（这一原则称为“跳板原则”）。

（10）秩序。每位员工都必须各就其位，各得其所。

（11）公平。管理者应该以其忠诚和热心来对待下属。

（12）员工的稳定。人员的高度流动会造成效率损失，因此，管理应该提供合理的人事计划以保证工作的完成。

（13）创造性。在尽力完成工作目标的前提下，鼓励员工的首创精神。

（14）集体精神。鼓励团队精神，以实现组织内部成员之间的协调和合作。

（三）行政组织理论

马克斯·韦伯（Max Weber，1864—1920，德国人）着重于组织理论的研究，提出了“理想的行政组织体系”理论，先后写了《新教徒伦理》《经济史》《社会组织与经济组织理论》等书，被誉为是“组织理论之父”。

韦伯的理想行政组织结构可分为三层,其中最高领导层相当于组织的高级管理阶层,行政官员相当于中级管理阶层,一般工作人员相当于基层管理阶层。企业无论采用何种组织结构,都具有这三层基本的原始框架。理想行政组织结构具有如下特点:

(1) 明确的分工。职位的权利和义务都应有明确的规定,人员按职业专业化进行分工。

(2) 自上而下的等级系统。职位按照等级原则进行法定安排,形成自上而下的等级系统。

(3) 人员的任用。人员的任用要根据职务的要求,通过正式考试和教育训练来进行。

(4) 职业管理人员。管理人员有固定的薪金和明文规定的升迁制度,是一种职业。

(5) 遵守规则和纪律。管理人员必须严格遵守组织中规定的规则和纪律以及办事程序。

(6) 组织中人员之间的关系。组织中人员之间的关系完全以理性准则为指导,只是职位关系而不受个人情感影响。这种公正不倚的态度,不仅适用于组织内部,而且适用于组织与外界的关系。

韦伯认为,这种高度结构的、正式的、非人格化的理想行政组织体系是人们进行强制控制的合理手段,是达到目标、提高效率的最有效形式。

案例分析 1-4

泰勒科学管理的试验

一、金属切削试验

从 1881 年起,泰勒在米德维尔钢铁公司 (Midvale Steel Works) 任职。为了解决工人的怠工问题,他进行了金属切削试验。他运用自己所具备的一些金属切削的作业知识,对车床的效率问题进行了研究,研究在运用车床、钻床、刨床等进行金属切削工作时,要决定用什么样的刀具、多大的速度等来获得最佳的加工效率。由于这项试验非常复杂和困难,原来预定为 6 个月的试验,实际却用了 26 年,花费了巨额资金,耗费了 80 多万吨钢材,总共耗费约 15 万美元。最后在巴斯和怀特等十几名专家的帮助下,取得了重大的进展。这项试验还获得了一个重要的副产品——高速钢的发明并取得了专利。试验结果表明能大大提高金属切削机工产量的高速工具钢,并取得了各种机床适当的转速和进刀量以及切削用量标准等资料。

二、搬运生铁块试验

1898 年起,泰勒受雇于伯利恒钢铁公司,在此期间,他进行了著名的"搬运生铁块试验"和"铁锹试验"。搬运生铁块试验是在这家公司的五座高炉的产品搬运组大约 75 名工人中进行的。他们要把 92 磅重的生铁块搬运 30 米,并装到铁路货车上,每人每天平均搬运 12.5 吨,日工资 1.15 美元。泰勒找了一名工人进行了试验,试验搬运的姿势、行走的速度、手放的位置对搬运量的影响以及休息多长时间为好。经过分析确定了装运铁块的最佳方法,并得出 57%的时间用于休息,这样能使每个工人日搬运量达到 47～48 吨(提高了四倍),同时使得工人的日工资提高到 1.85 美元。

三、铁锹试验

当时各公司的铲运工人拿着自家的铁锹上班，这些铁锹各式各样，大小也不一。堆料场中有铁矿石、煤粉、焦炭等，每个工人的日工作量为16吨。泰勒经过观察发现，由于物料的密度不一样，每铁锹的重量也是不一样的。如果是铁矿石，一铁锹有38磅；如果是煤粉，一铁锹只有3.5磅重。那么，一铁锹到底负载多少才适合呢？经过反复试验，最后确定了一铁锹21磅对工人是最适合的。根据试验的结果，泰勒针对不同的物料专门设计出不同形状和规格的铁锹。以后，工人上班时都不用自带铁锹，而是根据物料情况从公司领取特制的标准铁锹，工作效率因此大大提高。这一研究的结果是非常杰出的，堆料场的劳动力从400～600人减少为140人，平均每人每天的操作量从16吨提高到59吨，每个工人的日工资也从1.15美元提高到1.88美元。

案例分析 1-4解析

请问：泰勒的三次试验分别反映了管理科学理论的哪些思想，在管理学的发展上具有什么意义？

三、新古典管理理论

（一）人际关系学说

1924年到1932年，以乔治·埃尔顿·梅奥(George Elton Mayo，1880—1949)为首的美国国家研究委员会与西方电气公司合作，在美国西方电器公司霍桑工厂进行长达九年的实验研究——霍桑试验。梅奥对霍桑试验进行了总结，1933年完成了《工业文明中人的问题》一书，提出人际关系学说。

霍桑试验的研究结果否定了传统管理理论对于人的假设，表明工人不是被动的、孤立的个体，他们的行为不仅仅受工资的刺激，影响生产效率的最重要因素不是待遇和工作条件，而是工作中的人际关系。据此，梅奥提出了自己的观点。

1. 工人是“社会人”而不是“经济人”

梅奥认为，人们的行为并不单纯出自追求金钱的动机，还有社会方面的、心理方面的需要，即追求人与人之间的友情、安全感、归属感和受人尊敬等，而后者更为重要。因此，不能单纯从技术和物质条件着眼，而必须首先从社会心理方面考虑合理的组织与管理。

2. 企业中存在着非正式组织

企业中除了存在着古典管理理论所研究的为了实现企业目标而明确规定各成员相互关系和职责范围的正式组织之外，还存在着非正式组织。这种非正式组织的作用在于维护其成员的共同利益，使之免受其内部个别成员的疏忽或外部人员的干涉所造成的损失。为此非正式组织中有自己的核心人物和领袖，有大家共同遵循的观念、价值标准、行为准则和道德规范等。梅奥指出，非正式组织与正式组织有重大差别。在正式组织中，以效率逻辑为其行为规范；而在非正式组织中，则以感情逻辑为其行为规范。如果管理人员只是根据效率逻辑来管理，而忽略工人的感情逻辑，必然会引起冲突，影响企业生产率的提高和目标的实现。因此，管理当局必须重视非正式组织的作用，注意在正式组织的效率逻辑与非正式组织的感情逻辑之间保持平衡，以便管理人员与工人之间能够充分协作。

3. 新的领导能力在于提高工人的满意度

在决定劳动生产率的诸因素中，置于首位的因素是工人的满意度，而生产条件、工资报酬只是第二位的。职工的满意度越高，其士气就越高，从而产生的效率就越高。高的满意度来源于工人个人需求的有效满足，不仅包括物质需求，还包括精神需求。

（二）行为科学理论

行为科学是20世纪30年代开始形成的一门研究人类行为的新学科，一门综合性科学，它研究人的行为产生、发展和相互转化的规律，以便预测人的行为和控制人的行为，以实现提高工作效率，达成组织的目标。1949年在美国芝加哥讨论会上第一次提出"行为科学"的概念，在1953年美国福特基金会召开的各大学科学家参加的会议上，正式定名为"行为科学"。

1. 行为科学的主要代表理论

(1) 人类需要。其代表人物为马斯洛，他提出了"人类需求层次论"，认为人的需求分为五个层次，应针对不同的人对不同层次的需求的追求使其得到相对满足。

(2) 人性管理。即研究同企业管理有关的所谓"人性"问题。其代表人物有麦格雷戈，他提出了"X理论—Y理论"，认为人不是被动的，只要给予一定的外界条件就能激励和诱发人的能动性；阿吉里斯提出了"不成熟—成熟理论"，认为在人的个性发展方面，有一个从不成熟到成熟的连续发展过程，这意味着人的自我表现程度的加强等。

(3) 群体理论。即研究企业中非正式组织以及人与人的关系问题。其代表人物有勒温，提出"团体力理论"；布雷德福，提倡实行"敏感性训练"，通过受训者在团体学习环境中的相互影响，使其更明确自己在团体组织中的地位和责任等。

(4) 领导行为。即研究企业中领导方式的问题。其代表人物有坦南鲍姆和沃伦·施密特，他们提出了"领导方式连续统一体理论"；利克特提出了"支持关系理论"；赫兹伯格提出了"双因素理论"；布莱克和莫顿提出了"管理方格图"。

2. 行为科学理论的主要特点

(1) 把人的因素作为管理的首要因素，强调以人为中心的管理，重视职工多种需要的满足；

(2) 综合利用多学科的成果，用定性和定量相结合的方法探讨人的行为之间的因果关系及改进行为的办法；

(3) 重视组织的整体性和整体发展，把正式组织和非正式组织、管理者和被管理者作为一个整体来把握；

(4) 重视组织内部的信息流通和反馈，用沟通代替指挥监督，注重参与式管理和职工的自我管理；

(5) 重视内部管理，忽视市场需求、社会状况、科技发展、经济变化、工会组织等外部因素的影响；

(6) 强调人的感情和社会因素，忽视正式组织的职能及理性和经济因素在管理中的作用。

案例分析 1-5

霍桑试验

乔治·埃尔顿·梅奥，美国管理学家，原籍澳大利亚，早期的行为科学——人际关系学说的创始人。尽管埃尔顿·梅奥从事过不同的职业，但使他闻名于世的还是他对霍桑实验所做的贡献。1927 年冬，梅奥应邀参加了开始于 1924 年但中途遇到困难的霍桑实验，从 1927 年至 1936 年断断续续进行了为时 9 年的实验研究。霍桑实验是一项以科学管理的逻辑为基础的实验。整个实验前后经过了四个阶段。

1. 车间照明实验——照明实验

照明实验的目的是为了弄明白照明的强度对生产效率所产生的影响。这项实验前后共进行了两年半的时间。然而照明实验进行得并不成功，其结果令人感到迷惑不解，因此有许多人都退出了实验。

2. 继电器装配实验——福利实验

1927 年梅奥接受了邀请，并组织了一批哈佛大学的教授成立了一个新的研究小组，开始了霍桑第二阶段的福利实验。

福利实验的目的是为了能够找到更有效地控制影响职工积极性的因素。梅奥他们对实验结果进行归纳，排除了以下 4 种假设：

(1) 在实验中改进物质条件和工作方法，可导致产量增加。

(2) 安排工间休息和缩短工作日，可以解除或减轻疲劳。

(3) 工间休息可减少工作的单调性。

(4) 个人计件工资能促进产量的增加。

霍桑实验最初的研究是探讨一系列控制条件(薪水、车间照明度、湿度和休息间隔等)对员工工作表现的影响。研究中意外发现，各种试验处理对生产效率都有促进作用，甚至当控制条件回归初始状态时，促进作用仍然存在。这一现象发生在每名受试者身上，对于受试者整体而言，促进作用的结论也为真。最后得出“改变监督与控制的方法能改善人际关系，能改进工人的工作态度，促进产量提高”的结论。

3. 大规模的访谈计划——访谈实验

既然实验表明管理方式与职工的士气和劳动生产率有密切的关系，那么就应该了解职工对现有的管理方式有什么意见，为改进管理方式提供依据。于是，梅奥等人制订了一个征询职工意见的访谈计划，在 1928 年 9 月到 1930 年 5 月不到两年的时间内，研究人员与工厂中的两万名左右的职工进行了访谈。

在访谈计划的执行过程中，研究人员对工人在交谈中的怨言进行分析，发现引起他们不满的事实与他们所埋怨的事实并不是一回事，工人所表述的不满与隐藏在心理深层的不满情绪并不一致。例如，有位工人表现出对计件工资过低不满意，但深入了解后发现，这位工人是在为支付妻子的医药费而担心。

根据这些分析，研究人员认识到，工人由于关心自己个人问题而会影响到工作的效率。所以，管理人员应该了解工人的这些问题。为此，需要对管理人员，特别是要对基层的管理人员进行训练，使他们成为能够倾听并理解工人的访谈者，能够重视人的因素，在与工人相处时更为热情、更为关心他们，这样能够促进人际关系的改善和职工士气的提高。

4. 继电器绕线组的工作室实验——群体实验

这是一项关于工人群体的实验，其目的是要证实在以上的实验中研究人员似乎感觉到在工人当中存在着一种非正式的组织，而且这种非正式的组织对工人的态度有着极其重要的影响。

实验者为了系统地观察在实验群体中工人之间的相互影响，在车间中挑选了 14 名男职工，其中有 9 名是绕线工，3 名是焊接工，2 名是检验工，让他们在一个单独的房间内工作。

实验开始时，研究人员向工人说明，他们可以尽力地工作，因为在这里实行的是计件工资制。研究人员原以为，实行了这一套办法会使职工更为努力地工作，然而结果却是出乎意料的。事实上，工人实际完成的产量只是保持在中等水平上，而且每位工人的日产量都是差不多的。根据动作和时间分析，每位工人应该完成标准的定额为 7 312 个焊接点，但是工人每天只完成了 6 000～6 600 个焊接点就不干了，即使离下班还有较为宽裕的时间，他们也自行停工不干了。这是什么原因呢？研究者通过观察，了解到工人们自动限制产量的理由是：如果他们过分努力地工作，就可能造成其他同伴的失业，或者公司会制定出更高的生产定额来。

研究者为了了解他们之间能力的差别，还对实验组的每个人进行了灵敏度和智力测验，发现 3 名生产最慢的绕线工在灵敏度的测验中得分是最高的。其中，1 名最慢的工人在智力测验上是排行第一，灵敏度测验排行第三。测验的结果和实际产量之间的这种关系使研究者联想到群体对这些工人的重要性。1 名工人可以因为提高他的产量而得到小组工资总额中较大的份额，而且减少失业的可能性，然而这些物质上的报酬却会带来群体中其他成员的非难，因此每天只要完成群体认可的工作量就可以相安无事了。即使在一些小的事情上也能发现工人之间有着不同的派别。绕线工就一个窗户的开关问题常常发生争论，久而久之，就可以看出他们之间不同的派别了。

案例分析
1-5 解析

请问：霍桑试验说明了什么问题？

四、现代管理理论

（一）管理科学理论

管理科学理论是第二次世界大战时兴起的，将数学引入管理领域，运用科学的计量方法来研究和解决管理问题，使管理问题的研究由定性分析发展为定量分析的管理理论。该理论正式成立于 1939 年由英国曼彻斯特大学教授布莱克特领导的运筹学小组，代表人物有埃尔伍德·斯潘赛·伯法、霍勒斯卡·文森、希尔等。管理科学理论有如下主要特点：

(1) 生产和经营管理各个领域的各项活动都以经济效果的好坏作为评价标准，即要求行动方案能以总体的最少消耗获得总体的最大经济效益。

(2) 使衡量各项活动效果的标准定量化，并借助于数学模型找出最优的实施方案和描述事物的现状及发展规律，摒弃单凭经验和直觉确定经营目标与方针的做法。

(3) 依靠电子计算机进行各项管理。

(4) 特别强调使用先进的科学理论和管理方法，如系统论、信息论、控制论、运筹学、概率论等数学方法及数学模型。

(二) 决策理论

决策理论是在第二次世界大战之后发展起来的一门新兴的管理理论。决策理论是以社会系统理论为基础，吸收了行为科学、系统论的观点，运用电子计算机技术和统筹学的方法而发展起来的一种理论。它继承了巴纳德的社会组织理论，着重研究为了达到既定目标所应采取的组织活动过程和方法。决策理论的代表人物有赫伯特·西蒙、詹姆斯·马奇。决策理论的理论要点包括：

(1) 决策贯穿管理的全过程，决策是管理的核心。西蒙指出组织中经理人员的重要职能就是做决策。他认为，任何作业开始之前都要先做决策，制订计划就是决策，组织、领导和控制也都离不开决策。

(2) 系统阐述了决策原理。西蒙对决策的程序、准则、程序化决策和非程序化决策的异同及其决策技术等做了分析。西蒙提出决策过程包括 4 个阶段：搜集情况阶段、拟定计划阶段、选定计划阶段和评价计划阶段。这四个阶段中的每一个阶段本身就是一个复杂的决策过程。

(3) 在决策标准上，用“令人满意”的准则代替“最优化”准则。

(4) 一个组织的决策根据其活动是否反复出现可分为程序化决策和非程序化决策。

(三) 系统管理理论

系统管理理论是运用一般系统论和控制论的理论和方法，考察组织结构和管理职能，以系统解决管理问题的理论体系。代表人物为美国管理学者卡斯特、詹姆斯·E.罗森茨韦克、约翰逊等。卡斯特的代表作为《系统理论和管理》。系统管理理论主要观点如下：

(1) 企业是由人、物资、机器和其他资源在一定的目标下组成的一体化系统，发展同时受到这些组成要素的影响，在这些要素的相互关系中，人是主体，其他要素则是被动的。

(2) 企业是一个由许多子系统组成的、开放的社会技术系统。企业是社会这个大系统中的一个子系统，它受到周围环境(顾客、竞争者、供货者、政府等)的影响，也同时影响环境。它只有在与环境的相互影响中才能达到动态平衡。在企业内部又包含着若干子系统，它们是：① 召标和准则子系统，包括遵照社会的要求和准则，确定战略目标；② 技术子系统，包括为完成任务必需的机器、工具、程序、方法和专业知识；③ 社会心理子系统，包括个人行为和动机、地位和作用关系、组织成员的智力开发、领导方式，以及正式组织系统与非正式组织系统等；④ 组织结构子系统，包括对组织及其任务进行合理划分和分配，协调他们的活动，并由组织图表、工作流程设计、职位和职责规定、章程与案例来说明，还涉及权力类型、信息沟通方式等问题；⑤ 外界因素子系统，包括各种市场信息、人力与物力资源的获得，以及外界环境的反映与影响等。此外，还有一些子系统，如经营子系统、生产子系统，等等。这些子系统还可以继续分为更小的子系统。

(3) 运用系统观点来考察管理的基本职能，可以提高组织的整体效率，使管理人员不至于只重视某些与自己有关的特殊职能而忽视了大目标，也不至于忽视自己在组织中的地位与作用。

(四) 权变管理理论

权变理论是 20 世纪 60 年代末 70 年代初在经验主义理论基础上进一步发展起来的一种管理理论，“权变”是指“随具体情境而变”或“依具体情况而定”，即在管理实践中要根据组织所处的环境和内部条件的发展变化随机应变。代表人物有劳伦斯、洛西、伍德沃德。权变理论的研究包括三个方面：

(1) 组织结构的权变理论。这类理论都把企业组织作为一个开放系统，并试图从系统的相互关系和动态活动中考察和建立一定条件下最佳组织结构的关系类型。

(2) 人性的权变理论。认为人是复杂的，要受多种内外因素的交互影响。因而，人在劳动中的动机特性和劳动态度，总要随其自身的心理需要和工作条件的变化而不同，不可能有统一的人性定论。

(3) 领导的权变理论。认为领导是领导者、被领导者、环境条件和工作任务结构四个方面因素交互作用的动态过程，不存在普遍适用的一般领导方式，好的领导应根据具体情况进行管理。

(五) 战略管理理论

战略管理理论起源于 20 世纪的美国，它萌芽于 20 年代，形成于 60 年代，在 70 年代得到大发展，80 年代受到冷落，90 年代又重新受到重视。“战略”一词原是一个军事术语。20 世纪 60 年代，战略思想开始运用于商业领域。战略管理是面向未来动态地、连续地完成从决策到实现的过程。战略管理理论的主要观点有：

(1) 安索夫的资源配置战略理论观点。其核心理论是以环境、战略、组织这三种因素作为支柱，构建战略管理理论的基本框架。

(2) 波特的竞争战略观点。波特认为，企业在竞争中要考虑的因素不外乎五种力量，应该重点研究：① 新竞争者的加入(当有新人加入时，企业要做出竞争性反应，因为市场的利润蛋糕将被瓜分)。② 替代品的威胁。③ 买方讨价还价的力量(利润的升降)。④ 供应商讨价还价的力量(影响成本利润)。⑤ 现有竞争者的对抗力(营销、广告等策略)。这五种力量的合力就是企业的竞争能力和赚钱能力。

(3) 安德鲁斯的目标战略理论观点。认为目标是第一位的，企业的目标几乎决定了一切。

（六）知识管理理论

知识管理是网络新经济时代的新兴管理思潮与方法，管理学者彼得·德鲁克早在1965年即预言：“知识将取代土地、劳动、资本与机器设备，成为最重要的生产因素。”受到20世纪90年代的信息化蓬勃发展，知识管理的观念结合网际网络建构入口网站、数据库以及应用电脑软件系统等工具，成为组织累积知识财富，创造更多竞争力的新世纪利器。

（1）20世纪60年代初，美国管理学教授彼得·德鲁克博士首先提出了知识工作者和知识管理的概念，指出我们正在进入知识社会，在这个社会中最基本的经济资源不再是资本、自然资源和劳动力，而应该是知识，在这个社会中知识工作者将发挥主要作用。

（2）20世纪80年代以后，彼得·德鲁克继续发表了大量相关论文，对知识管理做出了开拓性的工作，提出“未来的典型企业以知识为基础，由各种各样的专家组成，这些专家根据来自同事、客户和上级的大量信息，自主决策和自我管理”。

（3）20世纪90年代中后期，美国波士顿大学信息系统管理学教授托马斯·H.达文波特在知识管理的工程实践和知识管理系统方面做出了开创性的工作，提出了知识管理的两阶段论和知识管理模型，是指导知识管理实践的主要理论。与此同时，日本管理学教授野中郁次郎博士针对西方的管理人员和组织理论家片面强调技术管理而忽视隐含知识的观点提出了一些质疑，并系统地论述了关于隐含知识和外显知识之间的区别，为我们提供了一种利用知识创新的有效途径。

（4）21世纪初，瑞典企业家与企业分析家卡尔-爱立克·斯威比博士将对知识管理的理论研究引向了与实践活动紧密结合并相互比照的道路，他从企业管理的具体实践中得出，要进一步强调隐含知识的重要作用，并指出了个人知识的不可替代性。

案例分析 1-6

管理理论在战争中的应用

第二次世界大战时期，当德国对法国等几个国家发动攻势时，英国首相丘吉尔应法国的请求，动用了十几个防空中队的飞机和德国作战。这些飞机中队必须由大陆上的机场来维护和操作。空战中英军飞机损失惨重。与此同时，法国总理要求继续增派10个中队的飞机。丘吉尔决定同意这一请求。

内阁知道此事后，找来数学家进行分析预测，并根据出动飞机与战损飞机的统计数据建立了回归预测模型。经过快速研究发现，如果补充率损失率不变，飞机数量的下降是非常快的，用一句话概括就是“以现在的损失率损失两周，英国在法国的‘飓风’式战斗机便一架也不存在了”，数学家的研究成果要求内阁否决这一决定。最后，丘吉尔同意了内阁的这一要求，并命令除留在法国的3个中队外，其余飞机全部返回英国，为下一步的英伦保卫战保留了实力。

案例分析1-6解析

请问：这个案例说明了什么问题？

任务实施

1. 全班分成5个小组(每组5～10人),组成学习探讨团队。
2. 分组对西安杨森公司实行的管理措施进行分析,提出自己的看法。
3. 分组进行汇报,并进行点评。

任务评价与反馈

评价指标		A组	B组	C组	D组	E组
职业素质能力（30分）	仪态仪表（10分）					
	语言表达（10分）					
	精神面貌（10分）					
团队协作能力（20分）	成员参与（10分）					
	合作效果（10分）					
职业技能能力（50分）	PPT制作（10分）					
	分析能力（20分）					
	创新能力（20分）					
总　分						

扩展提升

管理十大经典理论

1. 彼得原理

每个组织都是由各种不同的职位、等级或阶层的排列所组成,每个人都隶属于其中的某个等级。彼得原理是美国学者劳伦斯·彼得在对组织中人员晋升的相关现象研究后,得出一个结论:在各种组织中,雇员总是趋向于晋升到其不称职的地位。彼得原理有时也被称为向上爬的原理。这种现象在现实生活中无处不在:一名称职的教授被提升为大学校长后,却无法胜任;一个优秀的运动员被提升为主管体育的官员,而无所作为。对一个组织而言,一旦相当部分人员被推到其不称职的级别,就会造成组织的人浮于事,效率低下，导致平庸者出人头地，发展停滞。因此，这就要求改变单纯的根据贡献决定晋升的企业员工晋升机制，不能因某人在某个岗位上干得很出色，就推断此人一定能够胜任更高一级的职务。将一名职工晋升到一个无法很好发挥才能的岗位，不仅不是对本人的奖励，反而使其无法很好地发挥才能，从而给企业带来损失。

2. 酒与污水定律

酒与污水定律是指把一匙酒倒进一桶污水，得到的是一桶污水；如果把一匙污水倒进一桶酒，得到的还是一桶污水。在任何组织里，几乎都存在几个难弄的人物，他们存在的目的似乎就是为了把事情搞糟。最糟糕的是，他们像果箱里的烂苹果，如果不及时处理，它会迅速传染，把果箱里其他苹果也弄烂。烂苹果的可怕之处，在于它那惊人的破坏力。一个正直能干的人进入一个混乱的部门可能会被吞没，而一个无德无才者能很快将一个高效的部门变成“一盘散沙”。组织系统往往是脆弱的，是建立在相互理解、妥协和容忍的基础上的，很容易被侵害、被毒化。破坏者能力非凡的另一个重要原因在于，破坏总比建设容易。一个能工巧匠花费时日精心制作的陶瓷器，一头驴子一秒钟就能毁坏掉。如果一个组织里有这样的“一头驴子”，即使拥有再多的能工巧匠，也不会有多少像样的工作成果。如果你的组织里有这样的“一头驴子”，你应该马上把它清除掉，如果你无力这样做，就应该把它“拴”起来。

3. 木桶定律

木桶定律是讲一只木桶能装多少水，这完全取决于它最短的那块木板。这就是说任何一个组织，可能面临一个共同问题，即构成组织的各个部分往往是优劣不齐的，而劣势部分往往决定整个组织的水平。木桶定律与酒与污水定律不同，后者讨论的是组织中的破坏力量，最短的木板却是组织中有用的一个部分，只不过比其他部分差一些，你不能把它们当成烂苹果扔掉。强弱只是相对而言的，无法消除，问题在于你容忍这种弱点到什么程度，如果严重到成为阻碍工作的瓶颈，你就不得不有所动作。

4. 马太效应

《新约·马太福音》中有这样一个故事：一个国王远行前，交给3个仆人每人一锭银子，吩咐道：你们去做生意，等我回来时，再来见我。国王回来时，第一个仆人说：主人，你交给我的一锭银子，我已赚了10锭。于是，国王奖励他10座城邑。第二个仆人报告：主人，你给我的一锭银子，我已赚了5锭。于是，国王奖励他5座城邑。第三仆人报告说：主人，你给我的1锭银子，我一直包在手帕里，怕丢失，一直没有拿出来。于是，国王命令将第三个仆人的1锭银子赏给第一个仆人，说：凡是少的，就连他所有的，也要夺过来；凡是多的，还要给他，叫他多多益善。这就是“马太效应”，反映当今社会中存在的一个普遍现象，即赢家通吃。对企业经营发展而言，马太效应告诉我们，要想在某一个领域保持优势，就必须在此领域迅速做大。当你成为某个领域的“领头羊”时，即便投资回报率相同，你也能更轻易地获得比弱小的同行更大的收益。而若没有实力迅速在某个领域做大，就要不停地寻找新的发展领域，才能保证获得较好的回报。

5. 零和游戏原理

零和游戏是指一项游戏中，游戏者有输有赢，一方所赢正是另一方所输，游戏的总成绩永远为零，零和游戏原理之所以广受关注，主要是因为人们在社会的方方面面都能发现与零和游戏类似的局面，胜利者的光荣后面往往隐藏着失败者的辛酸和苦涩。20世纪，人类经历两次世界大战、经济高速增长，科技进步、全球一体化以及日益严重的环境污染，零和游戏观念正逐渐被双赢观念所取代。人们开始认识到利己不一定要建立在损人的基础上。通过有效合作，皆大欢喜的结局是可能出现的。但从零和游戏走向双赢，要求各方面要有真诚合作的精神和勇气，在合作中不要耍小聪明，不要总想占别人的小便宜，要遵守游戏规则，否则双赢的局面就不可能出现，最终吃亏的还是合作者自己。

6. 华盛顿合作规律

华盛顿合作规律说的是一个人敷衍了事，两个人互相推诿，三个人则永无成事之日。多少有点类似于我们常说的三个和尚的故事。人与人的合作，不是人力的简单相加，而是要复杂和微妙得多。在这种合作中，假定每个人的能力都为1，那么，10个人的合作结果有时比10大得多，有时，甚至比1还要小。因为人不是静止物，而更像方向各异的能量，相互推动时，自然事半功倍，相互抵触时，则一事无成。我们传统的管理理论中，对合作研究的并不多，最直观的反映就是，目前的大多数管理制度和行为都是致力于减少人力的无谓消耗，而非利用组织提高人的效能。换言之，不妨说管理的主要目的不是让每个人做得更好，而是避免内耗过多。

7. 手表定理

手表定理是指一个人有一只表时，可以知道现在是几点钟，当他同时拥有两只表时，却无法确定。两只手表并不能告诉一个人更准确的时间，反而会让看表的人失去对准确时间的信心。手表定理在企业经营管理方面，给我们一种非常直观的启发，就是对同一个人或同一个组织的管理，不能同时采用两种不同的方法，不能同时设置两个不同的目标，甚至每一个人不能由两个人同时指挥，否则将使这个企业或这个人无所适从。手表定理所指的另一层含义在于，每个人都不能同时选择两种不同的价值观，否则，你的行为将陷入混乱。

8. 不值得定律

不值得定律最直观的表述是：不值得做的事情，就不值得做好。这个定律再简单不过了，重要性却时时被人们忽视遗忘。不值得定律反映人们的一种心理，一个人如果从事的是一份自认为不值得做的事情，往往会保持冷嘲热讽，敷衍了事的态度，不仅成功率低，而且即使成功，也不觉得有多大的成就感。因此，对个人来说，应在多种可供选择的奋斗目标及价值观中挑选一种，然后为之奋斗。选择你所爱的，爱你所选择的，才可能激发我们的斗志，也可以心安理得。而对一个企业或组织来说，则要很好地分析员工的性格特性，合理分配工作，如让成就欲较强的职工单独或牵头完成具有一定风险和难度的工作，并在其完成时，给予及时的肯定和赞扬；让依附欲较强的职工，更多地参加到某个团体共同工作；让权力欲较强的职工，担任一个与之能力相适应的主管。同时要加强员工对企业目标的认同感，让员工感觉到自己所做的工作是值得的，这样才能激发职工的热情。

9. 蘑菇管理

蘑菇管理是许多组织对待初出茅庐者的一种管理方法，初学者被置于阴暗的角落(不受重视的部门，或打杂跑腿的工作)，浇上一头大粪(无端的批评、指责、代人受过)，任其自生自灭(得不到必要的指导和提携)。相信很多人都有过这样一段蘑菇的经历，这不一定是什么坏事，尤其是当一切刚刚开始的时候，当几天蘑菇，能够消除我们很多不切实际的幻想，让我们更加接近现实，看问题也更加实际。一个组织，一般对新进的人员都是一视同仁，从起薪到工作都不会有大的差别。无论你是多么优秀的人才，在刚开始的时候，都只能从最简单的事情做起，蘑菇的经历，对于成长中的年轻人来说，就像蚕茧，是羽化前必须经历的一步。所以，如何高效率地走过生命的这一段，从中尽可能汲取经验，成熟起来，并树立良好的值得信赖的个人形象，是每个刚入社会的年轻人必须面对的课题。

10. 奥卡姆剃刀定律

12世纪，英国奥卡姆的威廉主张"唯名论"，只承认确实存在的东西，认为那些空洞无物的普遍性概念都是无用的累赘，应当被无情地剃除。他主张如无必要，勿增实体。这就是常说的"奥卡姆剃刀"。这把剃刀曾使很多人感到受到了威胁，被认为是异端邪说，威廉本人也因此受到迫害。然而，并未损害这把刀的锋利，相反，经过数百年的岁月，奥卡姆剃刀已被历史磨得越来越快，并早已超载原来狭窄的领域，而具有广泛、丰富、深刻的意义。奥卡姆剃刀定律在企业管理中可进一步演化为简单与复杂定律：把事情变复杂很简单，把事情变简单很复杂。这个定律要求我们在处理事情时，要把握事情的主要实质，把握主流，解决最根本的问题，尤其要顺应自然，不要把事情人为地复杂化，这样才能把事情处理好。

巩固与提高

一、单选题

1. 关于管理的含义，下列选项中(　　)的表述不确切。

A. 激励、约束　　B. 协调、沟通　　C. 放任、自由　　D. 理顺、调整

2. 梅奥等人通过霍桑试验提出了不同于古典管理理论的新观点和新思想，创立了(　　)。

A. 人文关系学说　　B. 人际关系学说

C. 行为科学学说　　D. 社会关系学说

3. 霍桑实验的结论中对职工的定性是(　　)。

A. 经济人　　B. 社会人　　C. 自我实现人　　D. 复杂人

4. 古典管理理论阶段的代表性理论是(　　)。

A. 科学管理理论　　B. 行政组织理论

C. 行为科学理论　　D. 权变理论

5. 古典管理理论对人性的基本假设，认为人是(　　)。

A. 复杂人　　B. 经济人　　C. 社会人　　D. 单纯人

6. 对于高层管理者来说，掌握良好的(　　)是最为重要的。

A. 人际技能　　B. 概念技能　　C. 技术技能　　D. 管理技能

7. 韦伯认为，企业组织中存在三种纯粹形态的权利。其中，(　　)最符合理性原则、效率最高的权利形式。

A. 理性的权利 B. 超凡的权利
C. 传统的权利 D. 理性——合法的权利

8. 18世纪后期到19世纪末，即从资本主义工厂制出现起，到资本主义自由竞争阶段的结束期间，管理者完全凭自己的经验进行管理，没有管理规范与系统制度，被称为(　　)。
A. 经验管理或传统管理 B. 组织管理
C. 科学管理 D. 技术管理

9. 为了最大限度地刺激与激励工人的劳动积极性，泰罗创立并推行(　　)。
A. 有差别的计件工资制 B. 计件工资制
C. 计时工资制 D. 奖励工资制

10. 管理科学学派中所运用的科学技术方法，来源于(　　)。
A. 科研部门 B. 学校 C. 军队 D. 企业

二、多选题

1. 梅奥的人际关系学说的基本内容包括(　　)。
A. 人是“社会人” B. 企业中存在着非正式组织
C. 生产效率主要取决于工人的士气 D. 科学管理方法可以提高效率

2. 按照管理的层次划分，管理者可以分为(　　)。
A. 综合管理者 B. 高层管理者 C. 职能管理者 D. 中层管理者
E. 基层管理者

3. 管理者必须具备的技能是(　　)。
A. 业务技能 B. 技术技能 C. 设计技能 D. 人事技能
E. 思想技能

4. 古典管理理论的代表人物及其理论主要有(　　)。
A. 泰罗的科学管理 B. 梅奥的人际管理理论
C. 法约尔的一般管理理论 D. 弗鲁姆的期望理论
E. 韦伯的行政组织论

5. 法约尔在对管理活动进行分析研究的基础上，提出了管理的诸要素，主要包括(　　)。
A. 计划 B. 组织 C. 指挥 D. 协调
E. 控制

6. 泰罗的科学管理的主要思想与贡献包括(　　)。
A. 工时研究与劳动方法标准化 B. 系统总结管理的一般原则
C. 实行差别计件工资制 D. 管理职能与作业职能分离
E. 科学挑选和培训工人

7. 梅奥人际关系论的主要观点包括(　　)。
A. 认为企业的人首先是“社会人” B. 人的士气是调动人积极性的关键因素
C. 人的自我实现需要是最高需要 D. 要重视“非正式组织”的存在与作用

E. 生产率提高的原因在于工作条件的变化

8. 管理科学的特点表现为(　　)。

A. 管理科学化　　B. 管理精确化　　C. 注重定量分析

D. 广泛使用电子计算机

E. 管理科学的核心就是寻求决策的科学化

9. 根据"十角色理论",管理者在信息传递方面主要扮演(　　)角色。

A. 监听者　　B. 联络员　　C. 传播者　　D. 发言人

10. "战略"一词原意是指指挥军队的(　　)。

A. 科学　　B. 方法　　C. 艺术　　D. 战术

三、判断题

1. 权变理论是基于自我实现人假设提出来的。(　　)。

2. 需求层次论是激励理论的基础理论。(　　)。

3. "胡萝卜加大棒"是泰勒制的管理信条。(　　)。

4. 泰罗科学管理的中心问题就是提高劳动生产率。(　　)。

5. 管理是一种有意识、有组织的群体活动,是一个动态的协作过程。(　　)。

6. 法约尔是西方古典管理理论在法国的杰出代表,他提出的一般管理理论对西方管理理论的发展有重大的影响,被誉为"一般管理理论之父"。(　　)。

7. 在《社会组织与经济组织理论》一书中,最早提出一套比较完整的行政组织体系理论,因此被称之为"组织理论之父",他就是法国古典管理理论的代表——韦伯。(　　)。

8. 梅奥认为,在共同的工作过程中,人们相互之间必然发生联系,产生共同的感情,自然形成一种行为准则或惯例,要求个人服从。这就构成了"人的组织"。(　　)。

9. 从教材给"管理"所下定义中,可以得出这样的结论,管理的对象就是组织及其各种资源。(　　)。

10. 泰罗的科学管理既重视技术因素,也重视人的社会因素。(　　)。

四、简答题

1. 如何理解管理的内涵?

2. 谁被称作"科学管理之父"? 科学管理理论的主要内容有哪些?

3. 权变理论的研究主要有哪些方面?

4. 管理者应具备的技能有哪些? 不同层次的管理者应主要具备的技能是什么?

5. 理想行政组织结构具有哪些特点?

五、案例分析题

甜美的音乐

马丁吉他公司成立于1833年,位于宾夕法尼亚州拿撒勒市,被公认为世界上最好的乐器制造商之一,就像Steinway的大钢琴、Rolls Royce的轿车,或者Buffet的单簧管一样，马丁吉他每把价格超过 10 000 美元，却是你能买到的最好的东西之一。这个家族式的企业历经艰难岁月，已经延续了六代。目前的首席执行官是克里斯琴·弗雷德里克·马丁四世，他秉承了吉他的制作手艺。他甚至遍访公司在全世界的经销商，为它们举办培训讲座。很少有哪家公司像马丁吉他一样有这么持久的声誉，那么，公司成功的关键是什么？一个重要原因是公司的管理和杰出的领导技能，它使组织成员始终关注像质量这样的重要问题。

马丁吉他公司自创办起做任何事都非常重视质量。即使近年来在产品设计、分销系统以及制造方法方面发生了很大变化，但公司始终坚持对质量的承诺。公司在坚守优质音乐标准和满足特定顾客需求方面的坚定性渗透到公司从上到下的每一个角落。不仅如此，公司在质量管理中长期坚持生态保护政策。因为制作吉他需要用到天然木材，公司非常审慎和负责地使用这些传统的天然材料，并鼓励引入可再生的替代木材品种。基于对顾客的研究，马丁公司向市场推出了采用表面有缺陷的天然木材制作的高档吉他，然而，这在其他厂家看来几乎是无法接受的。

马丁公司使新老传统有机地整合在一起。虽然设备和工具逐年更新，雇员始终坚守着高标准的优质音乐原则。所制作的吉他要符合这些严格的标准，要求雇员极为专注和耐心。家庭成员弗兰克·亨利·马丁在 1904 年出版的公司产品目录的前言里向潜在的顾客解释道："怎么制作具有如此绝妙声音的吉他并不是一个秘密。它需要细心和耐心。细心是指要仔细选择材料，巧妙安排各种部件。关注每一个使演奏者感到惬意的细节。所谓耐心是指做任何一件事不要怕花时间。优质的吉他是不能用劣质产品的价格造出来的。但是谁会因为买了一把价格不菲的优质吉他而后悔呢？"虽然 100 年过去了，但这些话仍然是公司理念的表述。虽然公司深深地植根于过去的优良传统，现任首席执行官马丁却毫不迟疑地推动公司朝向新的方向。例如，在 20 世纪 90 年代末，他做出了一个大胆的决策，开始在低端市场上销售每件价格低于 800 美元的吉他。低端市场在整个吉他产业的销售额中占 65%。公司 DXM 型吉他是 1998 年引入市场的，虽然这款产品无论外观、品位和感觉都不及公司的高档产品，但顾客认为它比其他同类价格的绝大多数吉他产品的音色都要好。马丁为他的决策解释道："如果马丁公司只是崇拜它的过去而不尝试任何新事物的话，那恐怕就不会有值得崇拜的马丁公司了。"

马丁公司现任首席执行官马丁的管理表现出色，销售收入持续增长，在 2000 年接近 6 亿美元。位于拿撒勒市的制造设施得到扩展，新的吉他品种不断推出。雇员们描述他的管理风格是友好的、事必躬亲的，但又是严格的和直截了当的。虽然马丁吉他公司不断将其触角伸向新的方向，但却从未放松过对尽其所能制作顶尖产品的承诺。在马丁的管理下，这种承诺决不会动摇。

问题：

1. 根据卡茨的三大技能理论，你认为哪种管理技能对马丁四世最重要？解释你的理由。

2. 根据明茨伯格的管理者角色理论，在以下情形下说明马丁分别扮演了什么管理角色？解释你的选择。

(1) 当马丁访问马丁公司世界范围的经销商时；

(2) 当马丁评估新型吉他的有效性时;

(3) 当马丁使员工坚守公司的长期原则时。

3. 马丁宣布:“如果马丁公司只是崇拜它的过去而不尝试任何新事务的话,那恐怕就不会有值得崇拜的马丁公司了。”这句话对全公司的管理者履行计划、组织、领导和控制职能意味着什么?

巩固与提高答案

4. 马丁的管理风格被员工描述为友好、事必躬亲,但是严格和直截了当。你认为这意味着他是以什么方式计划、组织、领导和控制的?你认为这种管理风格对其他类型的组织也有效吗?说明你的观点。

拓展资料

项目二

计划职能

项目导学

本项目主要通过组成计划决策和战略管理团队，采用情境模拟方式，分析实际企业管理案例，了解计划、决策和战略管理的基本思维和基本技能，树立计划管理、目标管理和战略管理意识，培养决策团队协作和勇于决策创新决策精神。

学习目标

【认知目标】

1. 了解计划职能的基本概念和特征；
2. 掌握制定目标的方法和目标管理理论；
3. 熟悉决策的基本概念和几种典型的决策方法；
4. 掌握战略分析的方法，包括PEST、SWOT、波特竞争力模型等方法。

【情感目标】

1. 培养计划管理、目标管理和战略管理的意识；
2. 培养树立目标不动摇的意志；
3. 培养决策中团队协作精神；
4. 培养勇于决策和创新决策精神。

【技能目标】

1. 能够制定合理目标从而实现计划的有效性；
2. 能够用SWOT、PEST等模型做出战略分析；
3. 能够对简单的风险型、不确定型问题做出决策。

任务1 目标与目标管理

任务情境

眼前的加州海岸

1952年7月4日清晨，加利福尼亚海岸下起了浓雾。在海岸以西21英里的卡塔林纳岛上，一个43岁的女人准备从太平洋游向加州海岸。她叫费罗伦丝·查德威克。

那天早晨，雾很大，海水冻得她身体发麻，她几乎看不到护送她的船。时间一个小时一个小时地过去，千千万万人在电视上看着。有几次，鲨鱼靠近她了，被人开枪吓跑了。

15个小时之后，她又累，又冻得发麻。她知道自己不能再游了，就叫人拉她上船。她的母亲和教练在另一条船上。他们都告诉她海岸很近了，叫她不要放弃。但她朝加州海岸望去，除了浓雾什么也没看不到……

人们拉她上船的地点，离加州海岸只有半英里！后来她说，令她半途而废的不是疲劳，也不是寒冷，而是因为她在浓雾中看不到目标。查德威克小姐一生中就只有这一次没有坚持到底。

任务要求

试分析为什么查德威克小姐没有坚持游到加州海岸。

知识准备

一、组织的使命

（一）组织使命的概念

组织使命指的是该组织（作为一个子系统）在社会（大系统）中所处的地位、起的作用、承担的义务以及扮演的角色。组织使命是一种广泛的意向，体现了组织的根本目的；它既是反映外界社会对本组织的要求，又体现着组织的创办者或高层领导人的追求和抱负。

（二）组织使命的确定

组织使命的确定主要涉及以下几个方面的问题：

(1) 组织业务活动范围。组织使命的首要内容是确认向社会提供何种服务，承担何种任务，这就是要确定组织的业务活动范围(Scope Focus)。

(2) 组织的生存、发展是以执行其使命为前提，当然生存本身并不是组织的使命，正好像人生的使命不是为了活下去一样。

(3) 组织宗旨及组织形象。体现了一个组织在社会中扮演的角色,它决定着组织目标及战略规划的制订。

(三) 组织使命的作用

(1) 以指导组织制定目标、战略规划、行动计划并组织实施。

(2) 保证组织内部成员对组织的主要活动取得认识上的一致,形成共同语言以至共同的价值观,便于协同行动。

(3) 为资源的取得、调配、使用(投入)以及业绩的取得(产出)提供依据及衡量标准。

(4) 便于吸引志同道合的人才。

思考

作为一名新时代的大学生,你认为自己的使命是什么?

二、组织的目标

(一) 组织目标的概念

美国管理学家德鲁克说:“并不是有了工作才有目标,而是相反,有了目标才能确定每个人的工作。所以,管理者应该通过目标对下级进行管理。企业的使命和任务必须转化为目标。”人类组织的产生,正是人类希望实现自身目标的结果。通过有效的管理,人们得以将自身的目标转化成具体的行动。所以,目标是如此重要,它是企业之舟在夜航中的灯塔。

组织目标是完成使命和组织宗旨的载体,是随着环境、时间以及条件变化不断调整的一张“列车时刻表”。它是组织争取达到的一种未来状态,是开展各项组织活动的依据和动力。每一个社会组织都有自己预期的目的或结果,它代表着一个组织的方向和未来。对组织来说,宗旨是共同目标;对组织成员来说,共同目标是组织需要到达的目的地。

(二) 组织使命与组织目标的关系

组织使命与组织目标相比较,二者既有区别又有联系。

1. 两者的区别

使命是组织存在的目的,是“魂”,是基本不变的信仰;使命就像北极星一样,能让企业有一个明确的最大方向,引导组织努力向前。没有明确的使命,企业是不可能走远的。而目标是血肉,是“活动”的血液,是可变化调整的。

2. 两者的联系

使命是组织“最终、最高的目标”,是终极目标,所以短期之内一般很难实现,是一个必须一直努力向前的大方向,是永远的未完成式。而我们这里所讲的目标则不然,这个目标是可以实现的,是可以在一段时间内完成的。目标是使命在某个阶段的具体化。当然,旧的目标实现后,新的目标又确立了。

（三）影响组织目标的因素

组织目标是多种因素影响的产物，其中最主要的是组织环境、组织成员、组织自身之间相互作用的结果。

1. 组织环境

首先，环境决定组织目标的性质。构成组织环境的社会是一个由各个要素有机联系起来的、功能高度分化的系统，组织要在环境中存在和活动，就必须适应环境特定的功能要求。环境系统决定着不同类型的组织的不同目标。其次，组织与环境的关系状态影响目标的形成。特定组织与其他组织的关系，一般可分为合作、联合、竞争和冲突几种形式。合作和联合要求组织不能孤立地、片面地确定自己的目标，而要根据这种关系修订以至降低自己的目标；竞争和冲突则要求组织目标更明确、灵活，更适应环境的要求。再次，环境的变化促使组织目标也随之变化。在环境要求改变的情况下，适应原有要求的目标也就失去了意义，组织如果想继续存在和发展，就必须根据环境的变化及时调整自己的目标。

2. 组织成员

组织是由众多个人组成的，每个人都有自己的价值观和需求，尤其是组织领导人的价值观和需求，直接影响组织目标的制定。组织目标至少要同组织成员的个人需求保持最低限度的和谐一致。组织目标的理想状态是与组织成员的个人需求完全统一，组织目标完全内化为个人目标。但这种状态是很难做到的。

3. 组织自身

组织作为一个独立存在的实体，自身的利益满足、结构、生存能力、占有资源、行为方式等，都对组织目标的制定产生影响。在开放的社会系统中，组织可以根据自身的条件，选择和决定力求达到的目标和目标实现的程度与方式。

组织目标是一个体系，它是由战略目标、长期目标、中期目标和短期目标以及操作目标组成的。战略目标是组织的灵魂和活动的宗旨，它规定组织成员活动的方向，并把组织和环境联系起来。长期目标和中期目标是对战略目标的划分，规定每个时期要达到的水平。短期目标是中、长期目标的具体化，其作用在于把任务落实到承担者身上，所以也称之为操作目标。组织活动的大部分内容是组织成员完成操作目标。但如过分重视中短期目标而忽视战略目标、长期目标，组织的发展将受到影响。

思考

请就你所在的班级，谈谈班级目标是什么？该目标受哪些因素影响？

案例分析 2－1

马和驴的故事

唐太宗贞观年间，有一头马和一头驴子，它们是好朋友。贞观三年，这匹马被玄奘选中，前往印度取经。17年后，这匹马驮着佛经回到长安，便到磨坊会见它的朋友驴子。老马谈起这次旅途的经历：浩瀚无边的沙漠、高耸入云的山峰、炽热的火山、奇幻的波澜，神话般的境界，让驴子听了大为惊异。

驴子感叹道："你有多么丰富的见闻呀！那么遥远的路途，我连想都不敢想。"

老马说："其实，我们跨过的距离大体是相同的，当我向印度前进的时候，你也一刻没有停步。不同的是，我同玄奘大师有一个遥远的目标，按照始终如一的方向前行，所以我们走进了一个广阔的世界。而你被蒙住了眼睛，一直围着磨盘打转，所以永远也走不出狭隘的天地……"

请问：马和驴结局不同的原因是什么？

案例分析 2-1解析

三、目标管理

（一）目标管理的概念

美国管理大师彼得·德鲁克（Peter F.Drucker）于1954年在其名著《管理实践》中最先提出了"目标管理"的概念，其后他又提出"目标管理和自我控制"的主张。

德鲁克认为：先有目标才能确定工作，所以"企业的使命和任务，必须转化为目标"。如果一个领域没有目标，这个领域的工作必然被忽视。因此管理者应该通过目标对下级进行管理，当组织最高层管理者确定了组织目标后，必须对其进行有效分解，转变成各个部门以及各个人的分目标，管理者根据分目标的完成情况对下级进行考核、评价和奖惩。

经典管理理论对目标管理MBO的定义为：目标管理是以目标为导向，以人为中心，以成果为标准，而使组织和个人取得最佳业绩的现代管理方法。目标管理亦称"成果管理"，俗称"责任制"，是指在企业个体职工的积极参与下，自上而下地确定工作目标，并在工作中实行"自我控制"，自下而上地保证目标实现的一种管理办法。

目标管理制度是把以目标实现为前提的管理转化成以目标为控制手段的管理，它通过使组织的成员亲自参加工作目标的制定来实现"自我控制"，并努力完成工作目标的管理制度。这种管理制度由于有了明确的目标作为对组织成员工作成果的考核标准，从而使对组织成员的评价和奖励做到更客观、更合理，因而可以大大激发他们为完成组织目标而努力。

（二）目标管理的特点

（1）目标管理是参与管理的一种形式。

（2）目标管理强调组织成员的"自我控制"。

（3）目标管理是一种系统整体的管理方法。

（4）目标管理是一种重视成果的管理方法。目标管理在形式上表现为以目标为中心，它要求把管理的重点转移到目标上去，即转移到行动的目的上去，而不是行动本身。目标管理在性质上则是一种体现了系统性和"以人为中心"的主动性的管理。

（三）组织目标管理的基本方法

(1) 采用指示性或指导性方法，自上而下地实施组织目标。这种方法在管理比较简单和容易衡量的目标时，会有很高的效率。

(2) 采用参与式的方法，即让组织内的管理者和被管理者、组织内的各个部门共同参与目标制定和实施的过程，使组织目标实际成为组织成员、部门和组织三者妥协或协调的产物。参与式的目标管理可以有效地减少目标冲突和目标转换现象，特别适用于管理比较复杂和困难的目标。但这种方法的实施需要组织做长期的努力。

（四）目标的制定原则

目标的制定应该符合 SMART 原则（见图 2－1）。

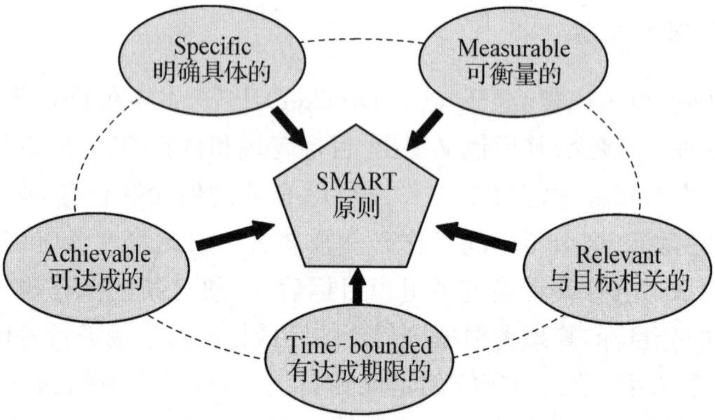

图 2－1　SMART 原则

S(Specific，明确性)是指要具体明确，尽可能量化为具体数据，如年销售额 5 000 万元、费用率 25%、存货周转一年 5 次等；不能量化尽可能细化，如对文员工作态度的考核可以分为工作纪律、服从安排、服务态度、电话礼仪、员工投诉等。

M(Measurable，可衡量性)是指可测量的，要把目标转化为指标，指标可以按照一定标准进行评价，如主要原料采购成本下降 10%，即在原料采购价格波动幅度不大的情况下，同比采购单价下降 10%；完善人力资源制度可以描述成“1 月 30 日前完成初稿并组织讨论，2 月 15 日前讨论通过并颁布施行，无故推迟一星期扣 5 分”等。

A(Attainable，可达成性)是指可达成的，要根据企业的资源、人员技能和管理流程配备程度来设计目标，保证目标是可以达成的。

R(Relevant，相关性)是指合理的，各项目标之间有关联，相互支持，符合实际。

T(Time-based，时限性)是指有完成时间期限，各项目标要订出明确的完成时间或日期，便于监控评价。

（五）目标管理的步骤

1. 建立一套完整的目标体系

实行目标管理，首先要建立一套完整的目标体系。这项工作总是从企业的最高主管部门开始的，然后由上而下地逐级确定目标。上下级的目标之间通常是一种“目的—手段”的关系；某一级的目标，需要用一定的手段来实现，这些手段就成为下一级的次目标，按级顺推下去，直到作业层的作业目标，从而构成一种锁链式的目标体系。

制定目标的工作如同所有其他计划工作一样，非常需要事先拟定和宣传前提条件。这是一些指导方针，如果指导方针不明确，就不可能希望下级主管人员会制定出合理的目标来。此外，制定目标应当采取协商的方式，应当鼓励下级主管人员根据基本方针拟定自己的目标，然后由上级批准。

2. 明确责任

目标体系应与组织结构相吻合，从而使每个部门都有明确的目标，每个目标都有人明确负责。然而，组织结构往往不是按组织在一定时期的目标而建立的。因此，在按逻辑展开目标和按组织结构展开目标之间，时常会存在差异。其表现是，有时从逻辑上看，一个重要的分目标却找不到对此负全面责任的管理部门，而组织中的有些部门却很难为其确定重要的目标。这种情况的反复出现，可能最终导致对组织结构的调整。从这个意义上说，目标管理还有助于搞清组织机构的作用。

3. 组织实施

目标既定，主管人员就应放手把权力交给下级成员，而自己去抓重点的综合性管理。完成目标主要靠执行者的自我控制。如果在明确了目标之后，作为上级，主管人员还像从前那样事必躬亲，便违背了目标管理的主旨，不能获得目标管理的效果。当然，这并不是说，上级在确定目标后就可以撒手不管了。上级的管理应主要表现在指导、协助，提出问题、提供情报以及创造良好的工作环境方面。

4. 检查和评价

对各级目标的完成情况，要事先规定出期限，定期进行检查。检查的方法可灵活地采用自检、互检和责成专门的部门进行检查。检查的依据就是事先确定的目标。对于最终结果，应当根据目标进行评价，并根据评价结果进行奖罚。经过评价，使得目标管理进入下一轮循环过程。

案例分析 2-2

保险销售员的目标

有个同学举手问老师：“老师，我的目标是想在一年内赚 100 万！请问我应该如何计划我的目标呢？”

老师便问他：“你相不相信你能达成？”

他说：“我相信！”

老师又问：“那你知不知到要通过哪个行业来达成？”

他说：“我现在从事保险行业。”

老师接着又问他：“你认为保险业能不能帮你达成这个目标？”

他说：“只要我努力，就一定能达成。”

"我们来看看,你要为自己的目标做出多大的努力,根据我们的提成比例,100 万的佣金大概要做 300 万的业绩。一年:300 万业绩。一个月:25 万业绩。每一天:8 300 元业绩。"老师说。

" 每一天:8 300 元业绩。大既要拜访多少客户?"老师接着问他,

"大概要 50 个人。"

"那么一天要 50 人,一个月要 1 500 人;一年呢? 就需要拜访 18 000 个客户。"这时老师又问他:"请问你现在有没有 18 000 个 A 类客户?"

他说没有。"如果没有的话,就要靠陌生拜访。你平均一个人要谈上多长时间呢?"他说:"至少 20 分钟。"

老师说:"每个人要谈 20 分钟,一天要谈 50 个人,也就是说你每天要花 16 个小时与客户交谈,这还不算路途时间。请问你能不能做到?"

他说:"不能。老师,我懂了。目标不应该是凭空想象的,是需要凭着一个能达成的计划而定的。"

案例分析
2-2 解析

请问:为什么说保险销售员的目标不能实现? 怎样制定保险销售员的目标?

任务实施

1. 全班分成 5 个小组(每组 5~10 人),组建一个创业公司。
2. 每组选出 CEO,组成公司管理层,并进行分工。
3. 规划公司未来的发展和目标,提交公司未来的规划方案。
4. 分组进行汇报,并进行点评。

任务评价与反馈

评价指标		A组	B组	C组	D组	E组
职业素质能力(30分)	仪态仪表(10分)					
	语言表达(10分)					
	精神面貌(10分)					
团队协作能力(30分)	岗位分工(10分)					
	成员参与(10分)					
	合作效果(10分)					

续 表

评价指标		A组	B组	C组	D组	E组
职业技能能力（40分）	PPT制作（10分）					
	分析能力（10分）					
	决策能力（10分）					
	组织能力（10分）					
总　分						

扩展提升

5W2H分析法

5W2H分析法又叫七何分析法(见图2-2)，是第二次世界大战中美国陆军兵器修理部首创。简单、方便，易于理解、使用，富有启发意义，广泛用于企业管理和技术活动，对于决策和执行性的活动措施也非常有帮助，也有助于弥补考虑问题的疏漏。5W2H分析法有助于思路的条理化，杜绝盲目性；有助于全面思考问题，从而避免在流程设计中遗漏项目。

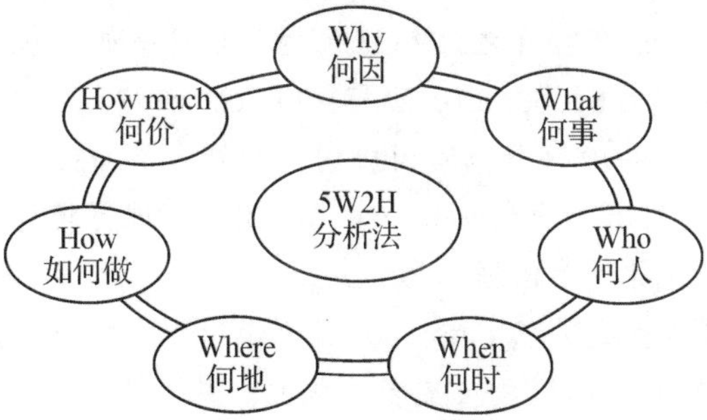

图2-2　5W2H分析法

(1) What——是什么？目的是什么？做什么工作？

(2) How——怎么做？如何提高效率？如何实施？方法怎样？

(3) Why——为什么？为什么要这么做？理由何在？原因是什么？造成这样的结果为什么？

(4) When——何时？什么时间完成？什么时机最适宜？

(5) Where——何处？在哪里做？从哪里入手？

(6) Who——谁？由谁来承担？谁来完成？谁负责？

(7) How much——多少？做到什么程度？数量如何？质量水平如何？费用产出如何？

任务2　计划工作

任务情境

快餐店的计划

约瑟夫·斯卡格斯先生在美国公共卫生局工作二十年后退休不干了。他把他的储蓄存款投资到五家快餐馆。这五家快餐馆是依照获得很大成就的肯塔基油煎鸡全国联营公司的情况经营的。以前的老板是一个小城市的银行家,他一度想重新创新肯塔基油煎鸡公司所取得的成就。当事实证明不能如愿以偿时,他把商店卖给了斯卡格斯。

斯卡格斯在投资前事先进行了研究,这使他深信,只要运用基本的管理原则和技术,这五家商店的利润就能比以前增加。首先,他以为,以前的商店所有者听任这五家商店的经理各自经营,而没有给予集中的指导,这种做法是一个错误。他认为,这些商店遍及整个州,因而无法对他们进行日常的监督,但是仍应设法做出努力。同时,他也不想用呆板的章程和程序约束商店经理的手脚,从而挫伤他们的主动性。他认为,把"良好的管理"引进到这个系统的最好的办法是,首先执行主要的管理职能——计划。

斯卡格斯在同五家商店的经理举行的一次会议上提出的计划的概念是以他在公共卫生局的经验为基础的。对这个被称之为 POAR 的计划可做如下解释:POAR 是由组成计划的四个要素——问题(Problem)、目标(Objectives)、活动(Activities)和资源(Resources)这四个词的第一个字母缩写而成的。计划人员(在这个实例中是五家商店的经理)奉命为他们各自的商店所确定的每一个问题制订年度行动计划,此后分配资金以及报告进展情况都将以这些计划为依据。

商店的经理同意斯卡格斯的以下看法,对计划予以更多的强调,应该使人们更明白需要做些什么事情,使所有五家商店获得更多的利润。他们也同意斯卡格斯有权期望他们按他的指示办事,但是他们对 POAR 能否适用于企业的计划,多少有点怀疑。他们要求斯卡格斯用例子来说明他的主张。于是他把他在公共卫生局工作时制订的关于家庭计划的规划拿出来给他们看。这个计划如下:

1. 问题的确定

甲、预期的情况。

应向居住在该县的所有 2 500 名育龄妇女提供计划生育服务。

乙、目前的情况。

500 名妇女在公立或私立医院、或医生事务所接受计划生育指导。

丙、具体的问题。

现在问题是预期的情况和目前的情况有差距,因此要解决的问题是向 2 000 名妇女提供计划生育的指导。

2. 目标

到本财政年度结束时，将有 1 500 名妇女接受公立或私立医疗单位对计划生育的指导。

3. 活动

为了实现上述目标，要求进行下列活动。

甲、举办 100 次每周一次的门诊，估计每次将有 30 人，总共将达 3 000 人次。

乙、安排医生事务所为 100 个病人视诊。

丙、为七年级到十二年级的师生举办十次计划生育讲座，参加的教员人数可达 250 名，学生人数可达 5 000 名。

丁、举办 20 次正式展览会，向社会和市民小组传播知识

4. 资金来源

计划的预算开支将为每项活动开支的总和：

门诊费…………………… 2 000 美元

医生事务所视诊费用 …… 500 美元

举办讲座费用 …………… 100 美元

传播知识所需费用 ……… 200 美元

总支出…………………… 2 800 美元

在研究了上述例子后，一位经理说，POAR 可能适用于卫生事务的管理，但是他看不出与商业的管理有什么关联。

任务要求

1. 你对这位经理关于 POAR 适应性的说法作何回答？
2. 你是否认为：在一家油煎鸡商店，POAR 作为计划的一种形式是适宜的？
3. 你是否同意斯卡格斯应像他所做的那样来推行计划职能？

知识准备

一、计划的作用

（一）计划的概念

在管理学中，计划具有两重含义：其一是计划工作，是指根据对组织外部环境与内部条件的分析，提出在未来一定时期内要达到的组织目标以及实现目标的方案途径。其二是计划形式，是指用文字和指标等形式所表述的组织以及组织内不同部门和不同成员，在未来一定时期内关于行动方向、内容和方式安排的管理事件。

（二）计划的分类

计划的种类很多，可以按不同的标准进行分类。主要分类标准有计划的重要性、时间

界限、明确性和抽象性等。但是依据这些分类标准进行划分，所得到的计划类型并不是相互独立的，而是密切联系的。比如，短期计划和长期计划，战略计划和作业计划等。

1. 按计划的重要性划分

从计划的重要性程度上来看，可以将计划分为战略计划和作业计划。应用于整体组织的，为组织设立总体目标和寻求组织在环境中的地位的计划，称为战略计划。规定总体目标如何实现的细节的计划称为作业计划。战略计划与作业计划在时间框架上、在范围上和在是否包含已知的一套组织目标方面是不同的。战略计划趋向于包含持久的时间间隔，通常为 5 年甚至更长，它们覆盖较宽的领域和不规定具体的细节。此外，战略计划的一个重要的任务是设立目标；而作业计划假定目标已经存在，只是提供实现目标的方法。

2. 按计划的时期界限分

财务人员习惯于将投资回收期分为长期、中期和短期。长期通常指 5 年以上，短期一般指 1 年以内，中期则介于两者之间。管理人员也采用长期、中期和短期来描述计划。长期计划描述了组织在较长时期(通常 5 年以上)的发展方向和方针，规定了组织的各个部门在较长时期内从事某种活动应达到的目标和要求，绘制了组织长期发展的蓝图。短期计划具体地规定了组织的各个部门在目前到未来的各个较短的时期阶段，特别是最近的时段中，应该从事何种活动，从事该种活动应达到何种要求，因而为各组织成员的行动提供了依据。

3. 按计划内容的明确性分

根据计划内容的明确性指标，可以将计划分为具体性计划和指导性计划。具体性计划具有明确规定的目标，不存在模棱两可。比如，企业销售部经理打算使企业销售额在未来 6 个月中增长 15％，他会制定明确的程序、预算方案以及日程进度表，这便是具体性计划。指导性计划只规定某些一般的方针和行动原则，给予行动者较大的自由处置权，它指出重点但不把行动者限定在具体的目标上或特定的行动方案上。比如，一个增加销售额的具体计划可能规定未来 6 个月内销售额要增加 15％，而指导性计划则可能只规定未来 6 个月内销售额要增加 12％～16％。相对于指导性计划而言，具体性计划虽然更易于执行、考核及控制，但缺少灵活性，它要求的明确性和可预见性条件往往很难满足。

（三）计划的作用

在管理实践中，计划是其他管理职能的前提和基础，并且还渗透到其他管理职能之中，列宁指出过：“任何计划都是尺度、准则、灯塔、路标。”它是管理过程的中心环节，因此，计划在管理活动中具有特殊重要的地位和作用。

1. 计划是组织生存与发展的纲领

我们正处在一个经济、政治、技术、社会变革与发展的时代，在这个时代里，变革与发展既给人们带来了机遇，也给人们带来了风险，特别是在争夺市场、资源、势力范围的竞争中更是如此。如果管理者在看准机遇和利用机遇的同时，又能最大限度地减少风险，即在朝着目标前进的道路上架设一座便捷而稳固的桥梁，那么，组织就能立于不败之地，在机遇与风险的纵横选择中，得到生存与发展。如果计划不周，或根本没计划，那就会遭遇灾难性的后果。

2. **计划是组织协调的前提**

现代社会各行各业的组织以及它们内部的各个组成部分之间，分工越来越精细，过程越来越复杂，协调关系更趋严密。要把这些繁杂的有机体科学地组织起来，让各个环节和部门的活动都能在时间、空间和数量上相互衔接，既围绕整体目标，又各行其是，互相协调，就必须要有一个严密的计划。管理中的组织、协调、控制等如果没有计划，那就好比汽车总装厂事先没有流程设计一样不可想象。

3. **计划是指挥实施的准则**

计划的实质是确定目标以及规定达到目标的途径和方法。因此，如何朝着既定的目标步步逼近，最终实现组织目标，计划无疑是管理活动中人们一切行为的准则。它指导不同空间、不同时间、不同岗位上的人们，围绕一个总目标，秩序井然地去实现各自的分目标。行为如果没有计划指导，被管理者必然表现为无目的的盲动，管理者则表现为决策朝令夕改，随心所欲，自相矛盾。结果必然是组织秩序的混乱，事倍功半，劳民伤财。在现代社会里，可以这样说，几乎每项事业，每个组织，乃至每个人的活动都不能没有计划蓝图。

4. **计划是控制活动的依据**

计划不仅是组织、指挥、协调的前提和准则，而且与管理控制活动紧密相联。计划为各种复杂的管理活动确定了数据、尺度和标准，它不仅为控制指明了方向，还为控制活动提供了依据。经验告诉我们，未经计划的活动是无法控制的，也无所谓控制。因为控制本身是通过纠正偏离计划的偏差，使管理活动保持与目标的要求一致。

案例分析 2-3

Swan 公司自行车市场计划与决策

Swan 于 1895 年在芝加哥创办了 Swan 自行车公司，后来成长为世界最大的自行车制造商。在 20 世纪 60 年代，Swan 公司占有美国自行车市场 25%的份额，不过，过去是过去，现在是现在。

小 Swan 是创始人的长孙，1979 年他接过公司的控制权，那时，问题已经出现，而糟糕的计划和决策又使已有的问题雪上加霜。

在 20 世纪 70 年代，Swan 公司不断投资于它强大的零售分销网络和品牌，以便主宰 10 挡变速车市场。但是进入 80 年代，市场转移了，山地车取代了 10 挡变速车成为销量最大的车型，而且轻型的、高技术的、外国生产的自行车在成年的自行车爱好者中日益普及。Swan 公司错过了这两次市场转型的机会。它对市场的变化反应太慢，管理当局专注于削减成本而不是创新。结果，Swan 公司的市场份额开始迅速地被更富有远见的自行车制造商夺走，这些制造商销售的品牌有特莱克、坎农戴尔、巨人和钻石。

或许，Swan 公司最大的错误是没有把握住自行车是一种全球产品，公司迟迟未能开发海外市场和利用国外的生产条件。一直拖到 20 世纪 70 年代末，Swan 公司才开始加入国外竞争，把大量的自行车转移到日本进行生产，但到那时，不断扩张的中国台湾地区的自行车工业已经在价格上击败了日本生产厂家。作为对付这种竞争的一种策略，Swan 公司开始少量进口中国台湾地区制造的巨人牌自行车，然后贴上 Swan 商标在美国市场上出售。

1981 年，当 Swan 公司设在芝加哥的主要工厂的工人举行罢工时，公司采取了也许是最愚蠢的行动。管理当局不是与工人谈判解决问题，而是关闭了工厂，将工程师和设备迁往中国台湾地区的巨人公司自行车工厂。作为与巨人公司合伙关系的一部分，Swan 公司将所有的一切，包括技术、工程、生产能力都交给了巨人公司，这正是巨人公司要成为占统治地位的自行车制造商所求之不得的。作为交换条件，Swan 公司进口和在美国市场上以 Swan 商标经销巨人公司制造的自行车。正如一家美国竞争者所言："Swan 将特许权盛在银盘上奉送给巨人公司。"

到 1984 年，巨人公司每年交付给 Swan 公司 70 万辆自行车，以 Swan 商标销售，占 Swan 公司销售额的 90%。几年后，巨人公司利用从 Swan 公司那里获得的知识，在美国市场上建立了他们自己的商标。

到 1992 年，巨人公司和中国大陆的自行车公司，已经在世界市场上占据了统治地位。巨人公司销售的每 10 辆自行车中就有 7 辆是以自己的商标出售的，而 Swan 公司怎么样了？当它的市场份额 1992 年 10 月跌到 5%时，公司开始申请破产。

案例分析
2-3 解析

请问：1. 按上述影响计划的权变性因素，公司在 20 世纪 60、70、80 年代的计划应该是怎样的？

2. 应当制订怎样的长期计划来挽救该公司？

二、计划工作的步骤

任何计划工作都要遵循一定的程序或步骤。虽然小型计划比较简单，大型计划复杂些，但是，管理人员在编制计划时，其工作步骤都是相似的，依次包括以下内容。

（一）认识机会

认识机会先于实际的计划工作开始以前，严格来讲，它不是计划的一个组成部分，但却是计划工作的一个真正起点。因为它预测到了未来可能出现的变化，清晰而完整地认识到组织发展的机会，搞清了组织的优势、弱点及所处的地位，认识到组织利用机会的能力，意识到不确定因素对组织可能发生的影响程度等。

认识机会，对做好计划工作十分关键。一位经营专家说过："认识机会是战胜风险求得生存与发展的诀窍。"诸葛亮"草船借箭"的故事流传百世，其高明之处就在于他看到了三天后江上会起雾，而曹军不习水性不敢迎战这个机会，神奇般地实现了自己的战略目标。企业经营中也不乏这样的例子。

（二）确定目标

制订计划的第二个步骤是在认识机会的基础上，为整个组织及其所属的下级单位确定目标。目标是指期望达到的成果，它为组织整体、各部门和各成员指明了方向，描绘了组织未来的状况，并且作为标准可用来衡量实际的绩效。计划的主要任务，就是将组织目标进行层层分解，以便落实到各个部门、各个活动环节，形成组织的目标结构，包括目标的时间结构和空间结构。

（三）确定前提条件

所谓计划工作的前提条件就是计划工作的假设条件，简言之，即计划实施时的预期环境。负责计划工作的人员对计划前提了解得愈细愈透彻，并能始终如一地运用它，则计划工作也将做得越协调。

按照组织的内外环境，可以将计划工作的前提条件分为外部前提条件和内部前提条件；还可以按可控程度，将计划工作前提条件分为不可控的、部分可控的和可控的三种前提条件。外部前提条件大多为不可控的和部分可控的，而内部前提条件大多数是可控的。不可控的前提条件越多，不肯定性越大，就愈需要通过预测工作确定其发生的概率和影响程度的大小。

（四）拟定可供选择的可行方案

编制计划的第四个步骤是，寻求、拟定、选择可行的行动方案。“条条道路通罗马”，描述了实现某一目标的方案途径是多条的。通常，最显眼的方案不一定就是最好的方案，对过去方案稍加修改和略加推演也不会得到最好的方案，一个不引人注目的方案或通常人提不出的方案，效果却往往是最佳的，这里体现了方案创新性的重要。此外，方案也不是越多越好。编制计划时没有可供选择的合理方案的情况是不多见的，更加常见的不是寻找更多的可供选择的方案，而是减少可供选择方案的数量，以便可以分析最有希望的方案。即使用数学方法和计算机，我们还是要对可供选择方案的数量加以限制，以便把主要精力集中在对少数最有希望的方案的分析方面。

（五）评价可供选择的方案

在找出了各种可供选择的方案和检查了它们的优缺点后，下一步就是根据前提条件和目标，权衡它们的轻重优劣，对可供选择的方案进行评估。评估实质上是一种价值判断，它一方面取决于评价者所采用的评价标准；另一方面取决于评价者对各个标准所赋予的权重。一个方案看起来可能是最有利可图的，但是需要投入大量现金，而回收资金很慢；另一个方案看起来可能获利较少，但是风险较小；第三个方案眼前看没有多大的利益，但可能更适合公司的长远目标。应该用运筹学中较为成熟的矩阵评价法、层次分析法、多目标评价法，进行评价和比较。

如果唯一的目标是要在某项业务里取得最大限度的当前利润，且将来是确定的，无须为现金和资本可用性焦虑，大多数因素可以分解成确定数据，这样条件下的评估将是相对容易的。但是，由于计划工作者通常都面对很多不确定因素，资本短缺问题以及各种各样无形因素，评估工作通常很困难，甚至比较简单的问题也是这样。一家公司主要为了声誉，而想生产一种新产品；而预测结果表明，这样做可能造成财务损失，但声誉的收获是否能抵消这种损失，仍然是一个没有解决的问题。因为在多数情况下，存在很多可供选择的方案，而且有很多应考虑的可变因素和限制条件，评估会极其困难。

评估可供选择的方案，要注意考虑以下几点：第一，认真考察每一个计划的制约因素和隐患；第二，要用总体的效益观点来衡量计划；第三，既要考虑到每一个计划的有形的、可以用数量表示出来的因素，又要考虑到无形的、不能用数量表示出来的因素；第四，要动态地考察计划的效果，不仅要考虑计划执行所带来的利益，还要考虑计划执行所带来的损失，特别注意那些潜在的、间接的损失。

（六）选择方案

计划工作的第六步是选定方案。这是在前五步工作的基础上，做出的关键一步，也是决策的实质性阶段——抉择阶段。可能遇到的情况是，有时会发现同时有两个以上可取方案。在这种情况下，必须确定出首先采取哪个方案，而将其他方案也进行细化和完善，以作为后备方案。

（七）制订派生计划

基本计划还需要派生计划的支持。比如，一家公司年初制订了“当年销售额比上年增长 15％ ”的销售计划，与这一计划相连的有许多计划，如生产计划、促销计划等。再如当一家公司决定开拓一项新的业务时，这个决策需要制订很多派生计划作为支撑，比如雇用和培训各种人员的计划、筹集资金计划、广告计划，等等。

（八）编制预算

在做出决策和确定计划后，计划工作的最后一步就是把计划转变成预算，使计划数字化。编制预算，一方面是为了计划的指标体系更加明确，另一方面是使企业更易于对计划执行进行控制。定性的计划往往在可比性、可控性和进行奖惩方面比较困难，而定量的计划具有较硬的约束。

案例分析 2－4

协助一家公司制订计划

某管理顾问参加一家大公司的年度计划会议。这次会议的主要内容是先确定公司的重大问题、安排先后次序并为制订详细的计划、规定、指导方针和政策提供依据。会议开始，几个职能部门的管理人员都奉命从自己部门角度来确定该公司所面临的唯一重大问题。公司负责综合管理的部门——企管部将根据每个职能部门人员提出的问题，拟出公司的一批问题，并把它们的次序排好，以提交给公司高层，作为制订年度计划的主要依据。

该公司的七个职能部门是：生产部、人事部、销售部、职员培训和训练部、财务部、法律顾问和工程部。每个职能部门都由一个下属单位组成，每个职能部都将根据计划会提出的年度计划展开活动。

提出供讨论的问题可归纳如下：

生产部：主要问题是机器设备更新太慢，产品质量达不到技术要求；老技术人员陆续退休，新录用工人学习技术热情不高，生产技术水平下降。

人事部：车间技术人员要求调离工作的太多，调离原因是技术人员不能充分发挥作用，而且待遇不高，据对一个车间的7名技术人员调查，只有一名解决住房，而其余6名仍然住在建厂初期的旧宿舍里。

销售部：产品销售市场发生疲软，而经销人员却由原来的17人、减少到8人，市场信息不能全面及时收集。

财务部：由于“三角欠债”使公司的流动资金严重不平衡，库存产品增加，产品成本增加。

法律顾问部：该公司的噪音较大，周围居民根据新公布的环境保护法向法院提出起诉。要增设消音设备需要一大笔费用。

工程部：最严重的问题是工程师大量外流或从事兼职工作。如果不能解决工程技术人员合理使用和报酬问题，外流人员还要增加。

请问：1. 你将如何来排列这些问题的先后次序？

2. 是否有任何基础能把这些问题相互联系起来？即它们是否是独立的、相互无关系的问题？

3. 一旦确定了问题，而后做计划决策时还需要些什么信息？

案例分析
2-4解析

任务实施

1. 全班分成5个小组(每组5～10人)，组成学习探讨团队。
2. 分组对“快餐店的计划”进行分析，提出自己的看法。
3. 分组进行汇报，并进行点评。

任务评价与反馈

评价指标		A组	B组	C组	D组	E组
职业素质能力(30分)	仪态仪表(10分)					
	语言表达(10分)					
	精神面貌(10分)					
团队协作能力(30分)	岗位分工(10分)					
	成员参与(10分)					
	合作效果(10分)					

续　表

评价指标		A组	B组	C组	D组	E组
职业技能能力（40分）	PPT制作（10分）					
	分析能力（10分）					
	决策能力（10分）					
	组织能力（10分）					
总　分						

扩展提升

计划原理

计划原理是指为了贯彻行政决策意图，对未来行政管理活动及所需的人力、物力、财力、时间，进行谋划所必须遵循的规划和原理。“计划原理”理论是美国经济学家J.加尔布雷思运用制度与结构分析方法对现代欧美工业社会和经济进行分析后提出的。他从技术知识成为主要的生产要素以及企业权力转移给技术结构阶层这一前提出发断言，技术结构阶层掌权后，现代企业不再以最大利润为首要目标，而是从自身利益出发，在获取一定利润后，以稳定和减少风险为首要目标。计划原理的内容，最直接运用的有四条：

(1) 木桶原理，亦称限定因素原理。含义是木桶能盛多少水，取决于桶壁上最短的那块木板条。它指“行政人”越能清晰地了解达到行政目标起主要限制作用的因素，则越能有针对性地拟定各种行政计划和行动方案，其实质是界定行政目标实现过程中的主要矛盾。正确运用“木桶”原理，既可以省时、省力，避免对问题的面面俱到，又可以防止把主要精力放在一些非关键因素上，影响主要问题的解决。

(2) 承诺原理，指任何一项行政计划都是对完成各项行政管理任务所做的承诺，任务越多，承诺越大，实现承诺的时间就越长，计划的期限也就越长。行政计划的期限与其所要完成的任务是呈正比的。计划的承诺，不能太多，否则，造成计划的时间过长，承诺所实现的可能性就越小。

(3) 灵活性原理，指行政计划的灵活性越大，因未来意外事件引起损失的可能性就越小，两者是反比例关系。灵活性原理是行政计划工作中最主要的原理，它主要针对计划的制订过程，使计划本身具有适应性，要求计划的制订“量力而行，留有余地”。至于计划的执行，则必须严格准确，要“尽力而为，不留余地”。

(4) 改变航道原理，指计划实施过程中，在保持行政计划总目标不变的前提下，实现目标的进程可因情况的变化而变化，使计划的执行过程具有应变力。因此，在行政计划实施过程中，必须进行定期检查和调整。

任务3　决　策

任务情境

旺旺涨价:“中年危机”下的危险决策

“你旺我旺大家旺”的旺旺集团,在2018年狗年伊始,旗下产品传出涨价的消息。近日,一份疑似“成都旺旺食品有限公司乌鲁木齐分公司”下发给经销商的终端调价通知,在网络上散播。

业内人士告诉蓝鲸产经记者,成立30年的旺旺集团正步入“中年危机”,产品和品牌缺乏创新,处于老化状态,此时跟风行业贸然涨价,恐怕会影响消费者的购买热情,该决策风险较大。

跟风涨价

通知显示,旺旺将对旗下旺仔牛奶、乳酸菌饮品、雪饼、仙贝等产品的零售价格上调。而涨价原因是因为市场原物料、运费以及人工成本大幅上扬。该解释,与此前康师傅、统一,以及白酒、啤酒涨价原因基本一致。

业内人士认为,成本上涨,价格上调也是大势所趋。

据新疆经销商表示,2018年3月初已经收到上述文件,终端价格涨幅在10%左右,下个月起将会按新的价格执行。谈及涨价对自己的影响,该经销商表示:“影响应该不大,毕竟是普遍调价,加上新疆地区的物流配送成本高,消费者对某个商品价格上涨五毛、一元基本能接受。”

据了解,不仅新疆经销商,四川成都、河南周口、山东鲁南等地区的经销商也都接到4月份开始涨价的通知,但是大部分经销商称得到的是来自厂家业务人员的“口头通知”,尚未拿到厂家正式下发的价格调整文件。

蓝鲸产经记者致电旺旺集团驻京首席代表林天良,电话处于无人接听的状态,旺旺集团驻京副代表王铭义的电话则处于关机状态。该集团产品服务处副处长汪洁告诉记者,自己不负责这项业务,不清楚情况。

中国食品产业分析师朱丹蓬认为,旺旺的涨价是顺应产品升级的趋势,目前市场消费端倒逼产业端的情况下,旺旺必须要做升级,而升级是要提升品质,如提升品质,成本增高,涨价是必然的。但是,他也表示,如果涨价后产品还处于老化状态,将会影响消费者购买。

“中年危机”难解

除了成本上涨承压,旺旺还面临着“中年危机”的考验。

据公开资料显示，中国旺旺 2017 年 1 月至 9 月收益约为 135.85 亿元，同比下降 1.1%；毛利约为 59.85 亿元，同比下降 8.8%；毛利率约为 44.1%，同比下降 3.6%，所有的财务指标均呈现下降趋势。

旺旺表示，业绩下降主要是第一季度年节作业少 11 天，其中部分业绩提前认列在 2016 年，而使第一季度同比衰退所致。同时，也与部分大宗原物料如包装材料、白糖等使用成本上升有关。特别是休闲食品大类，白砂糖使用占比较高，在该期间白砂糖、纸箱等使用成本上升超过 20%，对该类别整体毛利率产生一定影响。

记者翻阅其 2017 年半年报发现，中国旺旺旗下米果、乳品及饮料、休闲食品和其他产品，分别贡献收益约为 19.53 亿元、45.3 亿元、28.4 亿元和 0.24 亿元；但是，在 2016 年上半年，这些产品各自贡献收益约为 20.72 亿元、46.76 亿元、29.41 亿元和 0.19 亿元，均处于下降状态。

营销专家路胜贞在接受媒体采访时表示："旺仔牛奶多是复原乳，与人们追求鲜奶产品的趋势脱节。如今，消费者开始追求新鲜、营养，复原乳被贴上安全但'不新鲜'的标签，于是，越来越多的购买力转向了低温巴氏鲜奶。在这种情况下，旺仔牛奶不但无法吸引到更多新的消费者，老客户也在流失。"

为了一改颓势，旺旺也对旺仔牛奶的品质和口感进行提升，试图留住消费者。同时，还拓宽旺仔牛奶的产品规格及种类，为了更适合渠道客制化销售策略的实施，推出优酪乳及旺仔特浓牛奶，试图给消费者提供更多选择。此外，还对产品包装进行创新，比如，旺仔牛奶推出蓝瓶、黄瓶，除了易拉罐的包装，还推出便携装、纸袋式新品。

旺旺认为，唯有渠道的不断下沉与延伸，才能将产品尽数送到消费者的面前，给消费者更多的选择，也增加集团未来的成长动能。

但是，业内人士指出，旺旺面临了"中年危机"，产品和品牌都有老化的趋势，尚未找到解决之策。比如，旺旺品牌层面没有突破之前的年龄段定位，在消费者心中还只是针对儿童，而产品层面则主要针对中低端人群，组织架构层面无法与市场策略相匹配，未来的路比较艰难。

任务要求

1. 旺旺涨价的原因是什么？
2. 旺旺涨价的决策对企业发展会带来那些影响？

知识准备

一、决策的含义

（一）决策的概念

决策是为了实现特定的目标，根据客观的可能性，在占有一定信息和经验的基础上，借助一定的工具、技巧和方法，对影响目标实现的诸因素进行分析、计算和判断选优后，对未来行动做出决定。

（二）决策的作用

(1) 科学决策是现代管理的核心，决策贯穿整个管理活动。

(2) 决策是决定管理工作成败的关键。决策是任何有目的的活动发生之前必不可少的一步。不同层次的决策有大小不同的影响。

(3) 科学决策是现代管理者的主要职责。

（三）决策的分类

1. 按决策范围分为战略决策、战术决策和业务决策

战略决策，是指直接关系到组织的生存和发展，涉及组织全局的长远性的、方向性的决策。战略决策风险大，一般需要长时间才可看出决策结果，所需解决问题复杂，环境变动较大，并不过分依赖数学模式和技术，定性定量并重，对决策者的洞察力和判断力要求高。

战术决策，又称管理决策，是组织内部范围贯彻执行的决策，属于战略决策过程的具体决策。战术决策不直接决定组织命运，但会影响组织目标的实现和工作销量的高低。

业务决策，又称执行性决策，是日常工作中为了提高生产效率、工作效率所做的决策。业务决策涉及范围小，只对局部产生影响。

三者相辅相成，构成紧密联系、不可分割的整体，是指导与被指导的关系。

2. 按决策性质分为程序化决策和非程序化决策

程序化决策，是经常重复发生，能按原规定的程序、处理方法和标准进行的决策。

非程序化决策，是管理中首次出现的或偶然出现的非重复性的决策。非程序化决策无先例可循，随机性和偶然性大。

3. 按决策主体分为个人决策和群体决策

个人决策，是在最后选定决策方案时，由最高领导最终做出决定的一种决策形式。个人决策决策迅速、责任明确，能充分发挥领导个人的主观能动性。

群体决策，是两个或以上的决策群体所做出的决策。群体决策耗时，复杂，但可集思广益，弥补个人不足。

4. 按决策问题的可控程度分为确定型决策、不确定型决策和风险型决策

确定型决策，是决策所需的各种情报资料已完全掌握的条件下做出的决策。

不确定型决策，是资料无法加以具体测定，而客观形式又要求必须做出决定的决策。

风险型决策，是决策方案未来的自然状态不能预先肯定，可能有几种状态，每种自然状态发生的概率可以做出客观估计，但不管哪种方案都有风险的决策。

二、决策的过程

（一）鉴别问题和定义问题

鉴别问题对于解决问题是至关重要的。决策者必须能够区分问题的症状与问题的真

实。鉴别问题需要进行大量的考察和思考。

当问题得到识别之后,必须根据一定的参量来定义问题。在定义问题的时候,决策者应考虑这样一些问题:我是否有权自行做这件事情?我具备所需的专业知识吗?我是否有时间?假如我不做任何事,结果又会怎么样?调查应进行到何种程度?解决问题将会产生哪些益处?这些益处的重要程度如何?通过定义问题,可以确定一系列的目标,并能够确定问题的范围,接下来就能将搜寻信息的范围缩小为与之相关的信息内容。

(二)分析问题

在问题被明确和定义之后,决策者就可以开始对问题进行系统的分析,分析问题有助于决策者把握住问题。分析问题的前提条件是收集实际资料,在收集实际资料时,必须以书面的形式将它们记载下来,所需资料的数量和搜集信息的范围主要取决于问题的性质和复杂程度。一旦收集到所需的信息,下一步工作就是理解和解释这些信息,我们必须采取有序的方法来组织整理这些信息。在检查整理完数据之后,决策者就可以说明他要解决的真实问题是什么。

(三)拟定可供选择的方案

一旦我们明确了真实问题的所在,接下来的步骤是寻求解决问题的可供选择的方案。决策者应该尽可能多地考查可供选择的方案,可供选择的方案越多,解决办法越完善。寻求解决问题的备选方案的过程是一个具有创造性的过程,在这一阶段,决策者必须开拓思维,充分发挥自由想象力。

(四)评价备选方案

备选方案拟定出之后,必须对每一个备选方案所希望的结果和不希望的结果出现的可能性进行检验,决策者必须根据工作的目标来评价每一个备选方案的效用。如果所有的备选方案都不令人满意,决策者还必须进一步寻找新的备选方案。

(五)选择最佳方案

在选择最佳方案时,一个有用的规则是使执行方案过程中可能出现的问题数量减少到最小,而执行方案对实现目标的贡献达到最大。在选择方案时可以考虑以下因素:① 经验,在选择最佳方案时,将过去的经验作为一个指南;② 直觉,直觉与经验有关,它包括唤起决策者过去的记忆,并将其应用于对未来的预测;③ 他人的建议,决策者必须从同事、上级和下级那里寻求帮助和指导;④ 实验,如果可能的话,采用这种方法来检验备选方案。

(六)执行方案

选择出最佳方案后,决策者还必须使方案付诸实施,必须设计所选方案的实施方法。在执行阶段,决策者必须对存在的一些抵制情绪有所预见,尤其是来自受决策影响的员工的抵制,必须准备计划来应付处理这类意外情形。一个可能成功地实施决策有的有效方法是参与,决策者在实施方案时必须行使领导权力,不恰当的沟通也可能阻碍所选方案的实施。

（七）检查方案的有效性

决策者最后的职责是定期检查计划的执行情况，并将实际情形与计划结果进行对比。必须根据已建立的目标来衡量效益，通过定期检查来评价方案的效果，检查方案的效果也有助于提高决策者的决策技能与水平。

案例分析 2－5

王厂长的会议

王厂长是佳迪饮料厂的厂长，回顾 8 年的创业历程真可谓是艰苦创业、勇于探索的过程。全厂上下齐心合力，同心同德，共献计策，为饮料厂的发展立下了不可磨灭的汗马功劳。但最令全厂上下佩服的还数 4 年前王厂长决定购买二手设备（国外淘汰生产设备）的举措。饮料厂也因此挤入国内同行业强手之林，令同类企业刮目相看。今天王厂长又通知各部门主管及负责人晚上 8 点在厂部会议室开会。部门领导们都清楚地记得 4 年前在同一时间、同一地点召开会议王厂长做出了购买进口二手设备这一关键性的决定。在他们看来，又有一项新举措即将出台。

晚上 8 点会议准时召开，王厂长庄重地讲道："我有一个新的想法，我将大家召集到这里是想听听大家的意见或看法。我们厂比起 4 年前已经发展了很多，可是，比起国外同类行业的生产技术、生产设备来，还差得很远。我想，我们不能满足于现状，我们应该力争世界一流水平。当然，我们的技术、我们的人员等诸多条件还差得很远，但是我想为了达到这一目标，我们必须从硬件条件入手，即引进世界一流的先进设备。这样一来，就会带动我们的人员、带动我们的技术等一起前进。我想这也并非不可能，4 年前我们不就是这样做的吗？现在厂的规模扩大了，厂内外事务也相应地增多了，大家都是各部门的领导及主要负责人，我想听听大家的意见，然后再做决定。"

会场一片肃静，大家都清楚记得，4 年前王厂长宣布他引进二手设备的决定时，有近 70％成员反对，即使后来王厂长谈了他近三个月对市场、政策、全厂技术人员、工厂资金等等厂内外环境的一系列调查研究结果后，仍有半数以上人持反对意见，10％的人持保留态度。因为当时很多厂家引进设备后，由于不配套和技术难以达到等因素，均使高价引进设备成了一堆闲置的废铁。但是王厂长在这种情况下仍采取了引进二手设备的做法。事实表明这一举措使佳迪饮料厂摆脱了企业由于当时设备落后、资金短缺所陷入的困境。在那时的二手设备价格已经很低，但在我国尚未被淘汰。因此，佳迪厂也由此走上了发展的道路。

王厂长见大家心有余悸的样子，便说道："大家不必顾虑，今天这一项决定完全由大家决定，我想这也是民主决策的体现，如果大部分人同意，我们就宣布实施这一决定；如果大部分人反对的话，我们就取消这一决定。现在大家举手表决吧。"

于是会场上有近 70％人投了赞成票。

请问：1. 王厂长的两次决策过程合理吗？为什么？

2. 如果你是王厂长，在两次决策过程中应做哪些工作？

3. 影响决策的主要因素是什么？

案例分析 2－5 解析

三、决策的方法

（一）定性决策法

定性决策法即主观决策法，又被称为决策的软技术，是指建立在心理学、社会学、创造学等社会科学的基础上的一种凭借个人经验，充分发挥人的创造力对问题进行分析、做出决策的方法。该方法简单易行、经济方便，在日常生活中大量采用的决策方法都是主观决策方法。常见的定性决策法有德尔菲法、头脑风暴法和时间管理法等。

1. 德尔菲法

德尔菲法，也称专家调查法，1946 年由美国兰德公司命名并首先使用的，是采用背对背的通信方式征询专家小组成员的预测意见，经过几轮征询，使专家小组的预测意见趋于集中，最后做出符合市场未来发展趋势的预测结论。图 2－3 为德尔菲法流程图。

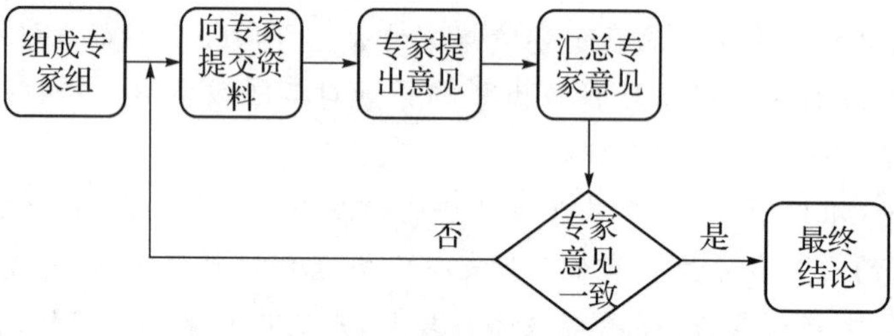

图 2－3　德尔菲法流程图

德尔菲法的具体实施步骤如下：

(1) 组成专家小组。按照课题所需要的知识范围确定专家。专家人数的多少，可根据预测课题的大小和涉及面的宽窄而定，一般不超过 20 人。

(2) 向所有专家提出所要预测的问题及有关要求，并附上有关这个问题的所有背景材料，同时请专家提出还需要什么材料，由专家做书面答复。

(3) 各个专家根据他们所收到的材料，提出自己的预测意见，并说明自己是怎样利用这些材料并提出预测值的。

(4) 将各位专家第一次判断意见汇总，列成图表，进行对比，再分发给各位专家，让专家比较自己同他人的不同意见，修改自己的意见和判断。也可以把各位专家的意见加以整理，或请身份更高的其他专家加以评论，然后把这些意见再分送给各位专家，以便他们参考后修改自己的意见。

(5) 将所有专家的修改意见收集起来，汇总，再次分发给各位专家，以便做第二次修改。

逐轮收集意见并为专家反馈信息是德尔菲法的主要环节。一般来讲，经过三轮或四轮调查后，专家意见将会比较集中，这时就可以把最后调查所得到的结果作为专家小组的意见。

德尔菲法能够充分发挥各位专家的作用，集思广益，准确性高；也能够把各位专家意见的分歧点表达出来，取各家之长，避各家之短。同时，德尔菲法又能避免专家会议法的缺点，比如权威人士的意见影响他人的意见；有些专家碍于情面，不愿意发表与其他人不同的意见；出于自尊心而不愿意修改自己原来不全面的意见等。德尔菲法的主要缺点是过程比较复杂，花费时间较长。

小知识

德尔菲法应用实例

某公司研制出一种新兴产品，现在市场上还没有相似产品出现，因此没有历史数据可以获得。公司需要对可能的销售量做出预测，以决定产量。于是该公司成立专家小组，并聘请业务经理、市场专家和销售人员等8位专家，预测全年可能的销售量。8位专家提出个人判断，经过三次反馈得到结果如表2-1所示。

表2-1　三次判断结果

专家编号	第一次判断			第二次判断			第三次判断		
	最低销售量	最可能销售量	最高销售量	最低销售量	最可能销售量	最高销售量	最低销售量	最可能销售量	最高销售量
1	150	750	900	600	750	900	550	750	900
2	200	450	600	300	500	650	400	500	650
3	400	600	800	500	700	800	500	700	800
4	750	900	1 500	600	750	1 500	500	600	1 250
5	100	200	350	220	400	500	300	500	600
6	300	500	750	300	500	750	300	600	750
7	250	300	400	250	400	500	400	500	600
8	260	300	500	350	400	600	370	410	610
平均数	345	500	725	390	550	775	415	570	770

(1) 平均值预测：

在预测时，最终一次判断是综合前几次的反馈做出的，因此在预测时一般以最后一次判断为主。则如果按照8位专家第三次判断的平均值计算，则预测这个新产品的平均销售量为：(415＋570＋770)÷3＝585

(2) 加权平均预测：

将最可能销售量、最低销售量和最高销售量分别按0.50、0.20和0.30的概率加权平均，则预测平均销售量为：570×0.5＋415×0.2＋770×0.3＝599

(3) 中位数预测：

用中位数计算，可将第三次判断按预测值高低排列如下：

最低销售量：

300　370　400　500　550

最可能销售量：

410　500　600　700　750

最高销售量：

600　610　650　750　800　900　1 250

最高销售量的中位数为第四项的数字，即750。

将可最能销售量、最低销售量和最高销售量分别按0.50、0.20和0.30的概率加权平均，则预测平均销售量为：600×0.5+400×0.2+750×0.3=605

2. 头脑风暴法

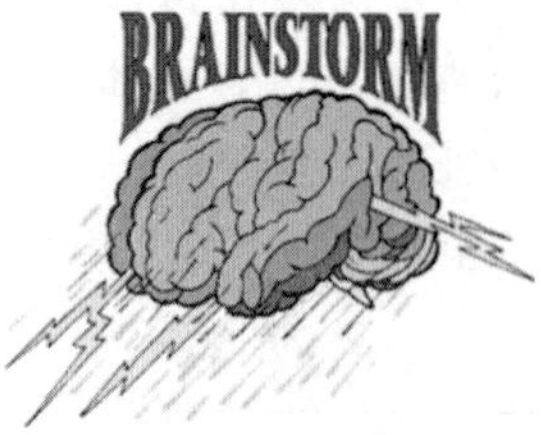

头脑风暴法，1938年由美国BBDO广告公司的奥斯本首创，是由一群人通过相互启发，尽可能地提供多种方案的一种方法。小组一般由5～9人组成，在讨论过程中，鼓励参加者提出各种建议，并禁止对他人的想法进行批评，以便各种创新方案不断地被提出。图2-4为头脑风暴流程图。

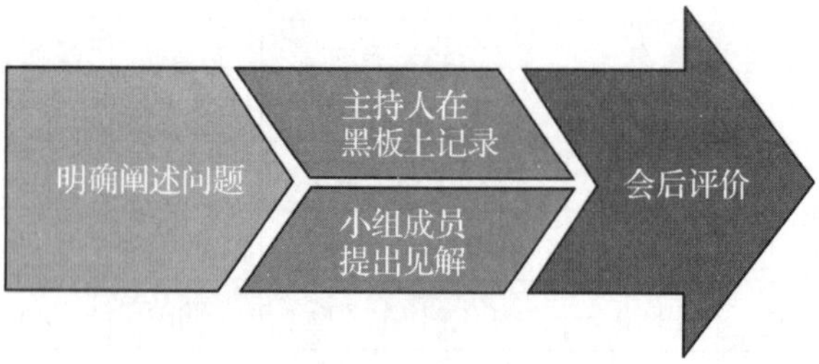

图2-4　头脑风暴法流程图

实践证明，这种方法确实是激发人们创造性思维的一种行之有效的方法，经常用于决策的方案设计阶段，以获得广泛的、具有创建的新设想。同时，在制定备选方案时还要充分考虑到各方面的制约因素，比如政府法律方面的限制、传统道德观念的限制、管理者本身权力和能力的限制以及技术条件、经济因素等方面的限制。

3. 时间管理之工作分类法

一堆工作需要处理，那究竟应该先做哪个，后做哪个呢？根据“二八法则”，生活中80%的结果几乎源于20%的活动，因此，要把注意力放在20%的关键事情上。

在处理多个问题时，我们应当分清轻重缓急（见图2-5），将事情进行如下的排序：

A. 重要且紧急（如救火、抢险等）——必须立刻做。

B. 紧急但不重要（如有人因为打麻将“三缺一”而紧急约你、有人突然打电话请你吃饭等）——只有在优先考虑了重要的事情后，再来考虑这类事。人们常犯的毛病是把“紧急”当成优先原则。其实，许多看似很紧急的事，拖一拖，甚至不办，也无关大局。

C. 重要但不紧急（如学习、做计划、与人谈心、体检等）——只要是没有前一类事的压力，应该当成紧急的事去做，而不是拖延。

D. 既不紧急也不重要（如娱乐、消遣等事情）——有闲工夫再说。

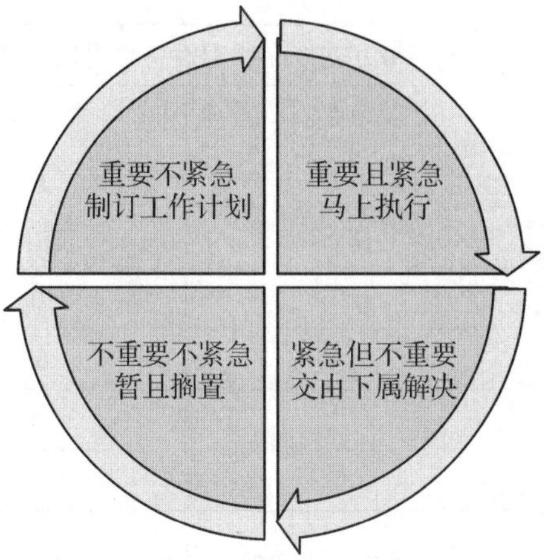

图 2－5 时间管理工作分类法

(二) 定量决策法

定量决策法是利用比较完备的历史资料,运用数学模型和计量方法,来预测未来的市场需求。具体方法有三大类:确定型决策方法、非确定型决策方法和风险型决策方法。

1. 确定型决策方法

确定型决策指决策者对未来可能发生的情况有十分确定的比较,可以直接根据完全确定的情况选择最满意的行动方案。确定型决策是最基本的决策问题,方法比较简单、成熟,经常用到,在决策中占有突出的重要位置。这种决策,约束条件明确,能用数学模型表示,系统的各种变量及其相互关系是计量的,能建立起确定的一元函数,运用线性规划等方法可求出最佳解。

1) 线性规划法

例题 2－1:某工业仪器制造厂是国有制造企业,主要生产 A、B 两种型号工业用精密测量仪器,销往全国各地,部分产品出口东南亚。A 仪器的利润为 8 840 元/万支,B 仪器的利润为 11 765.02 元/万支。产品所需设备台时及工人公时定额和设备加工能力如表 2－2 所示。该公司每月如何分配两种产品的生产才能获得最大利润?

表 2－2 产品所需设备台时及工人公时定额和设备加工能力表

序 号	设备或人力	每万支产品所需设备台时数(台时)		设备可利用台时[台时(人时)/月]
		A 仪器	B 仪器	
1	一号冲床	64.6	25.4	3 258.45
2	二号冲床	2.2	12.7	817.25
3	三号冲床	54.5	39.3	2 556.2
4	电捣机	50	8.3	521
5	手捣机	22.7	48.8	2 312.65

续　表

序　号	设备或人力	每万支产品所需设备台时数(台时)		设备可利用台时［台时(人时)/月］
		A仪器	B仪器	
6	气焊机	13.8	0	530.4
7	铆钉机	21.9	3.8	555
8	钻压机	36.4	0	835.7
9	削磨机	0	18.5	389
10	搓丝机	7.8	0	597
11	生产工人	730.1	415.2	16 730.6

解:设A、B仪器的总利润为Z元，A仪器的计划量为X_1万支，B仪器的计划量为X_2万支，则：

(1) 构建数学模型：

$\text{Max } Z=8840X_1+11\,765.02X_2$

约束性条件：

$64.6X_1+25.4X_2\leqslant 3\,258.45$

$2.2X_1+12.7X_2\leqslant 817.25$

$54.5X_1+39.3X_2\leqslant 2\,556.2$

$50X_1+8.3X_2\leqslant 521$

$22.7X_1+48.8X_2\leqslant 2\,312.65$

$13.8X_1\leqslant 530.4$

$21.9X_1+3.8X_2\leqslant 555$

$36.4X_1\leqslant 835.7$

$18.5X_2\leqslant 389$

$7.8X_1\leqslant 597$

$730.1X_1+415.2X_2\leqslant 16\,730.6$

$X_1, X_2\geqslant 0$

(2) 利用线性规划求解得：

$Z=308\,640.3$(元)

$X_1=6.929\,5$(万支)

$X_2=21.027$(万支)

2) 量本利分析法

例题2-2:某企业面临生产哪一种产品的决策，生产甲产品的单位变动成本为80元，预计销售量为1 000件，预计销售单价为110元；生产乙产品的单位变动成本为220元，预计销售量为500件，预计销售单价为260元。生产甲、乙产品的固定成本相同。则生产甲产品与生产乙产品的：

差量收入$=(110\times 1\,000)-(260\times 500)=-20\,000$(元)

差量成本＝(80×1 000)－(220×500)＝－30 000(元)

差量损益＝(－20 000)－(－30 000)＝10 000(元)

这就说明生产甲产品比生产乙产品可多获利润 10 000 元,生产甲产品对企业是有利的。

2. **非确定型决策**

例题 2－3:根据以往的资料,一般集装箱船每个航次从天津到厦门港所需的舱位数可能是下面情况 1～5 中的某一个:100、150、200、250、300,而其概率分布未知。如果一个仓位空着,则在开船前 24 小时内以 80 美元低价售出。每个舱位预定的运价为 120 美元,每个舱位的运输成本是 100 美元。假定可能准备的空舱量为所需要量中的任一个。即:

A 方案:准备的空舱量为 100。

B 方案:准备的空舱量为 150。

C 方案:准备的空舱量为 200。

D 方案:准备的空舱量为 250。

E 方案:准备的空舱量为 300。

例题 2－4:某物流公司考虑租用仓库进行营业,其中共有两种方案可供选择,分别是选择大型仓库或小型仓库,而其年租金分别为 40 万元和 30 万元。估计物流市场在近几年内可能出现以下几种情况:前景较好、一般、较差。其概率及其为该公司带来的收入如表 2－3 所示。试用决策树法,为公司做出决策。

表 2－3　例题 2－4 各方案损益值

	较好 p＝0.5	一般 p＝0.3	较差 p＝0.2
S_1:租大型仓库	100	35	－60
S_2:租小型仓库	55	25	－5

解:(1) 画决策树见图 2－6。

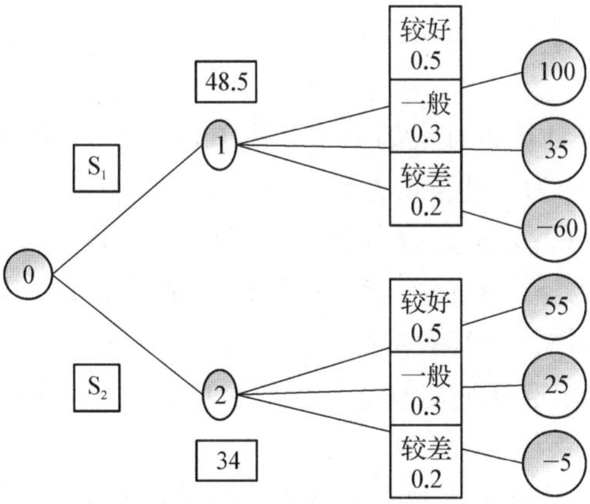

图 2－6　决策树图

(2) 计算各节点的期望损益值:

节点①:1000.5＋35×0.3＋(－60)×0.2＝48.5

节点②:55×0.5＋25×0.3＋(－5)×0.2＝34

(3) 进行决策:

通过节点值的比较,得到 48.5>34,即节点①的值大于节点②的值,所以应该将节点② 减掉,采用 S_1 方案。

3. 风险型决策方法

对于风险型决策问题,其常用的决策方法主要有最大可能法、期望值法、灵敏度分析法、效用分析法等。

1) 最大可能法

在解决风险型决策问题时,选择一个概率最大的自然状态,把它看成是将要发生的唯一确定的状态,而把其他概率较小的自然状态忽略,这样就可以通过比较各行动方案在那个最大概率的自然状态下的益损值进行决策。这种决策方法就是最大可能法。

例题 2-5:用最大可能法对表 2-4 中所描述的风险型决策问题求解。

表 2-4 每一种天气类型发生的概率及种植各种农作物的收益

天气类型		极旱年	旱 年	平 年	湿润年	极湿年
发生概率		0.1	0.2	0.4	0.2	0.1
农作物的收益(千元·hm^{-2})	水稻	10	12.6	18	20	22
	小麦	25	21	17	12	8
	大豆	12	17	23	17	11
	燕麦	11.8	13	17	19	21

解:由表可知,"极旱年""旱年""平年""湿润年""极湿年"5 种自然状态发生的概率分别为 0.1、0.2、0.4、0.2、0.1,显然,"平年"状态的概率最大。按照最大可能法,可以将"平年"状态的发生看成是必然事件。而在"平年"状态下,各行动方案的收益分别是:水稻为 18 千元/hm^2,小麦为 17 千元/hm^2,大豆为 23 千元/hm^2,燕麦为 17 千元/hm^2,显然,大豆的收益最大。所以,该农场应该选择种植大豆为最佳决策方案。

2) 期望值法

期望值决策法,就是计算各方案的期望益损值,并以它为依据,选择平均收益最大或者平均损失最小的方案作为最佳决策方案。

期望值决策法的计算、分析过程分别是:① 把每一个行动方案看成是一个随机变量,而它在不同自然状态下的益损值就是该随机变量的取值;② 把每一个行动方案在不同的自然状态下的益损值与其对应的状态概率相乘,再相加,计算该行动方案在概率意义下的平均益损值;③ 选择平均收益最大或平均损失最小的行动方案作为最佳决策方案。

例题 2-6:试用期望值决策法对上述例题所描述的农作物种植风险型决策问题求解。

解:

(1) 方案:水稻 $B1$,小麦 $B2$,大豆 $B3$,燕麦 $B4$;

状态:极旱年 $\theta 1$、旱年 $\theta 2$、平年 $\theta 3$、湿润年 $\theta 4$、极湿年 $\theta 5$;

方案 B_i 在状态 θ_j 下的收益值 a_{ij} 看作该随机变量的取值。

(2) 计算各个行动方案的期望收益值(见表 2-5)

$$E(B1)=10\times0.1+126\times0.2+18\times0.4+20\times0.2+22\times0.1$$
$$=16.92(\text{千元}/hm^2)$$
$$E(B2)=25\times0.1+21\times0.2+17\times0.4+12\times0.2+8\times0.1$$
$$=16.7(\text{千元}/hm^2)$$
$$E(B3)=12\times0.1+17\times0.2+23\times0.4+17\times0.2+11\times0.1$$
$$=183(\text{千元}/hm^2)$$
$$E(B4)=11.8\times0.1+13\times0.2+17\times0.4+19\times0.2+21\times0.1$$
$$=16.48(\text{千元}/hm^2)$$

表 2-5 风险型决策问题的期望值计算

状 态		极旱年	旱 年	平 年	湿润年	极湿年	期望收益值 $E(Bi)$
		($\theta1$)	($\theta2$)	($\theta3$)	($\theta4$)	($\theta5$)	
状态概率		0.1	0.2	0.4	0.2	0.1	
各方案收益值(千元·hm^{-2})	水稻($B1$)	10	12.6	18	20	22	16.92
	小麦($B2$)	25	21	17	12	8	16.7
	大豆($B3$)	12	17	23	17	11	18.3
	燕麦($B4$)	11.8	13	17	19	21	16.48

(3) 选择最佳决策方案。

因为 $E(B3)=\max\{E(\mathrm{Bi})\}=18.3$(千元/$hm^2$)

所以,种植大豆为最佳决策方案。

3) 灵敏度分析法

对于风险型决策问题,其各个方案的期望益损值是在对状态概率预测的基础上求得的。由于状态概率的预测会受到许多不可控因素的影响,因而基于状态概率预测结果的期望益损值也不可能同实际完全一致,会产生一定的误差。这样,就必须对可能产生的数据变动是否会影响最佳决策方案的选择进行分析,这就是灵敏度分析。

例题 2-7:某企业拟扩大产品产量,现有两种方案可供选择:一是新建生产线;二是改造生产线。该企业管理者经过研究,运用期望值决策法编制出决策分析表,如表 2-6 所示。由于市场情况极其复杂,它受许多不可控因素的影响,因而销售状态的概率可能会发生变化。试针对这种情况,进行灵敏度分析。

表 2-6 某企业扩大产品产量决策分析表

		市场销售状态		期望效益值 $E(B_i)$
状 态		适销 θ_1	滞销 θ_2	
状态概率		0.7	0.3	
各方案的效益(万元)	新建生产线 B_1	500	−200	290
	改造原生产线 B_2	300	−100	180

解:

(1) 以最大期望效益值为准则确定最佳方案。

$E(B)=\max\{E(B1),E(B2)\}=290$ 万元,所以,新建生产线($B1$)为最佳方案。

(2) 灵敏度分析。当考虑市场销售状态中适销的概率由0.7变为0.3时,则两个方案的期望效益值的变化为$E(B1)=10$万元,$E(B2)=20$万元。

所以,在0.7与0.3之间一定存在一点P,当适销状态的概率等于P时,新建生产线方案与改造原生产线方案的期望效益值相等。P称为转移概率。

$500P+(1-P)(-200)=300P+(1-P)(-100)$

$P=0.33$

所以,当$P>0.33$时,新建生产线($B1$)为最佳方案;当$P<0.33$时,改造原生产线方案($B2$)为最佳方案。

4) 效用分析法

面对同一决策问题,不同的决策者对相同的利益和损失的反应不同。即便是对于相同的决策者,在不同的时期和情况下,这种反应也不相同。这就是决策者的主观价值概念,即效用值概念。

将效用理论应用于决策过程的主要步骤:

第一步,画出效用曲线。以益损值为横坐标,以效用值为纵坐标。规定:益损值的最大效用值为1,益损值的最小效用值为0,其余数值可以采用向决策者逐一提问的方式确定。

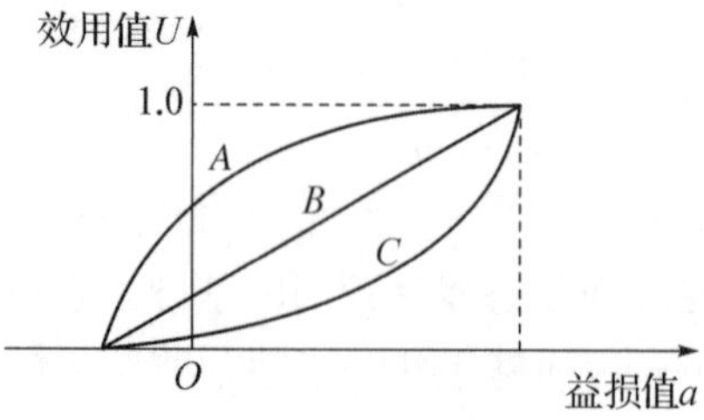

图2-7 效用曲线图

如图2-7所示,曲线A是保守型决策者的效用曲线,不求大利,尽量避免风险,谨慎小心;曲线C是风险型决策者的效用曲线,谋求大利,不惧风险;曲线B是中间型决策者的效用曲线。

第二步,按效用值进行决策。

(1) 找出每一个行动方案在不同状态下的益损值的效用值;

(2) 计算各个行动方案的期望效用值;

(3) 选择期望效用值最大的方案作为最佳决策方案。

可见,效用分析法对于方案的选择,不但考虑了决策问题的客观情况,还考虑了决策者的主观价值,即效用值,是一种更符合实际的决策分析方法。效用函数(曲线),是对决策问题进行效用分析的关键。

任务实施

1. 全班分成5个小组(每组5~10人),组成学习探讨团队。
2. 分组对旺旺集团实行的涨价决策进行分析,提出自己的看法。
3. 分组进行汇报,并进行点评。

任务评价与反馈

评价指标		A组	B组	C组	D组	E组
职业素质能力（30分）	仪态仪表（10分）					
	语言表达（10分）					
	精神面貌（10分）					
团队协作能力（20分）	成员参与（10分）					
	合作效果（10分）					
职业技能能力（50分）	PPT 制作（10分）					
	分析能力（20分）					
	创新能力（20分）					
总　分						

扩展提升

数据时代企业如何决策？让商业模式维恩图和POC模型来帮你

2018 年 3 月 16 日，英特尔邀请数据分析专家 Jeremy Rader 发表了名为《数据时代企业如何决策？让商业模式维恩图和 POC 模型来帮你》的文章，就数据时代下的企业应如何做出决策发表了观点，以下是文章全文。

企业如何转型到以数据为中心？需要从哪里开始以及使用什么技术？这些是目前企业遇到的共同问题。这些问题很有挑战性，但值得思考。

挑战来自数据所带来的多重影响，让企业感到“惊心动魄”，因为数据洪流让企业很难在高速变换的环境中迅速且准确地做出决策——然而同时做好所有事情是不可能的，决策者安排好优先级。

让我们来看看企业现在都在面对什么。

不断演进的技术格局。数字技术蓬勃发展，无论是 IT 基础设施还是到终端设备的创新都会引发出新的技术架构和商业模式。企业不仅要适应数据时代的高速运转，还要从中敏锐地发现和抓住机会。

数据源的爆炸。在大数据时代,数据的来源无论是深度还是广度都大幅增加,比如说,服装业企业,分析成交单数、客单价,成交单数是进店人数乘以成交率,进店人数又是路过人数乘以进店率,那么路过人数、进店人数就属于数据广度,而详细到每个订单的时间、地点、价格、款式等就属于数据源的深度。把所有数据全部收集起来并提升数据源的深度与广度才可以提升数据分析的维度,让数据发挥更大价值。

数据分析的价值日益增高。我们现在经常发现,有很多企业在竞争的过程中,最终不是被同行业竞争对手打败,而是被很多跨行业的公司所打败。很简单的一个例子,大家都认为亚马逊是做电商的,但这是错的,它现在最主要的收入来自云服务。也就是说企业需要找到自己的核心数据并充分发挥其价值,这个是最关键的。

那么在大数据时代,企业又该如何做出决策?

我们不妨用维恩图做一个数据驱动型商业模式图(见图2-8),这些集合分别是"企业有可能做什么""在实际中可以做什么"以及"希望实现什么",这些元素是企业决策者在做决定时所需要考虑的,然而没有任何企业可以满足所有利益相关者的所有需求,这意味着需要根据这个维恩图中间的交集设定优先任务。确定在哪里做什么,需要业务和技术团队的合作——我们已经看到不同利益相关者群体之间进行讨论,利用这个模型在这个领域取得决策成功。

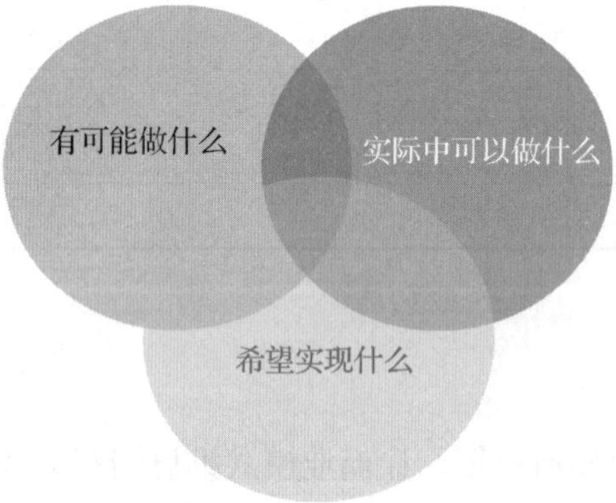

图2-8 数据驱动型商业模式维恩图

当决策者由此梳理出优先任务时,接下来可以用POC即概念验证来推动这个任务。

概念验证(Proof of Concept,POC)是对某些想法的一个不完整的实现,以证明其可行性,示范其原理,其目的是为了验证一些概念或理论。

比如说在汽车行业,对于一个汽车企业来说数据源是十分广泛的。细分到客户服务这样的数据,车企一般都会与经销商一起管理和解读。随着汽车行业的数字化进程,车企从关注客户数据到后来也开始关注共享汽车甚至自动驾驶等商业模式。随着数据分析方式的智能化。主动的数据采集被实时感知仪器所取代,这些数据渐渐地需要与机器学习和人工智能等高级功能一起收集,自动执行简单的决策(如低风险授权),执行更大的任务。

在很多情况下,企业决策者是不可能一开始就知道数据如何演变,采集数据的方式又会有何进步。在以上对数据进行认知的过程中,车企是希望拥有更多有价值的数据,对数据进行分析来开展业务。实际中车企可以提早引入数据分析，加强数据管理，并在实践中不断进行验证。

这种概念验证是很有必要的，它帮你了解业务运转是否在正确的轨道上；它与现代企业希望遵循的敏捷开发模式相适应；它确保你不浪费时间在价值较小的想法上；它帮助促进业务和技术团队之间的信任。

从英特尔的角度来讲，当客户希望投资基础设施，用于大数据分析和挖掘的时候，这是值得鼓励并且是值得的，因为客户的确能够从技术投资中获取价值。在今天复杂的市场环境中，正确的做法是，先证明投资的价值，再采取行动。

这就是我们为什么提倡在全力以赴实施具体分析战略之前进行概念验证演练。概念验证不仅仅是测试想法，还把利益相关者更紧密地团结起来并产生信任。

是的，决定分析战略就像走钢丝并且有很多可能的路线。提前确定优先任务，并通过概念验证进行测试，企业决策和数据分析战略做好最充分的准备。

任务4　战略管理

任务情境

宜家出走马甸变脸

宜家在马甸15 000平方米的店面，创造出5.4亿元/年的销售额。

这个世界500强将在明年年初搬离马甸，引起了媒体和社会的广泛关注——既关心宜家的前景，也关心马甸的发展趋势。

马甸曾经被北京市商委规划为北京市十个商业中心的一个。马甸经历过两次辉煌，一次是在亚运会期间，马甸是亚运会商品集散地，那时大众和社会对马甸作为商业中心有了初步认识。第二次是在马甸被大规模开发以后，特别是宜家进驻以后，形成了马甸商业上真正的繁荣。

据了解，宜家在选址上有两点必备的条件，第一，必须处于交通要道。马甸地区有四通八达的交通，马甸立交桥交通流量巨大。第二，宜家在世界各国的发展，物业都是自己的，不采取租用的办法。宜家初进北京，在马甸破例采取了租赁的方式来开店，也证明了马甸的商业价值。

宜家出走可能基于三个原因：第一，15 000平方米营业面积已不能满足经营需求；第二，宜家失去了在马甸的定价权，成本为王的经营理念使宜家难以接受马甸区域日益成熟带来的租金上涨的成本压力；第三，马甸由纯商业向商业与商务结合的大势，已使宜家失去了小资定位的环境土壤。

商业和商务应该是互为表里、相辅相成的，不同的业态，对商务的支持也各不相同。从这个角度来说，宜家“出走”也许意味着这个区域的商业或商务价值的新陈代谢。

宜家搬走不一定是坏事，通过马甸商业的重新整合和洗牌，让市场来检验马甸区域真正的商务和商业价值。

任务要求

1. 根据宜家在选址上的两个条件，谈谈你对企业战略的认识。
2. 根据上述资料谈谈你对战略实施的认识。

知识准备

一、战略管理的含义

战略管理(Strategic Management)是指对一个企业或组织在一定时期的全局的、长远的发展方向、目标、任务和政策，以及资源调配做出的决策和管理艺术。

从企业未来发展的角度来看，战略表现为一种计划(Plan)，而从企业过去发展历程的角度来看，战略则表现为一种模式(Pattern)。如果从产业层次来看，战略表现为一种定位(Position)；而从企业层次来看，战略则表现为一种观念(Perspective)。此外，战略也表现为企业在竞争中采用的一种计谋(Ploy)。这是关于企业战略比较全面的看法，即著名的5P模型(Mintzberg，et. 1998)。

什么是战略管理？战略管理是指对企业战略的管理，包括战略制定/形成(Strategy Formulation/Formation)与战略实施(Strategy Implementation)两个部分。战略管理首先是一个“自上而下”的过程，这也就要求高级管理层具备相关的能力及素养。

纵观不同学者和企业家的不同见解，战略管理可以归纳为两种类型，即广义的战略管理和狭义的战略管理。

广义的战略管理是指运用战略对整个企业进行管理，其代表人物是安索夫。

狭义战略管理观下，战略管理包括以下几点含义：

战略管理是企业制定长期战略和贯彻这种战略的活动；是企业处理自身与环境关系过程中实现其愿景的管理过程。

企业战略管理体系的设计其实质是围绕着企业的三个核心问题进行细化设计的过程，这三个核心分别是：企业在哪里？企业去哪里？我们何时竞争(行动)？“企业在哪里”是指明晰企业的位置，我们的优劣所在，我们如何从广泛的市场参与中选择有价值的目标市场与顾客，以提供满足其需求的服务举措。“企业去哪里”是企业的未来发展方向。“我们何时行动”指我们什么时间、怎样行动才能战胜竞争对手，这需要企业详细分析竞争对手以及获取较高价值的各种策略手段，比如是采用什么样的新技术还是采用什么类型的增值服务项目等。

二、战略管理的过程

战略管理过程(Strategic Management Process)包括三个阶段：战略制定、战术运用(战略实施)和战略评价。

战略制定包括确定企业任务，分析企业的外部机会与威胁和企业内部优势与弱点，建立长期目标，制定可供选择的战略，以及选择特定的实施战略。战略制定过程所要决定的主要问题有：企业进入何种新产业？放弃何种产业？如何配置资源？是否进入新的地域？是否扩大市场范围？是否扩大经营或进行多元经营？是否进行合并或建立合资公司？如何防止被敌意接管？由于没有任何企业拥有无限的资源，战略制定者必须确定在可选择的战略中哪一种能够使公司获得最大收益。战略决策将使公司在相当长的时期内与特定的产品、市场、资源和技术相联系。

战术运用(战略实施)，在这一过程中，要求公司树立年度目标、制定政策、激励雇员和配置资源，各个职能部门制定具体的战术，以便使制定的战略得以贯彻执行，也就是战略实施阶段。战术运用活动包括培育支持战略实施的企业文化，建立有效的组织结构，制定预算，建立和使用信息系统，制定各种行动方案和具体计划措施。战术运用往往被称作是战略管理的行动阶段，实施意味着动员雇员和管理者将已制定的战略付诸行动。已经制定的战略无论多么好，但如未能实施，便不会有任何实际作用。战术运用活动受企业中的所有雇员及管理者的素质和行为的直接影响，往往被看作是战略管理过程中难度最大的阶段，因此在该阶段人力资源的开发和利用是关键环节。为激励整个公司的管理者和雇员以自豪感和热情为实现已明确的目标而努力工作，要求每个分公司或部门在战术运用阶段都必须回答诸如这样的问题："为实施企业战略中属于我们责任的部分，我们必须做什么？""我们能将工作做得多好？"

战略评价，这是战略管理的最后阶段。由于外部及内部因素处于不断变化之中，所有战略都将面临不断的调整与修改，所以管理者需要及时地了解哪一特定的战略管理阶段出了问题，而战略评价便是获得这一信息的主要方法。战略评价活动包括重新审视外部与内部因素；度量业绩；采取纠正措施。战略评价是必要的，因为今天的成功并不保证明天的成功，成功总是和新的、不同的问题并存，自满的公司必然失败。

战略并不是"空的东西"，也不是"虚无"，而是直接左右企业能否持续发展和持续盈利最重要的决策参照系。战略管理则是依据企业的战略规划，对企业的战略实施加以监督、分析与控制，特别是对企业的资源配置与事业方向加以约束，最终促使企业顺利达成企业目标的过程管理。

三、战略分析和管理方法

战略分析和管理方法主要有以下四个。

(一) PEST 分析法

PEST 为一种企业所处宏观环境分析模型，所谓 PEST，即 Political(政治)、Economic(经济)、Social(社会) and Technological(科技)。这些是企业的外部环境，一般不受企业掌控，这些因素也被戏称为"pest"(有害物)。PEST 要求高级管理层具备相关的能力及素养。

PEST 有时也被称为 STEP、DESTEP、STEEP、PESTE、PESTEL、PESTLE 或 LEPEST[(Political)政治、(Economic)经济、(Socio-cultural)社会文化 、(Technological)

科技、(Legal)法律、(Environmental)环境]。2010 年后更被扩展为 STEEPLE 与 STEEPLED,增加了 Education(教育)与 Demographics(人口统计)。

PEST 分析与外部总体环境的因素互相结合就可归纳出 SWOT 分析中的机会与威胁。PEST/PESTLE、SWOT 与 SLEPT 可以作为企业与环境分析的基础工具。

(二) SWOT 分析法

SWOT 分析法是用来确定企业自身的竞争优势、竞争劣势、机会和威胁(见表 2-7),从而将公司的战略与公司内部资源、外部环境有机地结合起来的一种科学的分析方法。所谓 SWOT 分析,即基于内外部竞争环境和竞争条件下的态势分析,就是将与研究对象密切相关的各种主要内部优势、劣势和外部的机会和威胁等,通过调查列举出来,并依照矩阵形式排列,然后用系统分析的思想,把各种因素相互匹配起来加以分析,从中得出一系列相应的结论,而结论通常带有一定的决策性。运用这种方法,可以对研究对象所处的情景进行全面、系统、准确的研究,从而根据研究结果制定相应的发展战略、计划以及对策等。

表 2-7 SWOT 分析模型

优势	机会
劣势	挑战

S(Strengths)是优势、W(Weaknesses)是劣势,O(Opportunities)是机会、T(Threats)是威胁。按照企业竞争战略的完整概念,战略应是一个企业"能够做的"(即组织的强项和弱项)和"可能做的"(即环境的机会和威胁)之间的有机组合。

优势,是组织机构的内部因素,具体包括有利的竞争态势、充足的财政来源、良好的企业形象、技术力量、规模经济、产品质量、市场份额、成本优势、广告攻势等。

劣势,也是组织机构的内部因素,具体包括设备老化、管理混乱、缺少关键技术、研究开发落后、资金短缺、经营不善、产品积压、竞争力差等。

机会,是组织机构的外部因素,具体包括新产品、新市场、新需求、外国市场壁垒解除、竞争对手失误等。

威胁,也是组织机构的外部因素,具体包括新的竞争对手、替代产品增多、市场紧缩、行业政策变化、经济衰退、客户偏好改变、突发事件等。

1. 优势与劣势分析(SW)

由于企业是一个整体,并且由于竞争优势来源的广泛性,所以,在做优劣势分析时必须从整个价值链的每个环节上,将企业与竞争对手做详细的对比。例如,产品是否新颖,制造工艺是否复杂,销售渠道是否畅通,以及价格是否具有竞争性等。如果一个企业在某一方面或几个方面的优势正是该行业企业应具备的关键成功要素,那么,该企业的综合竞争优势也许就强一些。需要指出的是,衡量一个企业及其产品是否具有竞争优势,只能站在现有潜在用户角度上,而不是站在企业的角度上。

2. 机会与威胁分析(OT)

比如当前社会上流行的盗版威胁:盗版替代品限定了公司产品的最高价,替代品对公司不仅有威胁,可能也带来机会。企业必须分析,替代品给公司的产品或服务带来的是“灭顶之灾”呢,还是提供了更高的利润或价值;购买者转而购买替代品的转移成本;公司可以采取什么措施来降低成本或增加附加值来降低消费者购买盗版替代品的风险。

3. 整体分析

从整体上看,SWOT 可以分为两部分:第一部分为 SW,主要用来分析内部条件;第二部分为 OT,主要用来分析外部条件。利用这种方法可以从中找出对自己有利的、值得发扬的因素,以及对自己不利的、要避开的东西,发现存在的问题,找出解决办法,并明确以后的发展方向。根据这个分析,可以将问题按轻重缓急分类,明确哪些是急需解决的问题,哪些是可以稍微拖后一点儿的事情,哪些属于战略目标上的障碍,哪些属于战术上的问题,并将这些研究对象列举出来,依照矩阵形式排列,然后用系统分析的方法,把各种因素相互匹配起来加以分析,从中得出一系列相应的结论,而结论通常带有一定的决策性,有利于领导者和管理者做出较为正确的决策和规划。

案例阅读 2-1

第三方汽车物流企业的 SWOT 分析

目前,中国是世界上第一大汽车消费市场。如此之大的市场不仅给汽车生产厂商带来了广阔的发展前景,也给第三方汽车物流企业带来了更多的发展机会,第三方汽车物流企业会伴随着我国汽车市场的崛起而发展壮大。从我国第三方汽车物流企业的形成看,第三方汽车物流企业可以分为四类:① 从传统的运输企业转变而来,如吉林长久;② 从汽车制造企业中分离出来,如风神物流;③ 伴随市场崛起的民营企业,如大田物流、天津安达等;④ 中外合资的汽车物流企业,如安吉天地、重庆长安民生物流等。虽然这些企业的形成和发展过程不同,但是它们都属于第三方汽车物流企业,它们的生存和发展面临着一些共同的外部环境影响和内部因素制约。这些外部环境既可能给企业带来盈利的机会,又可能威胁企业的发展;而内部制约因素中则既有比较优势的强项,又有不足以把机会变成盈利的劣势。表 2-8 为第三方汽车物流企业的 SWOT 分析表。

表 2-8 第三方汽车物流企业的 SWOT 分析表

	优势 S 1. 专业知识和管理经验优势; 2. 客户资源优势; 3. 运输网络优势	劣势 W 1. 规模效应差; 2. 信息化程度不高; 3. 服务功能单一,服务创新能力差

续 表

机会 O 1. 面对一个巨大的汽车消费市场； 2. 更多汽车制造企业选择了物流外包； 3. 汽车物流行业壁垒高； 4. 物流高等教育的推广将为第三方汽车物流企业提供更多的优秀人才	SO 战略 1. 以当前有利的市场和政策环境为契机，发挥优势，扩大市场份额； 2. 以优势吸引优秀合作者，提高企业实力	WO 战略 1. 积极寻求客户； 2. 加强信息系统建设； 3. 吸纳优秀物流人才，调动员工积极性，提高服务创新能力
威胁 T 1. 汽车物流的专业化程度高； 2. 客户服务需求水平提高； 3. 区域壁垒严重； 4. 物流标准化进程缓慢	ST 战略 1. 进行有效的市场细分，发挥专业优势； 2. 利用优势积极打破区域壁垒，发展新客户； 3. 积极引入标杆管理和质量管理体系，提高管理水平，满足汽车物流市场的需求	WT 战略

（三）波士顿矩阵图法

波士顿(BCG)矩阵是分析业务组合战略的一种非常实用的方法。BCG 是波士顿咨询公司的简写(Boston Consulting Group)。BCG 矩阵按业务增长率和市场份额两个维度来区分业务，业务增长率和整个行业的增长速度有关。市场份额用来表示某业务单位的市场份额是高于还是低于其竞争对手。市场份额的高低和业务增长率的快慢，共同构成了一个公司业务组合的 4 种类型，如图 2－9 所示。

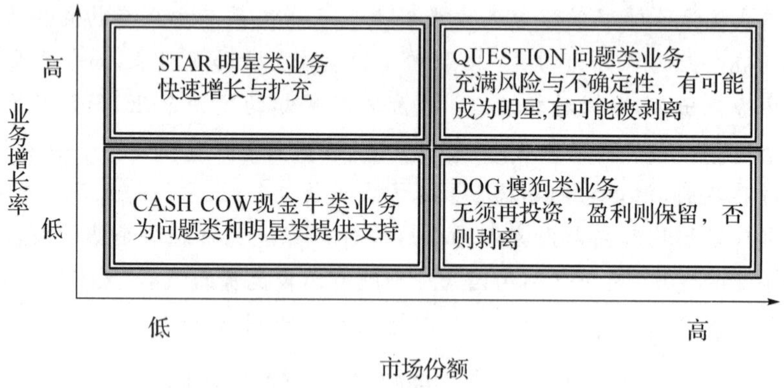

图 2－9　波士顿矩阵图

波士顿矩阵法将一个公司的业务分成四种类型：明星、现金牛、问题和瘦狗。

明星类业务是指在快速增长的行业中占据较大市场份额的业务。明星业务的重要性在于其具有持续增长的潜力。公司应对这样的业务进行投资，以使公司在未来仍能实现成长和利润。明星类业务成绩卓著，富有魅力，即使在行业成熟、市场增长变慢时，也可产生利润，带来正的现金流。

现金牛类业务是指在成熟的、缓慢增长的行业中拥有很大市场份额，并处于主导地位的业务。由于这类业务不再需要大量的广告和工厂扩张投资，公司可以获取正的现金流，并可以把这些现金流投资于其他风险业务。

问题类业务存在于新兴、快速增长的行业，但所占市场份额很小。问题类业务具有风险性，要么成为明星业务，要么失败。公司可以把从金牛类业务中所获取的现金流投资于问题类业务，以培养未来的明星类业务。

瘦狗类业务是指那些业绩较差的业务。这类业务在慢速增长的市场份额中只占有小部分市场份额。瘦狗类业务难以为公司带来利润，如果转变无望，有可能被剥离或清算。

案例阅读 2-2

保洁公司的波士顿矩阵分析

宝洁公司(Procter & Gamble)，简称 P&G，是一家美国消费日用品生产商，也是目前全球最大的日用品公司之一。总部位于美国俄亥俄州辛辛那提，全球员工近 110 000 人。2008 年，宝洁公司是世界上市值第六大公司，世界上利润第十四大公司。它同时是财富 500 强中第十大最受赞誉的公司。在全球 80 多个国家设有工厂及分公司，所经营的 300 多个品牌的产品畅销 160 多个国家和地区。其产品包括洗发用品、护发用品、护肤用品、化妆品、婴儿护理产品、医药品、食品、饮料、织物、家居护理及个人清洁用品。

1987 年，自从宝洁公司登陆中国市场以来，在日用消费品市场可谓是所向披靡，一往无前，仅用了十余年时间，就成为中国日化市场的第一品牌。在中国，宝洁旗下共有六大洗发水品牌，20 多个系列，包括飘柔、潘婷、海飞丝、沙宣洗发护发系列、润妍、伊卡璐等洗发护发用品品牌。表 2-9 为宝洁洗发系列产品波士顿矩阵分析。

表 2-9 宝洁洗发系列产品波士顿矩阵分析

<table>
<tr><td rowspan="2">High
销
量
增
长
率
Low</td><td>Star ★
沙宣</td><td>Question
伊卡璐</td></tr>
<tr><td>Cash Cow
飘柔 海飞丝</td><td>Dog
润妍</td></tr>
<tr><td></td><td colspan="2">High 相对市场占有率 Low</td></tr>
</table>

第一，明星产品——沙宣。我们把沙宣定为明星产品是因为该品牌有着很高的市场渗透率和占有率，强势品牌特征非常明显，占绝对优势，而且拥有了稳定的顾客群，这类产品可能成为企业的奶牛产品，因而需要加大投资以支持其迅速发展。

第二，现金牛产品——飘柔、海飞丝。上述两个产品低销量增长率，相对市场占有率高，已进入成熟期。可以为企业提供资金，因而成为企业回收资金、支持其他产品尤其明星产品投资的后盾。

第三，问题产品——伊卡璐。伊卡璐是宝洁为击败联合利华、德国汉高、日本花王，花费巨资从百时美施贵宝公司购买的品牌，主要定位于染发，此举是为了构筑一条完整的美发护法染发的产品线。宝洁的市场细分很大程度不是靠功能和价格来区分，而是通过广告诉求给予消费者不同心理暗示。把它定位为问题产品，主要是它较其他洗发护发产品“出生”较晚，市场占有率低，产生的现金流不多。但是公司对它的发展抱有很大希望。

第四，瘦狗产品——润妍。该品牌销售增长率低，相对市场占有率也偏低，采用撤退战略，首先应减少批量，逐渐撤退，对那些销售增长率和市场占有率均极低的产品应立即淘汰。其次是将剩余资源向其他产品转移。第三是整顿产品系列，最好将瘦狗产品与其他事业部合并，统一管理。

（四）波特的竞争力模型

迈克尔·波特是哈佛大学商学研究院的著名教授，他对大量的商业组织进行了研究后，于20世纪80年代初提出五力模型，即业务层面战略是公司所处环境下5种竞争力作用的结果。图2-10展示了公司所处环境中存在的各种竞争力量。这些力量决定了公司相对于其他竞争对手的行业竞争地位。

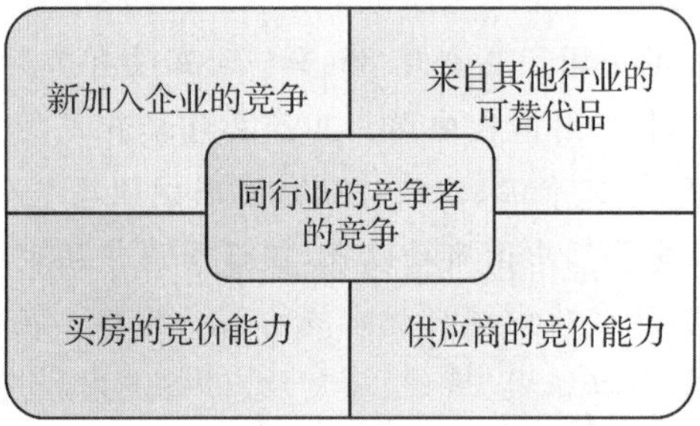

图2-10　波特的竞争力模型

1. 差异化战略

差异化战略，又称别具一格战略，是指为使企业产品、服务、企业形象等与竞争对手有明显的区别，以获得竞争优势而采取的战略。这种战略的重点是创造被全行业和顾客都视为独特的产品和服务。具体方法有很多，如产品的差异化、服务差异化和形象差异化等。差异化战略是使企业获得高于同行业平均水平利润的一种有效的竞争战略。

案例阅读2-3

物流企业的差异化战略

物流企业不仅要考虑是否选择差异化战略，而且要考虑选择什么样的差异化战略。战略选择的重点在于，一要维护预期战略目标的实现，同时要清醒地避免和缩小由于战略选择可能带来的风险。选择差异化战略可能带来的一个结果是顾客群缩小和单位成本的上升，从而导致服务价格的攀升。因此在差异化战略中要十分注意以优质的独特服务来降低客户的价格敏感性，以差异化独特性的深化来阻挡替代品的威胁而维护顾客的忠诚，并通过差异化品牌的创建来集中和壮大顾客群，在企业效益不断提高的同时，实现单位服务成本和单位服务价格的下降。为此，在物流企业差异化战略的选择中，定位差异化和服务差异化是可供参考的两条基本思路。

一、定位差异化

定位差异化就是为顾客提供与行业竞争对手不同的服务与服务水平。通过顾客需求和企业能力的匹配来确定企业的定位，并以此定位来作为差异化战略的实质标志。差异化战略是以了解顾客的需求为起点，以创造高价值满足顾客的需求为终点。因此，在企业决定其服务范围与服务水平时，首先要考虑的是顾客究竟需要的是什么样的服务和服务要达到何种水平。

企业可以先选出在物流行业内顾客可能比较关注的服务要素，如价格、准确性、安全性、速度等要素。然后根据这些要素来设计调查表，每个要素设计 0～10 的 11 个分数等级，让顾客根据自己的期望和要求给各个要素打分。目的是找出大多数顾客普遍认为重要的要素、不重要的要素以及企业提供的多余的因素。调查表的最后要设计两个开放性问题：您认为还应该提供哪些重要的服务项目？您认为应该去掉哪些冗余的服务项目？这样企业可以明确了解到顾客需要哪些服务以及哪些服务要素对顾客来讲最重要。

接下来企业要对自身的能力进行评估，看看自己能为顾客提供哪些服务。满足顾客的需求必须要与自己的能力相匹配，否则要么满足不了顾客的需求，而这种提高了顾客的期望值又实现不了的承诺反而会让顾客感到更加失望；要么就是虽然是满足了顾客的需求，但成本太高让企业得不偿失。根据顾客的需求与企业自身能力的协调匹配，让企业明确自己可以在哪些方面有所为和有所不为。

在决定企业的服务方向后，企业要制定自己的服务水准。服务水平的制定要根据顾客对服务要素重要性的感知程度和竞争对手所提供的服务水平相结合来考虑。如果顾客认为重要的关键的服务要素，企业就应努力把自己的服务提高到行业最高水平之上。顾客认为是必要的但不是关键的服务要素，企业就只需保持在行业的平均水平。

对顾客认为是锦上添花的服务要素，企业可保持在行业平均水平之下，因为这些服务并非是顾客所看重的。而那些顾客认为是可有可无的服务要素，企业完全可以取消，以此来降低成本。因此，在决定整体定位差异化的时候，必须要把顾客的需求、企业自身能力与竞争对手的服务水平三个要素综合考虑。要做到三者的协调统一。

二、服务差异化

服务差异化就是对不同层次的顾客提供差异化的服务。定位差异化强调的是与竞争对手不同，而服务差异化则强调的是顾客的不同。对顾客再怎么强调他的重要性也丝毫不会过分。因为顾客是有差异的，想要以一种服务水平让所有顾客都满意是不可能的。顾客本身的条件各不相同，对满意的期望自然也各不相同。因为每个顾客对企业利润的贡献各不相同，所以不同的顾客对企业的重要性也不会完全一样。并且重要的顾客对企业利润贡献大，自然他们要求企业提供的服务水平也要高。由于企业选择差异化战略，因此企业差异化的不同，它对重要顾客的认同，也会不一样。每个企业都会因其差异化战略而确定其重要的顾客群。

并且企业在实施差异化服务中与不同重要性的顾客建立不同的客户关系，提供不同水平的服务。一般来说，物流企业依据其差异化战略可以把顾客分为三类。第一类是对企业贡献最大的前 5％的顾客；第二类是排名次之的后 15％的顾客；第三类是其余的 80％

的顾客。根据著名的帕累托20/80原理,20%的顾客创造了企业80%的利润。所以保留住这两类顾客就可保留住企业大部分利润来源。可见,第一类顾客是企业最重要的顾客,第二类顾客也是很重要的顾客,而第三类顾客则是相对次要的顾客。对于这三类顾客分别采取差异化的服务方针。

对这三类顾客,第一类顾客提供VIP服务,第二类顾客提供会员制服务,第三类顾客提供标准化服务,从而形成物流企业的服务差异化战略。

对第一类顾客的VIP化服务就是企业与这类顾客保持最紧密联系甚至结成战略联盟,采取主动积极的服务甚至做出一些超前的服务设想和服务储备。企业可以在组织结构业务流程等多方面上去适应对方。为对方提供专人专项的服务,尽最大的努力去满足对方的需求。可以为顾客提供一体化的物流服务,从顾客角度出发为顾客设计系统的物流流程,来降低总的物流成本和提高顾客满意度。

2. **成本领先战略**

成本领先战略是指企业通过降低自己的生产和经营成本,以低于竞争对手的产品价格,获得市场占有率,并获得同行业平均水平以上的利润。

案例阅读 2-4

沃尔玛的成本领先战略

美国沃尔玛连锁店公司是世界上最大的连锁零售商,2002年沃尔玛全球营业收入高达2 198.12亿美元,荣登世界500强企业的冠军宝座。沃尔玛发展的一个重要原因是成功运用了成本领先战略并予以正确实施。沃尔玛的经营策略是"天天平价,始终如一",即所有商品(非一种或若干种商品)、在所有地区(非一个或一些地区)、常年(非一时或一段时间)以最低价格销售。为做到这点,沃尔玛在采购、存货、销售和运输等各个商品流通环节,采取各种措施将流通成本降至行业最低,把商品价格保持在最低价格线上。沃尔玛降低成本的具体举措如下:

第一,将物流循环链条作为成本领先战略实施的载体。

(1) 直接向工厂统一购货和协助供应商减低成本,以降低购货成本。

沃尔玛采取直接购货、统一购货和协助供应商降低成本三者结合的方式,实现了完整的全球化适销品类的大批量采购,形成了低成本采购优势。

① 直接向工厂购货。零售市场的很多企业为规避经营风险而采取代销的经营方式,沃尔玛却实施直接买断购货,并对货款结算采取固定时间、决不拖延的做法(沃尔玛的平均"应付期"为29天,竞争对手凯玛特则需45天)。这种购货方式虽然要冒一定的风险,却能保护供应商的利益,这大大激发了供应商与沃尔玛建立业务的积极性,赢取了供应商的信赖,保证沃尔玛能以最优惠的价格进货,大大降低了购货成本。据沃尔玛自己统计,实行向生产厂家直接购货的策略使采购成本降低了2%～6%。

② 统一购货。沃尔玛采取中央采购制度,尽量由总部实行统一进货,特别是那些在全球范围内销售的高知名度商品,如可口可乐、柯达胶卷等,沃尔玛一般对1年销售的商

品一次性地签订采购合同。由于数量巨大，沃尔玛获得的价格优惠远远高于同行。

③ 协助供应商减低产品成本。沃尔玛通过强制供应商实现最低成本来提高收益率，如对供应商的劳动力成本、生产场所、存货控制及管理工作进行质询和记录，迫使其进行流程再造和提高价格性能比，使供应商同沃尔玛共同致力于降低产品成本及供应链的运作成本。

(2) 建立高效运转的物流配送中心，保持低成本存货。

为解决各店铺分散订货、存货及补货所带来的高昂的库存成本代价，沃尔玛采取建立配送中心、由配送中心集中配送商品的方式。为提高效率，配送中心内部实行完全自动化，所有货物都在激光传送带上运入和运出，平均每个配送中心可同时为 30 辆卡车装货，可为送货的供应商提供 135 个车位。配送中心的高效运转使得商品在配送中心的时间很短，一般不会超过 48 小时。通过建立配送中心，沃尔玛大大提高了库存周转率，缩短了商品储存时间，避免了公司在正常库存条件下由各店铺设置仓库所付出的较高成本。在沃尔玛各店铺销售的商品中，87%左右的商品由配送中心提供，库存成本比正常情况下降低 50%。

(3) 建立自有车队，有效地降低运输成本。

运输环节是整个物流链条中最昂贵的部分，沃尔玛采取了自建车队的方法，并辅之全球定位的高技术管理手段，保证车队处在一种准确、高效、快速、满负荷的状态。这一方面减少了不可控的、成本较高的中间环节和车辆供应商对运输环节的中间盘剥，另一方面保证了沃尔玛对配送中与和各店铺之间的运输掌握主控权，将货等车、店等货等现象控制在最低限度，保证配送中心发货与各店铺收货的平滑、无重叠衔接，把流通成本控制在最低限度。

第二，利用发达的高技术信息处理系统作为战略实施的基本保障。

沃尔玛开发了高技术信息处理系统来处理物流链条循环的各个点，实现了点与点之间光滑、平稳、无重叠的衔接，使点与点之间的衔接成本保持在较低水平。

第三，对日常经费进行严格控制。

管理费用仅占销售额的 2%，这 2%的销售额用于支付公司所有的采购费用、一般管理成本、上至董事长下至普通员工的工资。为维持低成本的日常管理，沃尔玛在各个细小的环节上都实施节俭措施，如办公室不配置昂贵的办公用品和豪华装饰、店铺装修尽量简洁、商品采用大包装、减少广告开支、鼓励员工为节省开支出谋划策等。另外，沃尔玛的高层管理人员也一贯保持节俭作风，即使是总裁也不例外。首任总裁萨姆与公司的经理们出差，经常几人同住一间房，平时开一辆二手车，坐飞机也只坐经济舱。沃尔玛一直想方设法从各个方面将费用支出与经营收入比率保持在行业最低水平，使其在日常管理方面获得竞争对手无法抗衡的低成本管理优势。

3. 集中化战略

集中化战略，又称专一化战略、目标集中战略、目标聚集战略、目标聚集性战略。该战略主攻某个特殊的顾客群、某产品线的一个细分区段或某一地区市场，常常是总成本领先战略和差异化战略在具体特殊顾客群体范围内的体现。也就是说，集中化战略是以高效率、更好的效果为某一特殊对象服务，从而超过面对广泛市场的竞争对手，或实现差别化，或实现低成本，或二者兼得。

案例阅读 2-5

格力集团的集中化战略

珠海格力电器股份有限公司成立于1991年，1996年11月在深交所挂牌上市。公司成立初期，主要依靠组装生产家用空调，现已发展成为多元化、科技型的全球工业制造集团，产业覆盖家用消费品和工业装备两大领域，产品远销160多个国家和地区。

公司现有近9万名员工，其中有近1.5万名研发人员和3万多名技术工人。在国内外建有15个空调生产基地，分别坐落于珠海、重庆、合肥、郑州、武汉、石家庄、芜湖、长沙、杭州、洛阳、南京、成都、赣州以及巴西、巴基斯坦；同时建有长沙、郑州、石家庄、芜湖、天津、珠海6个再生资源基地，覆盖从上游生产到下游回收全产业链，实现了绿色、循环、可持续发展。

公司现有15个研究院，分别是：制冷技术研究院、机电技术研究院、家电技术研究院、新能源环境技术研究院、健康技术研究院、通信技术研究院、智能装备技术研究院、机器人研究院、物联网研究院、装备动力技术研究院、电机系统技术研究院、洗涤技术研究院、冷冻冷藏技术研究院、建筑环境与节能研究院、电工电材研究院。共有126个研究所、1 045个实验室、1个院士工作站(电机与控制)，拥有国家重点实验室、国家工程技术研究中心、国家级工业设计中心、国家认定企业技术中心、机器人工程技术研发中心各1个，同时成为国家通报咨询中心研究评议基地。

坚持创新驱动。提出研发经费“按需投入、不设上限”，仅2018年研发投入就达到72.68亿元。经过长期沉淀积累，目前累计申请国内专利81 988项，其中发明专利41 804项；累计授权专利46 415项，其中发明专利11 036项，申请国际专利3 940项，其中PCT申请2 116项。在2020年国家知识产权局排行榜中，格力电器排名全国第六，家电行业第一。现拥有31项“国际领先”技术，获得国家科技进步奖2项、国家技术发明奖2项，中国专利奖金奖4项。据日经社2019年统计发布，格力家用空调全球市场占有率达20.6%，连续14年稳定保持全球第一。在国内市场，格力中央空调连续9年占有率全国第一。

坚持质量为先。恪守诚信经营的宗旨，以客户需求为导向，严抓质量源头控制和体系建设。据中标院统计发布，自2011年以来，格力顾客满意度、忠诚度连续10年保持行业第一。2018年，公司荣获第三届“中国质量奖”。2019年，格力电器参与起草的《质量管理基于顾客需求引领的创新循环指南》获批成为国家标准。

坚持转型升级。落实供给侧结构性改革，调整优化产业布局，积极推进智能制造升级，努力实现高质量发展。2013年起，格力相继进军智能装备、通信设备、模具等领域，已经从专业空调生产延伸至多元化的高端技术产业。目前，格力智能装备不仅为自身自动化改造提供先进设备，同时也为家电、汽车、食品、3C数码、建材卫浴等众多行业提供服务。

2020年，公司全年实现营业总收入1 704.97亿元，实现归母净利润221.75亿元。2021年一季度，公司实现营业总收入335.17亿元，同比增长60.30%；实现归属于上市公司股东的净利润34.43亿，同比增长120.98%。

案例分析 2－6

海尔的战略选择

海尔 1999 年斥资 2 400 万美元，在美国南卡罗来纳州的小镇坎姆顿建立起海尔最大的海外制造基地，致力于中小型容积冰箱的生产和制造，对美国企业比较占优势的大容积冰箱和高科技含量的冰箱则采取了回避的策略。

经过几年的经营，已经取得了令人瞩目的成绩。美国著名的咨询公司对全美各大电器连锁店销售情况统计表明，在中小容积冰箱市场上，海尔生产的两种型号在全美家电畅销产品中排名头两位，击败了惠尔浦、CE 这些历史悠久的著名品牌。而美国本土生产的海尔“迈克尔”酒柜更是占据了全美酒柜市场 90%以上的份额，被营销大师科特勒称赞为“在市场上无人切出其右”。（当然这 90%的份额并不完全是由美国海尔完成的，美国海尔在美国的生产和经营，使美国消费者认同了海尔酒柜和海尔冰箱，美国市场由此得到了开拓。随后，中国海尔的酒柜源源不断地输送到美国，扩大了市场占有率。）

请问：1. 用所学习的知识，综合论述一下海尔集团投资海外所运用的是哪种战略？

2. 综合分析海尔集团在投资海外过程中所拥有的优势和劣势、机会和威胁，并说一说海尔是如何应对的。

案例分析
2－6 解析

任务实施

1. 全班分成 5 个小组(每组 5～10 人)，组成学习探讨团队。
2. 分组对西安杨森公司实行的管理措施进行分析，提出自己的看法。
3. 分组进行汇报，并进行点评。

任务评价与反馈

评价指标		A 组	B 组	C 组	D 组	E 组
职业素质能力 (30 分)	仪态仪表 (10 分)					
	语言表达 (10 分)					
	精神面貌 (10 分)					
团队协作能力 (20 分)	成员参与 (10 分)					
	合作效果 (10 分)					

续 表

评价指标		A组	B组	C组	D组	E组
职业技能能力（50分）	PPT制作（10分）					
	分析能力（20分）					
	创新能力（20分）					
总　分						

扩展提升

小米持续创新的动态竞争策略

很多企业在面临所处行业市场格局的巨变和竞争对手的策略演变的时候，都非常困扰，究竟如何应对，其实是非常惶恐的。

而小米自2018年7月9日上市以来，已经进行了5次组织架构调整。其内容从整体到局部，涉及组织结构优化、技术、互联网、国际化、层级化等方方面面，且调整步伐越来越快。

小米集团5次组织架构调整内容

五次组织架构调整	时　间	内　容	关键词
第一次	2018年9月13日	设立集团参谋部和集团组织部；原来电视部等四块业务重组成十个新的业务部，包括电视部等6个部门以及4个互联网部门	总部职能、组织效率
第二次	2018年12月13日	将销售与服务部改组为中国区，王川兼任中国区总裁；任命多名高管分别负责线上销售、线下销售以及国际业务；原销售运营部拆分为两个部门，分别负责手机以及电视、生态链等业务	国际化
第三次	2019年2月17日	小米手机部成立参谋部；推动管理层级化落地，内部头衔分为专员—经理—总监和副总裁及以上，层级从13级到22级共设10级	层级化
第四次	2019年2月26日	成立技术委员会；将人工智能与云平台部拆分人工智能部等三个部门；任命14名总经理、副总经理；成立互联网五部和互联网商务部，分别负责海外和国内互联网业务	技术、国际化、AIoT
第五次	2019年3月7日	成立AIoT战略委员会，隶属于技术委员会，负责促进AIoT相关业务和技术部门的协同，推动战略落地执行	技术、AIoT

其实，小米本身复杂、动态的商业模式，或许正是它的核心竞争力。在一段时间内，小米在手机业务方面推出了红米品牌，又相继推出了手机周边产品、生活消费产品、线下实体店等。彼时，看似背离“手机”这一核心竞争力的布局，曾使小米备受争议。从传统偏静态的竞

争理论来看,很难解释小米的举动。但实际上,小米作为一家互联网概念浓厚、以扁平化管理著称的公司,它本身具备某种灵活变通性,能够对外界环境变化快速做出反应。

美国弗吉尼亚大学达顿商学院讲座教授陈明哲是动态竞争理论创始人、全球著名企业策略专家。他认为,组织结构的转型,很大程度上取决于外部竞争环境的变化与冲击。外部环境是企业有效响应竞争的驱动因素之一。

而"动态竞争"是管理学界的著名理论,是策略管理的三大研究主轴之一。其观点强调竞争者本身的你来我往,一波一波的攻击与反击是竞争的基石。对任何一个企业来说,所有竞争优势都是暂时的。因此,企业需要有一个动态的眼光,随时关注对手的变化,及时准确地回击,通过持续创新来应对竞争。

首先,小米重新定义了性价比。

小米的"性价比"战略绝不是简单的低价高配,而是低成本、差异化的合二为一。"性价比"所指的并不只是高配,更多的是品质与功能。这一点,与小米追求极致性价比的同时,追求极致品质与体验不谋而合。而这个意义上的"性价比",亦是小米转型的本质:重新定义"性价比"。

从小米手机诞生之初,性价比便是其明显标签,且正是"性价比"这一核心战略使得小米手机在智能手机市场占据了一席之地。于是,小米一方面将红米品牌改名为 Redmi,继续承担小米手机业务在中低端市场的极致低价高配策略,另一方面,便是将"性价比"升级,将原本针对低端市场的性价比策略向高端市场转移。毕竟小米手机如今的竞争对手华为、OPPO、vivo 手机的高端产品线均已经达到三四千元左右。

从"动态竞争"的视角来看,在"性价比"由低到高的跃迁过程中,小米势必会面临来自各个领域、全然不一样、导致外部市场发生质变的竞争者与竞争态势,另一方面,内部资源的布局与人才的管理模式也会重新建构,因此,小米需要调整自身的组织架构,来回应内外部环境的变动。

其次,市场必须走向新的高度和全新的布局。

现阶段,手机业务仍然是小米的主要收入来源。而智能手机市场已经发生了翻天覆地的变化,竞争对手也在不断变化。随着时间的推移,国内手机市场逐渐趋于饱和,从增量市场转向存量市场。千元机的优势远没有高端、个性、黑科技、流畅度来的明显,价位已经不是消费者的优先考虑因素。华为、OPPO、vivo 推出的旗舰机开始主打高端市场,这在一定程度上促进了小米"性价比"战略的升级。

现阶段,相较于华为的核心技术研发能力、OPPO 与 vivo 深耕线下多年的壁垒而言,转向高端市场的小米,还没有形成自己的核心优势。目前,小米手机的增长主要来源于国际化业务的拓展以及新零售的布局。可以说,这既是小米手机的增长点,也是小米对外界竞争的反应对策。

构建核心竞争力的主要措施就是建立小米生态,生态的出现,在一定程度上模糊了企业边界。尤其是在互联网时代,企业的边界似乎并不存在。阿里、腾讯的投资版图早已超越自身电商、社交的核心竞争力,新崛起的小巨头美团的发展版图似乎更没有边界,涵盖团购、外卖、电影、旅游、酒店、出行等各个领域。虽然这种扩张的方式被认为没有章法,但今天从"本地生活服务商"的角度来看美团,生态闭环的确有利于壁垒、核心竞争力的构建。

对小米而言,物联网、生态链的构建,既是它的护城河,是它真正成为互联网高科技公司

的路径，也是智能手机风口逐渐退却后，小米寻找的下一个风口，手机业务之外的新增长点。

虽然在目前来看小米存在着技术短板，所幸，小米的高层已经越来越意识到技术的重要性，小米开始加大对技术的投入。

从智能手机业务的崛起到国际化、新零售布局、物联网时代的小米生态链，小米的发展步伐基本遵循着动态竞争理论，改变行业的同时，也在被改变。对于企业来说，需要从追求数量的低成本战略，转变为追求利润的差异化战略，而差异化战略的实施基础，就是企业具备强大的创新能力。

巩固与提高

一、单选题

1. 计划工作领先于其他各项管理工作，主要是强调组织各方面的工作都应是(　　)。

A. 有章可循的　　B. 动态可变的

C. 有固定模式的　　D. 清晰可辨的

2. 计划工作应当是一项(　　)的工作。

A. 普遍　　B. 高层管理人员

C. 专业计划人员　　D. 基层职工

3. 下列不属于计划活动的范畴的是(　　)。

A. 目标　　B. 策略　　C. 预算　　D. 实施

4. 企业计划工作的前提条件可分为企业可控制的和企业不可控制的，下列哪个条件是企业可控制的？(　　)。

A. 未来市场价格水平　　B. 税收和财政政策

C. A和B　　D. 产品投放市场的时机

5. 在管理中，居于首要地位的职能是(　　)。

A. 计划　　B. 组织　　C. 控制　　D. 指挥

6. 程序的实质是对所要进行的活动规定时间顺序，因此，程序也是一种(　　)。

A. 工作步骤　　B. 计划前提条件

C. 计划工作　　D. 规章制度

7. 表明社会赋予组织的基本职能和使命的是(　　)。

A. 目标　　B. 策略　　C. 政策　　D. 宗旨

8. 计划工作是(　　)。

A. 各级管理人员都要从事的工作　　B. 计划职能部门的工作

C. 高层管理部门所要从事的工作　　D. 以上都不是

9. 计划工作的核心是(　　)。

A. 确定目标　　B. 估量机会
C. 决策　　D. 确定计划前提条件

10. 组织规划除了要根据总目标制定时间上和空间上的具体目标以外，还要决定重大的(　　)。

A. 辅助规划　　B. 战略规划　　C. 战术规划　　D. 资源配置

11. 目标的价值体现于(　　)。

A. 指明方向与提供标准　　B. 激励作用
C. 管理基础　　D. 上述各方面

12. 关键领域的目标使我们能(　　)。

A. 评估决策的健全性　　B. 更集中地寻求一个正确的目标
C. 对行为做出预测　　D. 概括地解释整个企业现象

13. 目标管理强调的是(　　)。

A. 方法论　　B. 工作进度安排
C. 工人和管理者的活动　　D. 以成果为目标的管理

14. 目标管理的一个主要优点是(　　)。

A. 减少了书面工作　　B. 为产品组合制定了目标
C. 把目标的制定和对个人的激励联系了起来　D. 为组织制定了目标

15. 首先把目标管理作为一套完整的管理思想提出的是(　　)。

A. 泰罗　　B. 梅奥
C. 赫伯特·西蒙　　D. 彼得·德鲁克

16. (　　)也被称为数字化的计划。

A. 政策　　B. 目标　　C. 规则　　D. 预算

17. 某企业在推行目标管理中，提出了如下目标："质量上台阶，管理上水平，效益创一流，人人争上游"。你对此目标做何评价？(　　)。

A. 目标很好，有挑战性　　B. 目标表述不够清楚
C. 目标无法考核　　D. 目标设定得太高

18. 某君到百货商店考察，随手翻阅了其规章制度手册，有三条特别引起他的注意：① 我们只售高贵时髦的衣服和各种高级用具。② 货物售出超过30天，不再退还购货款。③ 在退还顾客购货款前，营业员需注意检查退回的货物，然后取得楼层经理的批准。试问这三条规定各自是属于常用计划的哪一种形式？(　　)。

A. 都是规则　　B. 都是政策
C. 分别是政策、程序、规则　　D. 分别是政策、规则、程序

19. 年度计划一般属于(　　)计划。

A. 生产　　B. 长期　　C. 中期　　D. 短期

20. 基本建设计划、新产品的开发计划等属于(　　)计划。

A. 专项　　B. 综合　　C. 财务　　D. 生产

二、多选题

1. 计划工作的特点有(　　)。

A. 目的性　　B. 普遍性　　C. 首位性　　D. 创新性

2. 计划工作的程序和内容可划分为(　　)。

A. 确定目标　　B. 确定计划的前提条件

C. 确定可供选择的方案　　D. 选择方案

3. 在现实的工作过程中,计划有(　　)表现的形式。

A. 目标　　B. 战略　　C. 政策　　D. 规划

4. 有效的计划是成功的秘诀,那制订计划的主要作用有(　　)。

A. 提供方向　　B. 有效配置资源

C. 提高效率,调动积极性　　D. 为控制提供标准

5. 目标管理的优点有(　　)。

A. 有利于提高管理水平　　B. 有利于调动人的积极性、责任心

C. 灵活　　D. 有利于长期目标的实现

6. 网络图的绘制一般可分为(　　)三个步骤。

A. 任务的分析和分解　　B. 画网络图

C. 计算作业时间　　D. 网络图的编号

7. 目标的作用可概括为(　　)几个方面。

A. 为管理工作指明方向　　B. 激励作用

C. 凝聚作用　　D. 考核标准

8. 为了制定出科学合理的、能够发挥出目标作用的目标及目标体系,在制定过程中应坚持(　　)。

A. 明确具体原则　　B. 先进可行原则

C. 民主性原则　　D. 可考核性原则

9. 按时间可以把目标分为(　　)。

A. 主要目标　　B. 次要目标　　C. 长期目标　　D. 年度目标

10. 计划与决策是相互联系的,主要是因为(　　)。

A. 决策为计划的任务安排提供了依据

B. 在实际工作中,决策与计划相互渗透

C. 计划为决策所选择的目标活动的实施提供了组织保证

D. 决策与计划所要解决的问题有类似性

三、填空题

1. 广义的计划工作包括________等整个过程。狭义的计划工作________。

2. 计划工作的基本特征可以概括为五个方面:________________________。

3. 孔茨和韦里克按不同的表现形式,从抽象到具体,将计划分为________等表现形式,这些表现形式构成了一个计划的________体系。

4. 战略是指________的优先次序。

5. 规则是一种最简单的________。它是控制人们在工作中的________的一种特定的常规计划。

6. 按计划的层次划分,计划可分为____________。

7. 按计划的期限划分，计划可分为________________。

8. 按计划的对象划分，计划可分为________________。

9. 目标管理的基本活动过程可分为三个阶段：________________________。

10. 目标管理在实施阶段强调________，靠独立自主地完成目标。但强调自主管理不能忽视领导对下级的指导，要注意发现________ 环节，并及时提出意见，予以修正。

11. 目标成果的具体评价一般采用综合评价法，即按目标的________、目标的________和过程中的________三个要素对每一项目标进行评定，

12. 目标管理的宗旨在于用________代替 ________，它使管理人员能够控制他们自己的成绩。

13. 组织设立的目标，既要有________性，又要有________性。

四、名词解释

1. 程序
2. 规则
3. 组织目标
4. 目标管理
5. 战略
6. 作业时差
7. 政策
8. 中期计划
9. 综合计划
10. 预算

五、简答题

1. 计划的含义是什么？
2. 计划工作的内容可用 5W1H 表示，其含义是什么？
3. 计划工作的程序有哪些？
4. 网络计划法的原理是什么？
5. 目标管理有什么特点？目标管理基本过程包括哪些步骤？

六、实际应用题

1. 请应用计划表对你下一个月的工作（学习）任务做个计划。
2. 请以月为单位，用滚动计划法为你自己制订一个今后五个月的学习计划。

七、案例分析题

案例 1：　　　　　　　　海尔的 80/20 原则

斜坡球体论就是将企业放在斜坡上使其经常处于爬坡状态，不进则退。同样，海尔使每一个人都处于爬坡状态，尤其是干部，要不断地给自己加压，提出新的目标。在海尔，职

位越高，责任越重。占企业人数20%的干部负有80%的责任，占企业人数80%的员工只负有20%的责任，这就是海尔的80/20原则。这种金字塔式的管理结构和责任的倒金字塔之间保持了一种动态平衡。海尔集团常务副总裁杨绵绵常说："优秀的产品是由优秀的人做出来的，优秀的人又是由优秀的领导带出来的，关键的少数制约着次要的多数。"

问题：你如何看待海尔的80/20原则？

案例2：年度销售计划是"管理"出来的

柴磊是一家商贸公司的营销总经理，每到年末，柴磊就成了公司里最忙、最头疼的人——如何实现年度考核和激励方案？如何计算和制订下一年度的销售计划？费用账、人头账林林总总，而其中最重要的就是年度销售计划的制订。

面对2016年度的营销计划，柴磊首先想到的问题是：制订年度销售计划的根本目的是什么？

面对这个问题，大多数人都会简单地回答：制订年度销售计划就是为了确定年度销售量指标。柴磊也曾经这样认为，当他成为营销总经理之后却发现：销售量指标仅仅是企业各项工作和活动的自然结果，并不能反映出企业的营销状况。因此，年度销售计划是根据企业年度经营与发展的目标，对企业各项管理与销售资源进行全面分配的一个过程。

柴磊快速地在脑海中进行了企业战略层面的扫描和规划：利用制订年度销售计划的时机，加强与老板等经营层的沟通，对企业的发展战略和目标进行再次的确认并达成共识。在这个基础上，将整个销售目标逐步分解为部门(区域)目标和个人目标。最终，形成个人目标确保部门目标，部门目标确保企业目标的层层确保体系，通过这种体系把企业的战略目标与长期目标、具体目标和年度预算进行衔接。

另外，业务员出身的柴磊也明白，营销过程其实更是企业比拼资源的过程。对于资源配置计划的制订，柴磊总结出了一套方法，那就是在制定各个区域或细分市场的销售指标时，要求营销人员根据自己对市场的判断，在提交销售计划指标的同时，也提交一份市场运作计划。在市场运作计划中，营销人员要将促销活动的设想、对渠道政策的基本要求等内容尽可能地加以明确，并依据销售量提升的不同要求制定出相应的资源投放估算。最后，柴磊再将各个区域的资源需求和销售量预估进行汇总，并进行最终的预算和平衡。

当然，为了确保销售计划的可行性和准确性，柴磊使用了平衡计分卡，根据平衡计分卡的原理，柴磊对企业销售计划的相关指标进行了逐层分解，确定了年度销售计划的关键要素和考核要素。另外，为了防止区域经理和销售人员在计划制订上低报销售额，柴磊又使用了销售指标的互动激励系统，希望通过适当的激励手段确保销售计划制订的准确性。

问题：

1. 柴磊制订的年度销售计划是(　　)。

A. 长期计划　　B. 战略计划

C. 短期计划　　D. 作业计划

2. 通过上述材料，你认为如何制订一个有效的计划？

巩固与提高答案

拓展资料

项目三

组织职能

项目导学

本项目主要通过学习组织结构设计，了解组织结构类型，分析实际企业中的组织结构，了解组织结构的优缺点、适用类型，了解组织中的职权配置，领会组织中的集权、分权和授权，了解组织变革的动力和阻力，掌握人力资源管理的相关知识，培养组织与人员配备的能力和职业规划意识，建立基本的组织理念。

学习目标

【认知目标】

1. 了解组织职能的基本概念和内容；
2. 掌握管理幅度和管理层次的概念和关系；
3. 掌握组织结构设计的步骤；
4. 熟悉权力的来源，有效授权的原则；
5. 熟悉组织变革的内容、类型、动因和过程；
6. 了解组织变革的阻力和对策；
7. 了解人力资源管理的含义；
8. 熟悉员工培训方法和员工职业生涯规划设计。

【情感目标】

1. 培养学生的参与协作意识；
2. 培养学生权力责任意识；
3. 培养学生创造和革新意识；
4. 培养学生的自我规划意识。

【技能目标】

1. 能够合理地设计组织结构并画出组织结构图；
2. 能够实现有效授权；
3. 能够合理应对组织变革中的阻力；
4. 能够组织员工招聘活动；
5. 能够编制各类培训计划；
6. 能够编写职业生涯规划方案。

任务1 组织设计与运作

任务情境

金果子公司是美国南部一家种植和销售黄橙和桃子两大类水果的家庭式农场企业，由老祖父约翰逊50年前开办，拥有一片肥沃的土地和明媚的阳光，特别适合种植这些水果。不过，金果子公司目前规模已经发展得相当大了。杰克和儿子卡尔都感到有必要为公司建立起一种比较正规的组织结构。杰克请来了他年轻时的朋友，现在已成为一名享有知名度的管理咨询人员比利来帮助他们。比利指出，他们可以有两种选择：一是采取职能结构形式；另一是按产品来设立组织结构。这两类不同形式的组织设计如图3-1所示。那么，该选取哪种组织设计呢？

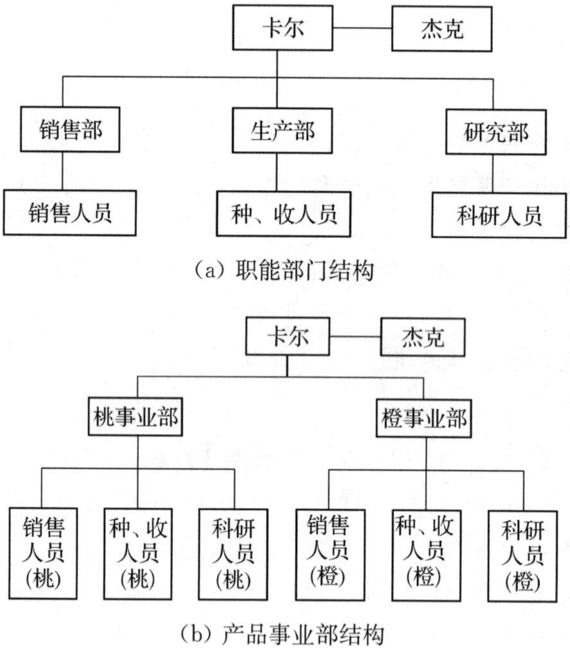

图3-1 两类组织设计图

任务要求

1. 职能结构和事业部结构各有什么优缺点和适用的条件？

2. 你认为，金果子公司在经营规模扩大到要求建立起正规化的组织结构时，职能形式还是产品事业部形式对它更为合适，为什么？

3. 预想不久后该公司的规模获得进一步的迅速扩大，那么在目前选择的组织形式基础上如何调整其结构设计呢？你认为可以增加什么样的管理层次？

知识准备

一、组织职能概述

（一）组织的概念

组织一词有两种词性，即名词和动词。名词上组织是由复数人组成的，具有明确目标和系统性结构的社会实体。组织是一群人的集合，组织的成员必须按照一定的方式相互合作，形成整体的力量，共同努力完成单个人不可能完成的各项任务，实现不同于个人目标的组织整体目标。例如，学校、医院、企业、班级等都属于一个组织，人们的生活是离不开组织的。动词上组织指某项活动管理过程，即管理中的组织职能。

组织的基本作用可以概括为两个方面：

(1) 人力汇集作用。社会中单个人对于自然来说，力量是渺小的，于是人们联合起来，相互协作，共同从事某项活动，这种联合与协作是以各种组织的形式完成的，它实际上是个人力量的一种汇集，把分散的个人汇集成集体，进而借助集体的力量，人们才能在复杂的环境中实现个人存在的价值。

(2) 人力放大作用。人力汇集起来的力量绝不等于个体力量的算术和，即"整体大于各个部分之和"。用简单的数学公式表示就是："1＋1＞2"。从这个意义上说，组织具有放大人力的作用，即对汇集起来的个体力量的放大。

当然，一个组织是否具有上述功能，还要看具体的组织职能发挥得如何，实际社会生活中既有"三个臭皮匠顶个诸葛亮"的现象，也有"三个和尚没水喝"的状况。

（二）组织职能的概念

组织职能是指按计划对组织的活动及其生产要素进行的分派和组合。组织职能对于发挥集体力量、合理配置资源、提高劳动生产率具有重要的作用。管理学中的组织职能，就是通过建立、维护和不断改进完善组织结构以实现有效工作的过程，包括组织结构设计、组织变革和发展、人力资源管理等内容。涉及的工作任务有明确完成目标所需的活动并加以分类、对实现目标的必要活动进行分工、把各组分派给有权利的管理人员领导、确定有关协调的规定、根据环境变化及组织发展进行组织变革等。

二、组织结构的设计

任务情境

某市"宇宙"冰箱厂近几年来有了很大的发展，该厂厂长周冰是个思路敏捷、有战略眼光的人，早在前几年"冰箱热"的风潮中，他已预见到今后几年中会渐渐降温，变畅销为滞销，于是命该厂新产品开发部着手研制新产品，以保证企业能够长盛不衰。果然，近来冰箱市场急转直下，各大商场冰箱都存在着不同程度的积压。好在"宇宙"厂早已有所准备，立即将新研制生产出的小型冰柜投放市场,这种冰柜物美价廉,一问世便受到广大消费者的欢迎,“宇宙”厂不仅保证了原有的市场,而且又开拓了一些新市场。但是,近几个月来,该厂产品销售出现了一些问题,用户接二连三地退货,要求赔偿,影响了该厂产品的声誉。究其原因,原来问题主要出在生产上。主管生产的副厂长李英是半年前从本市二轻局调来的,她今年42岁,是个工作勤恳、兢兢业业的女同志,口才好,有一定的社交能力,但对冰箱生产技术不太了解,组织生产能力欠缺,该厂生产常因所需零部件供应不上而停产,加之质量检验没有严格把关,尤其是外协作件的质量常常不能保证,故产品接连出现问题,影响了“宇宙”厂的销售收入,原来较好的产品形象也有一定程度的破坏。这种状况如不及时改变,该厂几年的努力也许会付诸东流。周厂长为此很伤脑筋,有心要把李英撤换下去,但又为难,因为李英是市二轻局派来的干部,和上面联系密切,并且她也没犯什么错误,如硬要撤,搞得不好,也许会弄僵上下级之间的关系(因为该厂隶属于市二轻局主管)。不撤换吧,厂里的生产又抓不上去。长此以往,企业很可能会出现亏损局面。周厂长想来想去不知如何是好,于是就去找厂咨询顾问某大学王教授商量,王教授听罢周厂长的诉说,思忖一阵,对周厂长说:“你何不如此这般呢……”周厂长听完,喜上眉梢,连声说:“好办法,好办法!”于是便按王教授的意图回去组织实施,果然,不出两个月,“宇宙”厂又恢复了生机。王教授到底如何给周厂长出谋划策的呢?原来他建议该厂再设一个生产指挥部,把李英升为副指挥长,另命一懂生产、有能力的赵翔为生产指挥长主管生产,而让李英负责抓零部件、外协件的生产和供应,这样既没有得罪二轻局,又使企业的生产指挥的强化得到了保证,同时又充分利用了李、赵两位同志的特长,调动了两人的积极性,解决了一个两难的问题。小刘是该厂新分来的大学生,他看到厂里近来的一系列变化,很是不解,于是就去问周厂长:“厂长,咱们厂已经有了生产科和技术科,为什么还要设置一个生产指挥部呢?这不是机构重复设置吗?我在学校里学过的有关组织设置方面的知识,从理论上讲组织设置应该是‘因事设人’,咱们厂怎么是‘因人设事’,这是违背组织设置原则的呀!”周厂长听完小刘一连串的提问,拍拍他的肩膀说:“小伙子,这你就不懂了,理论是理论,实践中并不见得都有效。”小刘听了,仍不明白:难道是书上讲错了吗?

任务要求

1. 企业中应如何设置组织结构?到底应该“因事设人”还是“因人设事”?
2. 你认为王教授的建议是否合适?
3. 你怎样看待小刘的疑问?

知识准备

(一)组织结构设计的基本矛盾

组织结构是组织内的全体成员为实现组织目标,在管理工作中进行分工协作,通过职务、职责、职权及相互关系构成的结构体系。

组织结构设计所面对的基本矛盾是管理对象的复杂性与个人能力的有限性。组织结构设计的基本任务，就是如何发挥管理者群体的作用，有效地管理复杂多变的对象。

（二）组织结构设计的目的

发挥整体大于部分之和的优势，使有限的人力资源形成综合效果。

（三）组织结构设计的步骤

1. 工作划分（职位设计）

根据目标一致和效率优先的原则，把达成组织目标的总的任务划分为一系列各不相同又互相联系的具体工作任务，这就有了各类职位（岗位）。职位是根据组织目标需要设置的具有一个人工作量的单元，是职权和相应责任的统一体。职位设计时应避免重复、遗漏和不当现象发生，同时要编写好职务说明书。

职务说明书是就特定职务的职责、权限、任职资格等所做规定的文书。职务说明书的基本作用在于规范特定职务的职责、权限、领导隶属关系等，使任职者规范有效地行使职责权限，更好地实现目标；同时，保证整个组织系统的有序、高效运行。职务说明书的基本内容包括职务名称、隶属机构、基本职能、主要职责、主要权限、纵向与横向隶属关系、任职资格等。

2. 建立部门（部门化）

把相近的工作归为一类，在每一类工作之上建立相应部门。这样，在组织内根据工作分工建立了职能各异的组织部门。部门划分的原则如下：

（1）有效实现组织目标原则。即部门划分必须以有利于组织目标实现作为出发点和归宿。

（2）专业化原则。即按专业化，将相似职能、产品、业务汇集到一个部门中。

（3）满足社会心理需要原则。即划分部门也不宜过度专业化，而应按照现代工作设计的原理，使员工的工作实现扩大化、丰富化，尽可能使其满意于自己的工作。

划分部门的方法如表 3－1 所示。

表 3－1　划分部门的主要方法

部门划分标准	含　义	特　点	适用范围
职能	将相似的工作任务或职能组合在一起形成一个部门	优点：可以带来专业化分工的种种好处；有利工作人员的培训与技能提高。 缺点：易形成思维定式，对环境变化反应较慢	管理或服务部门
产品	按产品分工划分部门，组成按产品划分的部门（或事业部）	优点：能使多元化经营和专业化经营结合；增强外部环境适应性；促进企业的内部竞争。 缺点：对管理者求高；管理费用增加；影响企业统一指挥	制造、销售和服务等业务部门

续 表

部门划分标准	含 义	特 点	适用范围
区域	将一个特定地区的经营活动集中在一起，委托给一个管理者或部门去完成	优点：可以根据市场需求自主组织生产经营；当地生产可进一步降低成本；能够调动基层参与决策的积极性。 缺点：需要有全面管理能力的人员；使管理费用增加；增加总部的控制难度	空间分布很广的企业的生产经营业务部门
工艺过程（设备）	把完成任务的过程分成若干阶段，以此来划分部门；或按大型设备来划分部门	优点：符合专业化的原则；充分利用专业技术和特殊技能。 缺点：各部门之间沟通协作困难；不利于全面管理人才的培养	工艺过程严格或使用大型设备的生产单位
服务对象	按照企业的服务对象进行部门划分	优点：对顾客提供针对性更强、更高质量的服务。 缺点：加大成本，增加协调的难度	服务对象差异较大，对产品与服务有特殊要求的企业

3. *决定管理跨度（管理幅度）*

看故事学管理：

韩信带兵，多多益善

西汉·司马迁《史记·淮阴侯列传》：上尝从容与信言诸将能不，各有差。上问曰："如我能将几何？"信曰："陛下不过能将十万。"上曰："于君何如？"曰："臣多多而益善耳。"上笑曰："多多益善，何为我禽？"信曰："陛下不能将兵，而善将将，此乃信之所以为陛下禽也。且陛下所谓天授，非人力也。"大意是，有一天刘邦招韩信谈话，讨论到将领能力时认为各有长短。刘邦问韩信："你觉得我可以带多少兵？"韩信说："最多十万。"刘邦不解地问："那你呢？"韩信自豪地说："越多越好，多多益善嘛！"刘邦半开玩笑半认真地说："你越多越好，为什么还被我辖制着？"韩信说："不，主公是驾驭将军的人才，不是驾驭士兵的，而将士们是专门训练士兵的。这就是我被陛下辖制的原因。并且陛下的能力是天生的，不是人们努力后所能达到的。"

请思考：同学们，如果你将来成为一个管理者，你认为自己能够直接管理的下属人数是多少？

所谓管理跨度（亦称管理幅度），就是一个上级直接指挥的下级数目。一个管理者的管理幅度以多少为宜，至今尚无定论。有人认为高层领导者的有效管理幅度为 4～8 人，中层为 8～15 人，基层 15 人以上。管理跨度的大小，实际上反映着上级管理者直接控制和协调的业务活动量的多少。管理层次亦称组织层次，是指社会组织内部最高层到最底层管理组织的等级。管理层次实质上反映的是组织内部纵向分工关系，各个层次担负不同的管理职能。影响管理跨度的因素主要有：

① 管理工作性质，如复杂程度、相似性等；② 管理者自身的能力和素质状况；③ 下级人员素质与职能性质；④ 计划与控制的难度与有效性；⑤ 信息沟通的难易与效率；⑥ 组织的空间分布状况；⑦ 组织的外部环境等方面。

管理跨度和管理层次互相制约，之间存在着反比例的数量关系。当组织规模既定的前提下，较大的管理跨度，就会形成较少的管理层次。其中起主导作用的是管理跨度，即管理层次的多少取决于管理跨度的大小。

4. 确定职权关系

授予各级管理者完成任务所必需的职务、责任和权力，从而确定组织成员间的职权关系：

(1) 上下级间的职权关系——纵向职权关系。上下级间权力和责任的分配，关键在于授权程度。

(2) 直线部门与参谋部门之间的职权关系——横向职权关系。直线职权是一种等级式的职权，直线管理人员具有决策权与指挥权，可以向下级发布命令，下级必须执行，如企业总经理对分公司经理，学校校长对系主任。而参谋职权是一种顾问性质的职权，其作用主要是协助直线职权去完成组织目标。参谋人员一般具有专业知识，可以就自己职能范围内的事情向直线管理人员提出各种建议，但没有越过直线管理人员去命令下级的权力。

5. 通过组织运行不断修改和完善组织结构

组织设计不是一蹴而就的，是一个动态的不断修改和完善的过程。在组织运行中，必然暴露出许多矛盾和问题，也会获得某些有益的经验，这一切都应作为反馈信息，促使领导者重新审视原有的组织设计，酌情进行相应的修改，使其日臻完善。

(四) 组织结构设计原则

1. 传统原则

(1) 层级原则。组织是由不同职务群形成的不同的层级链组成，不同的职位只能存在于组织中的某个层级中，不能超组织的层级而存在。

(2) 管理跨度原则。任何领导人员，因受其精力、知识、经济等条件的限制，能够有效地领导下级的人数是有限度的，超过一定限度，就不能做到具体、有效的领导。

(3) 统一指挥原则。统一指挥原则也称统一与垂直性原则，它是最经典的，也是最基本的原则，是指组织的各级机构及个人必须服从一个上级的命令和指挥，只有这样才能保证政令统一，行动一致。如果两个领导人同时对同一个人或同一件事行使他们的权力，就会出现混乱。在任何情况下，都不会有适应双重组织的社会组织。

(4) 责权一致原则。责权一致原则也叫权责对等原则，指在一个组织中的管理者所拥有的权力应当与其所承担的责任相适应。有责无权不仅束缚管理人员的积极性和主动性，而且使责任制度形同虚设，最后无法完成任务；有权无责必然助长瞎指挥、滥用权力和官僚主义。

(5) 适当的授权原则。针对下级的不同能力、不同环境条件、不同的目标责任及不同的时间，应该授予其当下相适应的权力。

(6) 经济原则。组织要以较少的人员、较少的层次、较少的时间达到管理的效果。

(7) 分工与协作原则。组织内部既要分工明确，又要互相沟通、协作，以达成共同的目标。

(8) 执行与监督分离原则。组织设计过程中，应将外部监督人员与执行人员在组织上分开，避免二者在组织上一体化。

(9) 精简与效率原则。遵循决策活动的客观规律，科学设置决策机构和合理确定人员编制，保证各项工作正常开展，以达到精简、统一、高效、节约和反对官僚主义的目的的原则。

2. 动态原则

（1）职权和知识相结合的原则，包括强制性磋商、赞同性职权、功能性职权；

（2）集权和分权相平衡原则；

（3）弹性结构原则，包括部门结构和职位都应具有弹性。

3. 权变理论

（1）组织必须适应工作任务；

（2）组织必须适应技术工艺特性；

（3）组织要适应周围环境。

（五）组织结构类型

1. 直线制结构

直线制是一种最简单的集权式组织结构形式，又称军队式结构（见图3－2）。其领导关系按垂直系统建立，不设立专门的职能机构，自上而下形同直线。

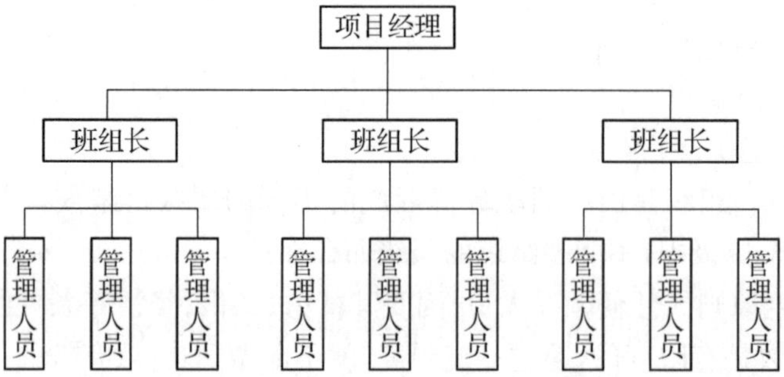

图3－2　直线制组织结构示意图

（1）特点：企业各级行政单位从上到下实行垂直领导，下属部门只接受一个上级的命令，各级主管负责人对所属单位的一切问题负责。

（2）优点：沟通迅速；指挥统一；责任明确。

（3）缺点：管理者负担过重，难以胜任复杂职能。

（4）适用范围：适用于小型组织。

2. 职能制结构

在组织内设置若干职能部门，并都有权在各自业务范围内向下级下达命令。也就是各基层组织都接受各职能部门的领导。职能制组织结构图如图3－3所示。

（1）特点：各级管理机构和人员实行高度的专业化分工，各自履行一定的管理职能。因此，每一个职能部门所开展的业务活动都将为整个组织服务。

（2）优点：有利专业管理职能的充分发挥。

（3）缺点：破坏统一指挥原则。

(4) 适用范围：如图所示的这种原始意义上的职能制无现实意义。

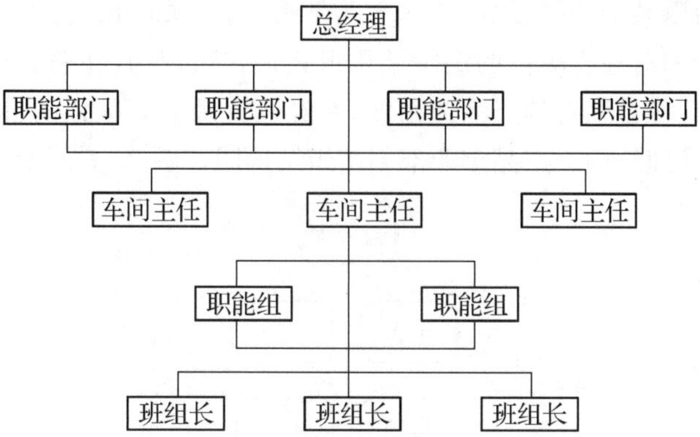

图 3－3　职能制组织结构图

3. **直线职能制结构**

直线职能制是直线制与职能制的结合。它是在组织内部既有保证组织目标实现的直线部门，也有按专业分工设置的职能部门；但职能部门在这里的作用是作为该级直线领导者的参谋和助手，它不能对下级部门发布命令。直线职能制组织结构图如图 3－4 所示。

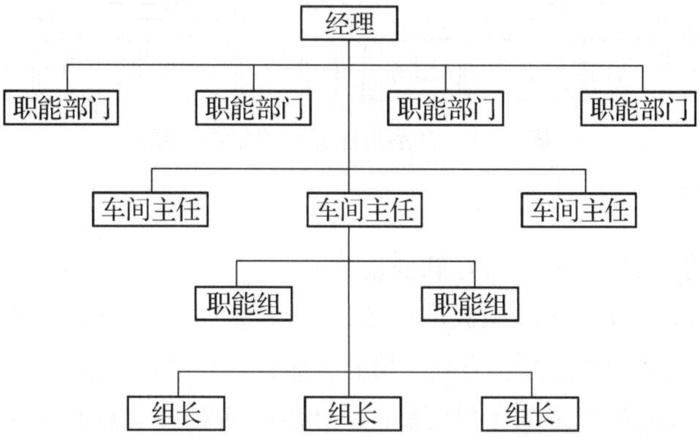

图 3－4　直线职能制组织结构图

(1) 优点：

① 能保持统一指挥，又能发挥参谋人员的作用；

② 分工精细，责任清楚，各部门仅对自己应做的工作负责，效率高；

③ 组织稳定性较高，在外部环境变化不大的情况下，易于发挥组织的集团效率。

(2) 缺点：

① 部门间缺乏信息交流，不利于集思广益地做出决策；

② 直线部门与职能部门(参谋部门)之间目标不易统一，职能部门之间横向联系较差，信息传递路线较长，矛盾较多，上层主管的协调工作量大；

③ 难以从组织内部培养熟悉全面情况的管理人才；

④ 系统刚性大，适应性差，容易因循守旧，对新情况不易及时做出反应。

(3) 适用范围：规模中等的企业。随着规模的进一步扩大，将倾向于更多的分权。

4. 事业部制结构

事业部制是指以某个产品、地区或顾客为依据，将相关的研究开发、采购、生产、销售等部门结合成一个相对独立单位的组织结构形式。它表现为，在总公司领导下设立多个事业部，各事业部有各自独立的产品或市场，在经营管理上有很强的自主性，实行独立核算，是一种分权式管理结构。产品事业部制组织结构图如图 3－5 所示。

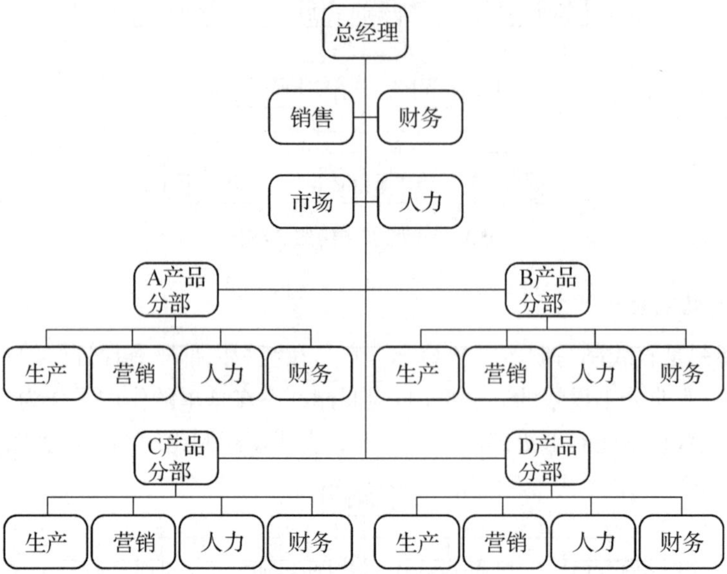

图 3－5　产品事业部制组织结构图

(1) 优点：

① 具有高度的稳定性，又有良好的适应性。

② 权力下放，提高各事业部积极性和创造性，从而提高企业的整体效益。

③ 事业部自成系统，独立经营，有利于培养全面管理人才，为企业的未来发展储备干部。

④ 以利润中心，进行严格的考核，易于评价事业部对公司总利润贡献大小，用以指导企业发展的战略决策。

⑤ 按产品划分事业部，便于组织专业化生产，形成经济规模，采用专用设备，并能使个人的技术和专业知识在生产和销售领域得到最大限度的发挥，因而有利于提高劳动生产率和企业经济效益。

⑥ 各事业部门之间可以有比较、有竞争，由此而增强企业活力，促进企业的全面发展。

⑦ 各事业部自主经营，责任明确，使得目标管理和自我控制能有效地进行，在这样的条件下，高层领导的管理幅度便可以适当扩大。

(2) 缺点：

① 由于各事业部利益的独立性，容易滋长本位主义。

② 一定程度上增加了费用开支。

③ 对公司总部的管理工作要求较高，否则容易发生失控。

(3) 使用范围：事业部制结构主要适用于产业多元化、品种多样化、各有独立的市场，而且市场环境变化较快的大型企业。

5. 矩阵式组织结构

矩阵制是由职能部门系列和为完成某一临时任务而组建的项目小组系列组成，它的最大特点在于具有双道命令系统。矩阵制组织形式是在直线职能制垂直形态组织系统的基础上，再增加一种横向的领导系统。矩阵制组织结构图如图 3－6 所示。

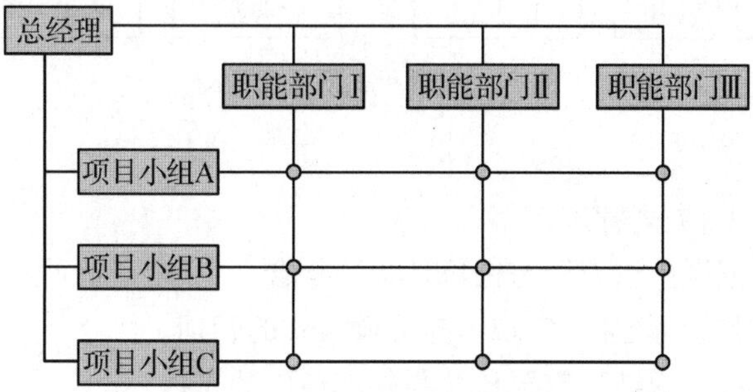

图 3－6　矩阵制组织结构图

(1) 优点：

① 加强了横向联系，专业设备和人员得到了充分利用；

② 具有较大的机动性；

③ 促进各种专业人员互相帮助、互相激发、相得益彰。

(2) 缺点：

① 成员位置不固定，有临时观念，有时责任心不够强；

② 人员受双重领导，有时不易分清责任。

(3) 适用范围：需要集中各方面专业人员完成的工作项目。比如重大攻关项目，临时性的、复杂的重大工程项目或管理改革任务，以实验为主的单位的科学研究。

6. 网络型结构

网络型组织结构是一个精干的中心机构，以契约关系的建立和维持为基础，依靠外部机构进行制造、销售或其他重要业务经营活动的组织结构形式，主要有金字塔型组织(见图 3－7)结构图和扁平式网络结构图(见图 3－8)。

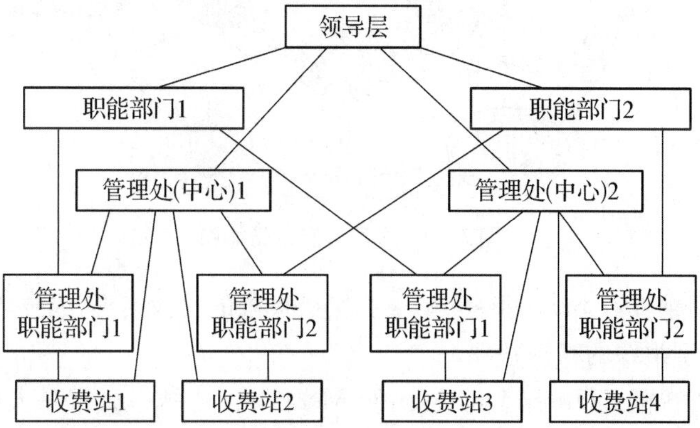

图 3－7　金字塔型组织结构图

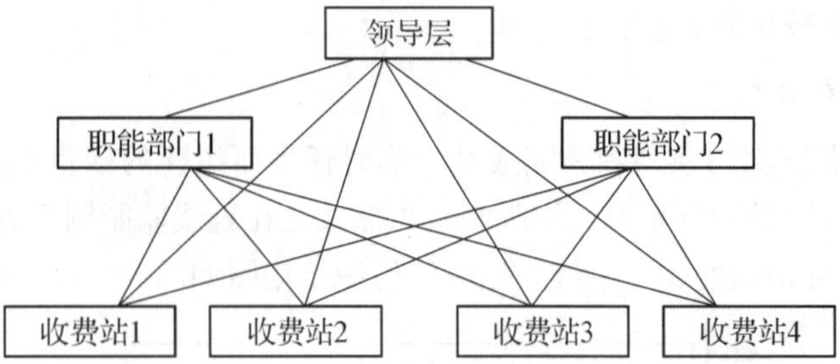

图 3－8　扁平式网络结构图

(1) 优点：

① 降低管理成本，提高管理效率；

② 实现了更大范围内供应链与销售环节的整合；

③ 简化了机构和管理层次，实现了充分授权式的管理。

(2) 缺点：网络型组织结构需要科技与外部环境的支持。

(3) 适用范围：采用网络型结构的组织需要相当大的灵活性以对环境的变化做出迅速反应，它适合于需要低廉劳动力的组织，比如玩具和服装制造业等。

7. 学习型组织

所谓学习型组织，是以共同愿景为基础，以团队学习为根本特征，对顾客负责的组织系统。学习型组织是一个"不断创新、进步的组织，在其中，大家得以不断突破自己的能力上限，创造真心向往的结果，培养全新、前瞻而开阔的思考模式，全力实现共同的抱负，以及更好地实现共同学习"。学习型组织的提出者彼得·圣吉认为一个学习型组织，它的管理者和全体员工必须经过五个方面的训练(见图 3－9)。

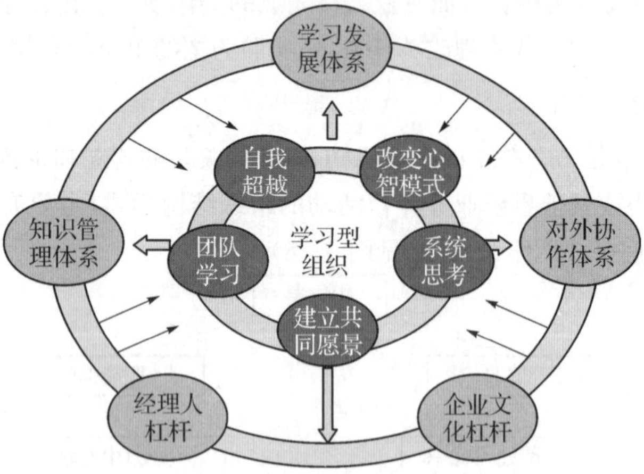

图 3－9　学习型组织结构图

第一，自我超越(Personal Mastery)。指突破极限的自我实现，或技巧的娴熟，自我超越的修炼是学习型组织的精神基础。

第二，改善心智模式(Improving Mental Models)。心智模式就是人的心理素质和思维方式，它影响一个人看世界和对待事物的态度，有时可能直接决定人的成功与否。

第三，建立共同愿景(Building Shared Vision)。共同愿景是指组织中人们共同愿望的景象，它要求组织的全体成员拥有一个共同的目标、价值观和使命感，把大家凝聚在一起。共同愿景有三个层次：个人愿景、团队愿景和组织愿景。

第四，团队学习(Team Learning)。团队学习是指通过组织成员之间互相学习、取长补短提高整体合作能力，并把个人能力汇成组织能力，使组织的集体智慧高于个人智慧的过程。学习型组织理论认为，当团队真正在学习时，不仅整体产生出色的成果，成员成长的速度也比其他的学习方式更快。

第五，系统思考(Systems Thinking)。系统思考要求人们运用系统的观点看待组织的发展。它引导人们从看局部到纵观整体，从看事物的表面到洞察其背后的结构，以及从静态的分析到认识各种因素的影响，进而寻找一种动态的平衡。

8. **发展型组织**

发展型组织是美国学者杰瑞 · W.吉利(Jerry W. Gilley)和安 · 梅坎尼克(Ann Maycunich)在学习型组织的基础上提出的一种更新型的企业组织。在他们的代表作《超越学习型组织》中认为，人力资源在实现组织战略中的重要程度，以及组织再造能力及提高竞争能力的愿望是衡量组织发展能力和组织形态最重要的两个指标。根据这两个指标，他们提出了企业组织演变的三种形态：传统型组织、学习型组织和发展型组织，并认为发展型组织是组织形态演变的最终形式。

发展型组织进一步强调人的重要性，认为组织存活并发展壮大的最佳途径是确保每位员工的全部潜能都充分发挥出来。发展型组织中的领导应遵循以下十条原则：① 个人义务原则；② 信任原则；③ 保护员工原则；④ 员工自尊原则；⑤ 绩效伙伴原则；⑥ 组织的提高绩效原则；⑦ 有效沟通原则；⑧ 组织连续性原则；⑨ 全盘考虑原则；⑩ 组织隶属原则。发展型组织中的组织结构的变化主要体现在其可塑性和自由流动方面，强调在人、部门和客户之间没有障碍，打破隔离人们的藩篱，因此组织结构更具有开放性和弹性，更适合现代企业面临复杂多变的经营环境。

三、组织中的职权配置

(一) 权力与职权

1. **权力**

权力指个人对组织的决策或他人的行为的影响力。管理者必须有权力，可权力又不只限于管理者，一个组织的所有成员都可以因为他们拥有某一方面的特长和知识而拥有权力。

权力分为五种：合法权、惩戒权、奖赏权、专家权和感召权。

(1) 合法权是指组织内各管理职位所固有的合法的、正式的权力。不同组织成员因其所处的地位不同，享有的合法权也不同。这种权力可以通过向下属发布命令、下达指标直接体现出来，也可以借助组织内部的政策、程序和规则直接体现出来。

(2) 惩戒权是管理者具有因下级没有达到工作要求而通过降薪、降级、批评等手段对其进行惩戒的权力。

(3) 奖赏权是管理者具有因下级执行命令或达到工作要求而通过升薪、晋升、表彰、提供更满意的工作环境和条件等奖赏手段对其进行奖赏的权力。

(4) 专家权是指一个人拥有别人不具有的某种个人专长、特殊技能或知识，而他人又予以认可的一种影响力。

(5) 感召权是指一个人所拥有的独特智谋或个人品质对他人产生的一种独特影响力。它能够使他人产生一种深刻的倾慕和认同心理。

2. 职权

职权是一种制度化了的权力，它是建立在法律的基础上(国家立法、公司章程、协议、制度与合同等)的，一种合理、合法的权力，并且具有一定的职责和义务。组织中的职权是指由于占据组织中的职位而拥有的权力；与职权相对应的是职责，是指担当组织职位而必须履行的责任。

(二) 职权的类型

1. 直线职权

直线人员所拥有的发布命令及执行决策的权力，即指挥权。直线人员是指能领导、监督、指挥、管理下属的人员。

直线职权在组织内部保持一条持续的命令链，该命令链从最高管理层一直到最基层管理层。管理层级的等级链与命令链是对应的，每一管理层要对应地成为命令链中的一环。具有直线职权的管理者一方面接受上级的命令，另一方面向下属下达命令。

2. 参谋职权

参谋权就是参谋人员和参谋部门所拥有的辅助性职权，包括提供咨询、建议等。在组织权力关系中，直线权力是主导的，参谋职权是从属的。

具有参谋职权的管理者是组织中某个领域中具有专业特长的人员，他们向具有直线职权的管理者提出计划和建议，由具有直线职权的管理者做出决策。由于这两类管理者对组织目标实现担负的责任不同，为保证指挥的统一，参谋可以很多，负直接职责的管理者只能有一个人。参谋对具有直线职权的管理者承担工作责任，具有直线职权的管理者对参谋的工作承担领导责任。

3. 职能职权

职权的第三种类型是职能职权。它是直线管理者把一部分原属自己的直线职权授予职能部门或职能管理人员的职权。在纯粹参谋的情形下，参谋人员所具有的仅仅是辅助性职权，并无指挥权。但是，有时由于知识和能力、精力等原因，上级管理者将直线组织中的某些专门的职能和权力授予参谋人员和部门，由参谋人员来直接领导和组织下级部门去完成某些工作和处理某些事情，这样就发生了部分直线职权的转移问题。职能职权实际上是直线职权与参谋职权的一种结合。直线职权对应的是组织整体目标的职责，职能职权对应的是组织整体目标中某项专业目标的职责。换句话讲，职能职权是因其职位对组织专业目标的实现担负职能管理职责的管理者所具有的职权。使用职能职权是必要的，这样可以使工作做得更好或提高工作效率。但在使用职能职权时应注意：第一，职能职权要与参谋人员或职能部门的专业工作相一致(也就是说，参谋人员或者职能部门只能在他的专业领域内拥有职能职权)。第二，使用职能职权仅限于具体工作方面，不能危及管理者正常的管理工作。第三，要加强协调工作，不要因此形成责任不清和工作上的混乱。

4. 三种职权的关系与矛盾

1) 三种职权的关系与矛盾

要很好地配置和运用职权，必须对直线职权、参谋职权和职能职权的相互关系有深刻的理解。

(1) 直线职权与参谋职权的关系：直线职权是指挥权、命令权；参谋职权是建议权和直线管理者的授权，其建议内容也是通过直线职权的命令链向下才能得到下属的执行。拥有这两种职权管理者的矛盾焦点在于，参谋职权的拥有者是否拥有专家权，双方通过各自不同的影响力影响对方。

(2) 直线职权与职能职权的关系：由于职能职权是直线职权和参谋职权的结合，除了参谋职权外，得到上级直线管理者的授权后，可以对直线管理者行使某项专业管理职权，如审计部门对直线管理者的审计；也可以是对下属参谋职责部门行使专业管理职权，如总公司财务部队下属分公司财务部通过预算进行财务控制。拥有这两种职权管理者的矛盾焦点在于，实现全局目标与实现专业目标的关系处理上，管理者要按照专业目标服从全局目标的原则处理两者之间的关系。

(3) 参谋职权与职能职权的关系：由于职责的基础不同，拥有参谋职权的管理者对拥有直线职权的管理者负责，是直接对人负责；而拥有智能职权的管理者对专业目标的实现负责，是间接对人负责。拥有这两种职权管理者的矛盾焦点在于拥有参谋职权与职能职权的管理者往往是同一人员，他既要作好直线管理者的参谋，又要接受上级职能管理者的专业指导，当直线管理者与上级职能管理者出现矛盾时，他们更倾向于参谋职权的使用。

2) 如何正确处理职权关系

(1) 建立明晰的职权结构。

一是建立清晰的等级链；

二是明确划分权责界限；

三是制定并严格执行政策、程序。

越权处理，不尊重他人职权，是造成职权危机的最突出因素。必须充分尊重别人的职权，以建立融洽的职权关系。

(2) 协调职权关系。

一是要互相尊重职权。二是加强沟通与配合。不注意沟通是危及职权关系的另一关键因素。无论是上下级之间，还是同级之间，必须注意及时沟通，并加强工作中的支持与配合。

(三) 职权配置的方式

组织结构中职权配置的方式主要有三种，即授权、集权和分权。

1. 集权和分权

1）集权和分权的概念

集权和分权是指职权在不同管理层之间的分配与授予。所谓集权，是指较多的权力和较重要的权力集中在组织的高层管理者；所谓分权，是指较多的权力和较重要的权力分授给组织的基层管理者。

2）集权和分权的相对性

集权和分权都是实现组织目标的需要。集权有利于组织实现统一指挥、协调工作和更为有效的控制。但另一方面，会加重上层领导者的负担，从而影响重要决策的制定质量；不利于调动下级的积极性与主动性；难以适应外部环境的变化。而分权的优缺点则正与集权相反，可以减轻高层管理人员的负担，增强各级管理人员的责任心、积极性和自主性，增强组织的应变能力；缺点是可能会造成各自为政、各行其是的现象，增加各部门之间协调的复杂性，并且受到规模经济性、有无合格的管理人员的限制。在组织管理中，集权和分权是相对的，绝对的集权或绝对的分权都是不可能的，企业应根据组织目标与环境、条件的需要正确决定集权与分权程度，但现代管理中总的趋势是组织职权分权化。判断一个组织分权程度的标准如下：

(1) 较低的管理层次做出的决策数量越多，分权程度就越大。

(2) 较低的管理层次担任的决策重要性越大，分权程度就越大。

(3) 较低的管理层次担任的决策影响面越大，分权程度就越大。

(4) 较低的管理层次所做的决策上级审核的越少，分权程度就越大。

3）影响集权和分权的因素

(1) 决策的重要性。

这是影响集权与分权的程度的重要因素。一般来说，从经济标准、组织信誉、员工士气及相对竞争地位等方面来衡量，代价越高的决策，如巨额的采购项目、基本建设投资等，决策的正确与否责任重大，不适合授权给下级决策者，一般以集权为好。

(2) 组织规模的大小。

组织规模越大，管理的层级和部门数量就会越多，需要做出决策的数目就越多，如果集权程度高，协调起来也就越困难，信息的传递速度和准确性就会降低。要解决这些问题，加快决策速度、减少失误，使高层决策者能够集中精力处理重大问题，就需要向组织下层分散权力。

(3) 政策的统一性。

高层主管若希望在整个组织中采用统一的政策，以便于比较各部门绩效、保证步调一致，则集权程度较高；否则就会允许各单位根据客观情况制定自己的政策，则分权程度较高。

(4) 员工的数量和基本素质。

如果员工数量和基本素质能够保证组织任务完成，组织可以较多地分权；组织如果缺乏足够的受过良好训练的管理人员，其基本素质不能符合分权式管理的基本要求，则组织可以较多地集权。

(5) 组织的可控性。

组织中各个部门的工作性质大多不同，有些关键的职能部门，如会计等部门往往需要相对地集权，而有些业务部门，如研发、市场营销等部门，或者是区域性部门却需要相对地分权。组织需要考虑的是围绕任务目标的实现，如何对分散的各类活动进行有效的控制。

(6) 组织所处的成长阶段。

在组织成长的初始阶段，为了有效管理和控制组织的运行，组织往往采取集权的管理方式；随着组织的成长，管理的复杂性逐渐增强，分权的程度就越高。

4) 分权的途径

权力的分散可以通过两个途径来实现：

(1) 制度分权。也就是说，在组织设计过程中通过组织制度的明文规定给予一个职位以一定的职权。

(2) 工作授权，即管理者在工作过程中适当地授予下属职权。

2. **授权**

案例分析 3-1

英国为什么能够在马岛海战中取胜？

在 1982 年英国与阿根廷之间的马岛海战中，撒切尔夫人使用了“委托式领导法”。这一方法在这次战争过程中得到了层层贯彻。

当舰队司令伍德沃德从撒切尔夫人那里取得“除了进攻阿根廷本土以外的一切权力”之后，为了争取主动，完成夺回马岛的战略目标，彻底重创阿根廷的海军力量，伍德沃德没有经任何请示，断然下令将阿军在 200 海里禁区外的一首巡洋舰击沉。特遣舰队到达马岛后，当伍德沃德命令突击部队司令穆尔少将登陆时，问道：“你还需要什么？”穆尔少将答道：“权力。”“什么权力？”“真正指挥突击队的权力。你不要干涉我在岛上的行动，那里只有胜利！”“我给你全权！”出发时，撒切尔首相授权伍德沃德，战场上伍德沃德又授权穆尔将军。当穆尔少将带领登陆部队在向纵深推进时，他发现阿军出人意料地不堪一击，他立刻改变伍德沃德要求采取的“逐步推进，稳扎稳打”的战术，转而采取“蛙跃式”战术，交替着向前推进。当时参谋人员询问是否要请示伍德沃德，穆尔斩钉截铁地回答：“不用，我自己做主。”当穆尔命令威尔逊旅长攻打鹅湾时，威尔逊在途中发现弗兹罗港的阿军已经撤离。于是，他也未经请示就下令迅速占领了这个战略港口。

马岛主权之争，英国海军舰队面临着远涉重洋、孤军作战，这些不利条件不仅没有影响特遣舰队战略目标的完成，相反特遣舰队却以意想不到的速度顺利达到军事目的。

案例分析
3-1 解析

请问：马岛主权之争，英国取得胜利的原因是什么？

授权是将完成某特定工作所承担的责任和相应的职权委派给下属，使下属在一定的监督下行使职权的过程。下属在授权范围之内自行决定如何完成工作，并有责任向上级管理者汇报。上级管理者在授权后，还具有解除授权的权力。授权有特定的含义，在现实工作中，要注意区别授权和以下几个问题的区别：

(1) 授权不同于代理职务。代理职务是在某一时期，依法或受命代替某人执行其任务，代理期间相当于该职，是平级关系，而不是上级授权给他。

（2）授权不同于助理或秘书职务。助理或秘书只帮助主管工作，而不承担责任，授权的主管依然应负全责。在授权中，被授权者应该承担相应的责任。

（3）授权不同于分工。分工是一个集体内，由各个成员按其分工各负其责，彼此之间无隶属关系；而授权则是授权者和被授权者有上、下级之间的监督和报告关系。

（4）授权不同于分权。授权是指权力的授予和责任的建立，它仅指上、下级之间的短期的权责授予关系，授权是分权的一种途径。而分权是在组织中系统地授权，这种权力根据组织的规定可以较长时期地留在中、下级管理者手中。

2. 授权的必要性

授权是管理者在组织中进行分配权力的一种方式，它有利于组织目标的实现，帮助管理者从日常事务中超脱出来，是管理者克服体制障碍、开发下属领导潜能、培养潜在管理者的重要手段。

3. 有效的授权的原则

（1）依目标需要授权原则。授权是为了更为有效地实现组织目标，所以必须根据实现目标和工作任务的需要，将相应类型与限度的权力授予下级，以保证其有效地开展工作。

（2）适度授权原则。授权的程度要根据实际情况决定，要考虑到工作任务及下级的情况灵活决定。既要防止授权不足，又要防止授权过度。

（3）职、权、责、利相当原则。在授权中要注意职务、职责、权力与利益四者之间的平衡，要真正使被授权者有职、有权、有责、有利。要注意授权成功后合理报酬的激励作用。

（4）职责绝对性原则。领导者将权力授予下级，但仍必须承担实现组织目标的责任。这种职责对于领导者而言，并不随授权而转移给下级。

（5）有效监控原则。授权是为了更有效地实现组织目标，所以在授权之后，领导者必须保有必要的监督控制手段，使所授之权不失控，确保组织目标的实现。

4. 授权的工作流程

（1）决定哪项工作可以委派。

（2）决定委派给谁。

（3）为完成该项工作提供资源。

（4）委派工作。

（5）授予实现这些工作所需的职权。

（6）对工作过程反馈和监管。

（7）工作结束（解除授权）。

5. 管理者有效授权的障碍

管理者有效授权的障碍来自两个方面：一是授权者；一是被授权者。

1）来自授权者的障碍

（1）不愿意授权。管理者不愿意授权的原因很多，如管理者认为下属的能力不如自己，自己做这项工作要比下属做得好；如果交给下属去做，还要花时间让下属明白自己的意图，这样做的效果还不知如何等。这些不愿意授权的原因使我们的管理者的工作量越来越大，一直干到自己干不下来才停下来考虑授权问题。现代管理者角色中多了一个“教师”角色，这个角色就是要解决管理者与下属工作关系的问题。如果管理者是通过影响力让下属来完成工作的，管理者就要教会下属如何工作，授权者要学会当“教师”。

(2) 对委派的工作不再监管。管理者将职权授出后认为自己可以对委派出的工作不承担责任了，因此放任地让被授权者处理工作中的所有问题。被授权者只是代表授权者处理所授权的工作，被授权者对授权者负责，而授权者仍然要对该项工作、对上级管理者或对组织负责，授权者是该项工作的最终责任人。因此，管理者在授权后要加强对被授权者的监管，要了解工作进程中的关键问题的解决情况。如果被授权者不能胜任，要及时地解除授权。授权是有风险的，加强监管是减少授权风险和及时回避授权风险的重要工作环节。

(3) 授权是减少管理者的权力。由于管理者是将职权授予下属，所以很容易理解为授权减少了管理者的权力。其实事实正好相反，授权提高了管理者的影响力。通过“授权”让更多的员工运用职权决定如何去做好工作，从而建立员工对工作的热情、主动性、责任心和奉献精神，这样的员工越多，管理者的影响力就越大。

2) 来自被授权的下级的障碍

(1) 害怕在发生错误后会受到批评，不愿自行决定问题的处理办法。决策本来就是工作上非常困难的事，谁决策谁负责，事情既然是主管决定的，那么将来发生问题，领导应是责任人，受批评也不会轮到下级了。

(2) 如果下级觉得自己缺乏必要的资源，恐不能圆满完成任务，不免不敢轻易承担新任务。一个人明知道预算有限制，人事有束缚，倘若接受了新任务，事情做起来会很辛苦，工作易受挫折，自然会拒绝接受交代的任务。

(3) 缺少积极的激励。下级接受一项额外的责任，通常会牵涉到理智方面的努力，也牵涉到情绪方面的压力。因此，我们期望一个人勇于接受新增的负荷，就该给予适当的激励。这种激励也许是工资的提高，也许是升迁机会的增大，也许是一项好听的头衔，也许是组织中的地位的提高，也许是主管的赞誉和赏识。此外，还有其他种种有形和无形的激励。这里，我们所要强调的是：如果我们能给予某人其需要的适当鼓励，则其欣然接受新责任的可能性也越大。

总之，对授权行为发生的双方，即领导和下级来说，都存在着对授权的不同看法和态度，而这些看法和态度又会直接影响到授权的实施及产生的效果。正确地分析造成这种看法和态度的原因，并从主观和客观上采取相应的措施；同时，主管和部属之间也能密切配合，共同努力，就能防止授权失效，从而产生积极的、富有建设性的成果。

6. 授权的艺术

(1) 接纳意见，鼓励下属发表建议和看法，积极倾听，保持信息沟通渠道的畅通。

(2) 愿意放手，清晰明了地规定好各种任务和目标，敢于放手让下属去做，同时做好指导。

(3) 允许犯错，容许下属犯错，但要积极从错误中吸取教训。

(4) 用人不疑，要根据任务需要挑选合适的人选，授权后不要干预下属，不求时时事事有汇报，做到疑人不用，用人不疑。

任务2　组织发展与变革

任务情境

“1号店”的物流变革

“1号店”创立于2008年7月，旨在打造一个为消费者提供一站式购物服务的中国品种最齐全、价格最具竞争力的综合类电子商务网站，被誉为“中国发展速度最快的综合类电子商务网站”。“1号店”采用不同的经营模式，优势互补，实现最优盈利模式。打造供应链壁垒，解决快速消费品保质期、易破损、形状不规则等难题，通过自主开发的仓储管理、配送管理系统，实现自动订货、高效拣货、及时送货的快捷供应过程。“1号店”供应链信息技术总监杨平认为，电商企业在设计信息系统时最关心的是：海量信息的处理能力；系统对整个物流管理与运作流程上各个环节的支持；系统性能；灵活性。“1号店”供应链管理解决方案的优势在于：

企业信息系统——全程电子商务解决方案。

配送中心运作——海量品类仓储管理服务，严格把控各环节效率，树立现代化电子商务仓储标杆。

配送——“最后一公里”服务是整个城市配送的关键。高效，准时，微笑使得“1号店”的配送受到了广大顾客的一致认可。

采购物流——建立上门取货服务，省却商家送货烦恼。

物流信息——协同作业平台。

中国移动通信电子商务运营事业部赵刚认为，要实现完美订单——以最低的成本将正确数量的正确产品在正确的时间送达正确的地点，并保证质量和状态完好，需要在客户与电商之间建立一座桥梁，跨越各种浪费和瓶颈汇集而成的河流，提供仓储运作效率，实现完美订单，我们称这座桥梁为“物流桥”。“物流桥”是将精益、六西格玛、物流理论方法有机组合起来解决物流问题的方法论，“物流桥”有三个原则：物流流动——资产流动、信息流动、财务流动；物流能力——可预见性、稳定性、可视性；物流纪律——协作、系统优化、消除浪费。

任务要求

试以某一熟悉的组织为例讨论组织变革的重要意义。

知识准备

组织变革指组织根据其外部环境的变化和内部情况的变动，及时地变动自己的内在结构，以适应客观发展的需要。企业的发展离不开组织变革，内外部环境的变化，企业资源的不断整合与变动，都给企业带来了机遇与挑战，这就要求企业关注组织变革。

一、组织变革的动因

图 3－10 为组织变革相关示意图。

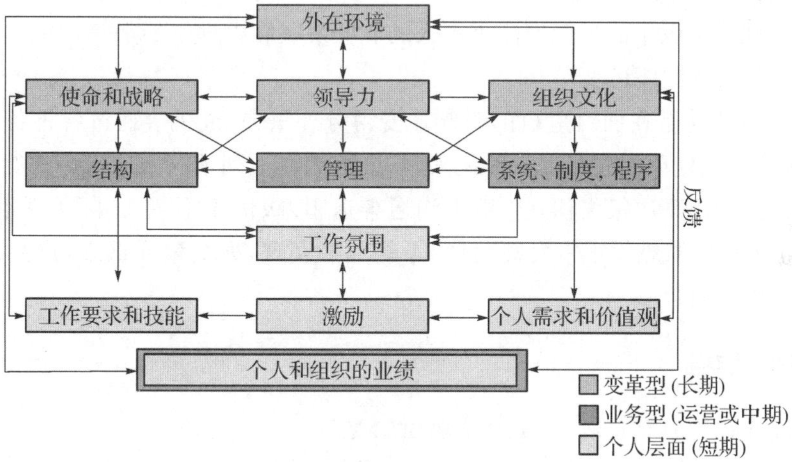

图 3－10　组织变革相关示意图

(一) 外部原因

1. 社会经济环境的变化

社会经济不断发展，人民生活水平不断提高，使得市场更为广阔，产品更新换代速度加快，加上工作自动化程度的提高等，均会迫使组织进行变革。社会经济环境还包括国家的经济政策、法规以及环境保护等。

2. 科学技术的发展

科学技术的迅速发展及其在组织中的应用，如新发明、新产品、自动化、信息化等，使得组织的结构、组织的运行要素等都产生了巨大变化，这些变化也会推动组织不断地进行变革。

3. 管理理论与实践的发展

管理的现代化、新的管理理论和管理实践，都要求组织变革过去的旧模式，对组织要素和组织运行过程的各个环节进行合理的协调和组织，从而对组织提出变革的要求。

(二) 内部原因

1. 组织目标的选择与修正

组织的目标并不是一成不变的，当组织目标在实施过程中与环境不协调时，需要对目标进行修正。

2. 组织结构与职能的调整和改变

组织会根据内、外环境的要求对自身的结构进行适时的调整与改变，如管理幅度和层次的重新划分、部门的重新组合、各部门工作的重新分配等。同时，组织在发展的过程中，亦会不断抛弃旧的不适用的职能并不断承担新的职能，如社会福利事业、防止公害、保护消费者权益等。这些均会促使组织进行不断的变革。

3. 组织员工的变化

随着组织的不断发展，组织内部员工的知识结构、心理需要以及价值观等都会发生相应的变化。现代组织中的员工更注重个人的职业发展和管理中的平等自主。组织员工的这些变化必将带动组织的变革。

组织变革往往是在面对危机的时候才变得分外重要，危机会通过各种各样的形式表现出来，成为组织变革的先兆。一般说来，一个组织在下列情况下应考虑进行变革：① 决策效率低或经常出现决策失误；② 组织沟通渠道阻塞、信息不灵、人际关系混乱、部门协调不力；③ 组织职能难以正常发挥，目标不能如期实现，人员素质低下，产品产量及质量下降等；④ 缺乏创新。

课堂小思考

企业处于以下哪种情况时，需要采取组织变革？

(1) 企业刚刚获得一个阶段性的胜利，心情大好时。

(2) 自身逐渐壮大，想要开拓新市场时。

(3) 企业自身已经感觉到矛盾初现端倪，比如内部混乱、权责不清等。

(4) 企业濒临倒闭，面对生死存亡的巨大考验时。

二、组织变革的内容

(一) 对人员的变革

人员的变革是指员工在态度、技能、期望、认知和行为上的改变。

(二) 对结构的变革

结构的变革包括权力关系、协调机制、集权程度、职务与工作再设计等其他结构参数的变化。

(三) 对技术与任务的变革

技术与任务的改变包括对作业流程与方法的重新设计、修正和组合，包括更换机器设备，采用新工艺、新技术和新方法等。

三、组织变革的类型

依据侧重点不同，组织变革分类如下。

（一）战略性变革

战略性变革是组织对其长期发展战略或使命所做的变革，如果组织决定进行业务收缩，就必须考虑如何剥离关联业务；如果组织决定进行战略扩张，就必须考虑购并的对象和方式，以及组织文化重构等问题。

（二）结构性变革

结构性变革是指组织需要根据环境的变化适时地对组织的结构进行变革，并重新在组织中进行权利和责任的分配，使组织变得更为柔性灵活，易于合作。

（三）流程主导性变革

流程主导性变革是指组织紧密围绕其关键目标和核心，充分应用现代信息技术对业务流程进行重新构造。这种变革对组织结构、组织文化、用户服务、质量、成本等各个方面产生重大的变革。

（四）以人为中心的组织变革

组织中人的因素最为重要，组织如若不能改变人的观念和态度，组织变革就无从谈起。以人为中心的变革是指组织必须通过对员工的培训、教育等引导，使他们能够在观念、态度和行为方面与组织保持一致。

案例分析 3－2

中外运的组织变革战略

2000 年，中外运是一个总部专业公司与地方综合公司分割并存的组织体系，下属公司上收以后，仍然分散独立经营，上下之间、地区之间都处于内部竞争的状态。针对这种状况，企业通过咨询和调研，提出了两个网络率先整合上市的重组方案。

首先，将各地区的空运公司分离出来，统一组合成一个全国性的网络公司，在国内上市融资。当时，各地方的空运公司是盈利能力最强的分支，重组整合的利益冲突很大，不仅要从企业文化上统一下属公司的思想；而且，要在重组中照顾各地方公司的眼前利益。后来，这一板块完成了重组，与外运敦豪等合资企业整合为外运发展股份公司，在 A 股市场成功上市。

其次，打破省公司的割据状态，从长江流域着手，整合大区物流网络，组合成一个更综合的物流网络公司，在香港联交所上市融资。当时，中外运的上海港、宁波港、大连港、青岛港都是业绩很好的龙头公司，各自形成了不同的大区物流体系，迫切需要打破分割，形成大区综合物流网。但是，这种整合不仅涉及省公司的利益，更大的难题是大区的内地公司负担过重,无效人员高达50%以上。后来,这一板块完成了重组,中外运6万人被减负到3万多人,新公司在香港上市,融资5亿多美元。按当时的战略构想,一旦这两个大网络在中国自成体系完成布局,中外运就能与国外大型物流公司形成战略性对接,建立全球性的物流网络,甚至还可以主动出击,收购兼并国外物流公司,建立由中外运主宰的全球性网络化物流公司。

案例分析
3-2解析

请问:案例中呈现出的组织变革的内容是哪些?属于那个类型的组织变革?

四、组织变革的过程

组织变革是一个过程。库尔特·勒温(Kurt Lewin)提出的三阶段理论模型是最具影响力的变革理论,该理论认为一个组织变革过程包括从解冻、变革到再冻结三个有计划的阶段,如图3-11所示。

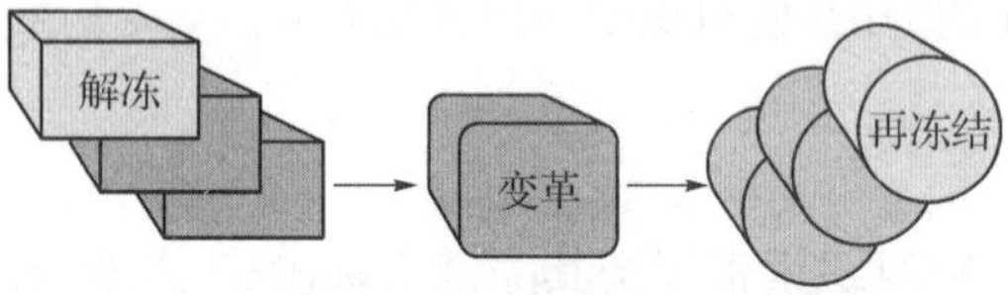

图3-11 变革过程

第一阶段:解冻。解冻意味着人们认识到,组织的某些状态是不适合的,因而有变革的需要。一般来说,如果没有特殊的情况,组织的原有状态是很难被改变的。只有当组织面临某种危机或紧张状况时,才有可能出现变革的要求。例如,一个企业销售额急剧下降,一个政府组织的社会支持率突然下降,这时,组织成员感觉到了危机形势,有了紧张感。人们开始认识到,组织目前的状况与应达到的状况之间存在较大差距,而且这种差距已严重影响到组织利益。这时,在组织中就会形成一种要求变革的呼声,人们开始认识到,按照原样继续下去已不可能。过去的规则和模式因而不再神圣不可侵犯。组织的管理人员不仅自己,也动员职工去寻求新的方法。原有的状态被打破,人们从既定的行为模式、思想观念和制度中解脱出来,准备进行变革。因此,解冻的过程总是伴随着对旧东西的批判,包括旧的习惯、行为、观念和制度,包括旧的人物及其评价,包括新人的出现等。正如毛泽东同志所说的:不破不立,破字当头。这是任何变革的首要一步。

第二阶段:变革。在认识到变革需要的基础上,改变是新的方案和措施的实施。这个阶段是以行动为特征的,即将新的观念、行为和制度模式在组织内推行,这种实施很可能是强制性的。其实施过程应该包括这样几个方面:

(1) 判定组织成员对新方式的赞成或反对情况,不同情况力量大小。

(2) 分析哪些力量可以变化,在什么程度改变,哪些力量必须要改变。

(3) 制定变革的策略,决定通过什么方式、在什么时间实施变革。

(4) 评估变革的结果,总结经验教训。

第三阶段:再冻结。在实施变革之后,再冻结是指将新的观念、行为和制度模式固定下来,使它们稳定在新的水平上,成为组织系统中一个较为固定的部分。尽管不存在绝对固定的东西,但相对稳定于组织来说是绝对必要的,否则组织的持续活动无法得到保证。再冻结的过程,除了组织在制度上采取措施外,另外一个重要的机制是“内在化”。所谓

"内在化"，是指将一些行为模式转变为职工个人的观念或信念的过程。组织变革的措施一般是由领导人推行的，对于职工来说，它们是外在的规定。当职工认为这些规定会给他们带来好处，并愿意自觉遵守时，这些外在规则就内化为自觉的行动。只有这时，某种变革才成为不可逆转，才算告一段落。

五、组织变革的阻力

组织变革中的阻力，指人们反对变革、阻挠变革甚至对抗变革的制约力。变革阻力的存在，意味着组织变革不可能一帆风顺，这就给变革管理者提出了更严峻的变革管理任务。

（一）组织变革阻力的主要来源

首先是个体和群体方面的阻力。个体对待组织变革的阻力，主要是因为其固有的工作和行为习惯难以改变、就业安全需要、经济收入变化、对未知状态的恐惧以及对变革的认识存有偏差等而引起。群体对变革的阻力，可能来自群体规范的束缚，群体中原有的人际关系可能因变革而受到改变和破坏等。

其次是来自组织层次的对组织变革的阻力。它包括现行组织结构的束缚、组织运行的惯性、变革对现有责权关系和资源分配格局所造成的破坏和威胁，以及追求稳定、安逸和确定性甚于革新和变化的保守型组织文化等，这些都是可能影响和制约组织变革的因素。

再次是外部环境的阻力。多数情况下这部分阻力相对于组织层次和个体方面的压力可以忽略不计。

（二）组织变革阻力的管理对策

组织变革过程是一个破旧立新的过程，自然会面临推动力与制约力相互交错和混合的状态。组织变革管理者的任务，就是要采取措施改变这两种力量的对比，促进变革更顺利进行。有实践表明，在不消除阻力的情况下增强驱动力，可能加剧组织中的紧张状态，从而无形中增强对变革的阻力；在增强驱动力的同时采取措施消除阻力，会更有利于加快变革的进程。具体措施如下。

1. 企业的人力资源要为组织变革服务

员工的个性与其对待变革的态度有着密切的关系，因此，企业在招聘的过程中，就应该引入心理测评，通过测评招聘一些有较强适应能力、敢于接受挑战的员工。其次，在组织变革的过程中，企业要加强对员工的培训，提高员工的知识水平和技能水平，使得企业的人力资源素质和企业变革同步推进。再次，在企业的日常经营过程中，企业应该树立一种团体主义的文化，培养员工对组织的归属感，形成一种愿意与企业同甘共苦的企业文化。

2. 加强与员工的沟通，让员工明白变革的意义

在变革实施之前，企业决策者应该营造一种危机感，让员工认识到变革的紧迫，让他们了解变革对组织、对自己的好处，并适时地提供有关变革的信息，澄清变革的各种谣言，为变革营造良好的氛围。在变革的实施过程中，要让员工理解变革的实施方案，并且要尽可能地听取员工的意见和建议，让员工参与到变革中来。与此同时，企业还应该时刻地关注员工的

心理变化,及时与员工交流,在适当的时候可以做出某种承诺,以消除员工的心理顾虑。

3. 适当地运用激励手段

在组织变革的过程中适当运用激励手段,将达到意想不到的效果。一方面,企业可以在变革实施的过程中,提高员工的工资和福利待遇,使员工感受到变革的好处和希望。另一方面,企业可以对一些员工予以重用,以稳住关键员工,消除他们的顾虑,使他们安心地为企业工作。

4. 引入变革代言人

变革代言人即通常所谓的咨询顾问。在变革的过程中,一些员工认为变革的动机带有主观性质,他们认为变革是为了当局者能更好地谋取私利。还有一些员工认为变革发动者的能力有限,不能有效地实施变革。而引入变革代言人就能很好地解决上述问题。一方面,咨询顾问通常都是由一些外部专家所组成,他们的知识和能力不容置疑;另一方面,由于变革代言人来自第三方,通常能较为客观地认识企业所面临的问题,较为正确地找到解决的办法。

5. 运用力场分析法

力场分析法是勒温于1951年提出来的,他认为:变革是相反方向作用的各种力量一种能动的均衡状态,对于一项变革,企业中既存在变革的动力,又存在变革的阻力,人们应该通过分析变革的动力和阻力,找到变革的突破口。

6. 培植企业的精神领袖

在企业变革的过程中,如果企业有一位强力型领导者,相对而言,变革的阻力就会很小。由于企业的精神领袖通常具有卓越的人格魅力和非常优秀的工作业绩,因此由他们发动变革,变革的阻力就会很小。当然,客观而论,在企业中培植精神领袖并不一定是一件好事,但在组织变革的过程中确实能起到立竿见影的效果。

知识拓展

华为前人力资源副总裁谈华为组织变革的"三阶八步"

麦卡锡有句话——不要把大海给煮沸。这是一个前提认知,就是组织变革前,CEO一定要有全局意识、系统思考,但推进时还需要把握章法节奏。华为在组织变革过程中有一个叫"三阶八步"的方法论(见图3-12)。

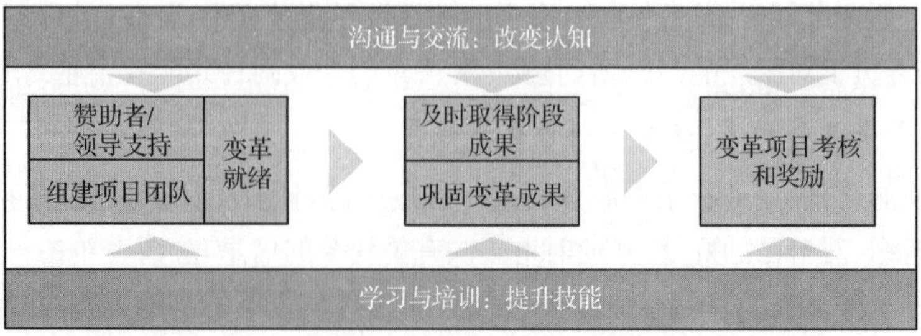

图3-12 "三阶八步"法

变革的时候，我们往往先看这张图中间的“硬体”。一般来说，组织变革的老大是谁？必须是CEO。业务发展的老大也是组织变革的老大。在华为就是任正非，一个精神领袖，再加一个执行配合的孙亚芳就是“左非右芳”；CEO要和顾问一起组建项目组，把准备做好。这是第一阶段准备阶段的三个动作：① 领导支持；② 组建项目团队；③ 变革就绪。

变革一旦启动，就要保证在3～6个月之内必须有可见的短期绩效，如果超过6个月没有短期可见的阶段性成效，变革大多都会失败。因为大家的耐心是有限度的。人都有惯性，组织也是，所以在变革过程中要先有初步战果，再不断巩固战果。所以，这是第二阶段实施阶段的两个动作：④ 及时取得阶段成果；⑤ 巩固变革成果。

最后，这个变革过程无论做得好还是不好，都必须要有评价。如果做得好，要给予奖励，如果做得不好，要适当惩戒。这是第三阶段评估阶段的一个动作：⑥ 变革项目考核和奖励。

上面六个就是变革中的“硬体”部分，但是这还不是最核心的，很多企业请咨询公司做组织变革，结果失败很有可能就是因为只采取硬套路。

为了达到立竿见影的效果，大多数企业少了或轻视了2个关键的“软体”：① 通过深度沟通和交流改变认知；② 通过学习和培训提升技能。这两者需要贯穿变革过程的始终。成年人很不容易被改变，所以要通过深度的沟通和交流去改变对方的认知。第二是通过学习和培训来升级技能，企业发展要求你掌握新工具、新方法，因为原来“老牛拉车”的套路不对了。这两个工作都是“软性”的，但是中国企业做变革的时候特别喜欢“霸王硬上弓”：流程不行，改流程；制度不行，改制度。这样不对，你要把“软”的工作、“人”的工作看作是第一重要的。这个“人”的工作其实有两层，一层是企业家本人，就是看老大有没有变革的决心和毅力；但是光有老大不行，所有的变革都需要牵扯到中高管理层。比如企业营销体系变更的时候，营销老大如果没有变革的认知，这就没法玩儿了。所以，要改变中高管理层。当年IBM帮华为做组织变革的时候，任正非就说了这么一句话：“谁和华为的变革过不去，我就跟谁过不去。”

一定要做好变革前的思想共识。它不一定是完全达成共识，但是你土松得越好，你的变革就越容易推动。要有充分的讨论和意见发表环节，但最后的决策由CEO拍板，并确保在重重阻力下坚定不移地执行。

（摘自微信公众号湖畔：《为什么华为的组织变革总能成功》）

任务3 人力资源管理

任务情境

多伦多的丰业银行是加拿大第三大银行，在全球范围内提供小额银行存放业务、公司业务、投资等服务。丰业银行在国内有950多个分支机构，在国外有75个办事处，如中国、越南、马来西亚、埃及、英国、萨尔瓦多、墨西哥、智力和美国等45个国家。2005年年末，银行的总资产将近2 660亿美元，并超额完成了全年所有重要的财务目标。与2004年相比，净资产上升了10%，同时每股收益增加了11.7%。虽然丰业银行的员工超过了5万，但是总裁兼CEO里克・沃担心在接下来的5～10年中会有大量员工离职。他预计在那段时间中，公司一般的高级经理人，包括副总裁和其他高层管理者，将会退休。

管理人力资源以使组织在适当的时候、适当的地点具备适当的人选常被认为是人力资源管理的一个重要作用。但是，沃认为那还不够。正如他在加拿大国家领导人峰会的商务会议委员会上告诉与会者的，“高层管理者应当承担起发展领导的责任，虽然人力资源能够也确实在促进这一过程中起了重要作用，但是这应当由当前的领导人来完成。”

沃也想使丰业银行员工的全部潜能得到利用。例如，虽然丰业银行管理层的员工中妇女占50%，但是决策层中少得多。沃将与高级经理人合作，确保更具胜任能力的妇女获得进入高层管理的机会。

任务要求

如果你处于里克・沃的地位，你觉得他该怎么做以确保丰业银行拥有高素质的员工；当其他人退休时，有足够的人选来填补重要的管理职位。

知识准备

一、人力资源的内涵

（一）人力资源管理概念

人力资源管理(Human Resources Management)是指根据企业发展战略的要求，有计划地对人力资源进行合理配置，通过对企业中员工的招聘、培训、使用、考核、激励、调整等一系列过程，调动员工的积极性，发挥员工的潜能，为企业创造价值，确保企业战略目标的实现。人力资源管理是企业的一系列人力资源政策以及相应的管理活动。这些活动主要包括企业人力资源战略的制定，员工的招募与选拔，培训与开发，绩效管理，薪酬管理，员工流动管理，员工关系管理，员工安全与健康管理等(见图3-13)。即企业运用现代管理方法，对人力资源的获取(选人)、开发(育人)、保持(留人)和利用(用人)等方面所进行的计划、组织、指挥、控制和协调等一系列活动，最终达到实现企业发展目标的一种管理行为。

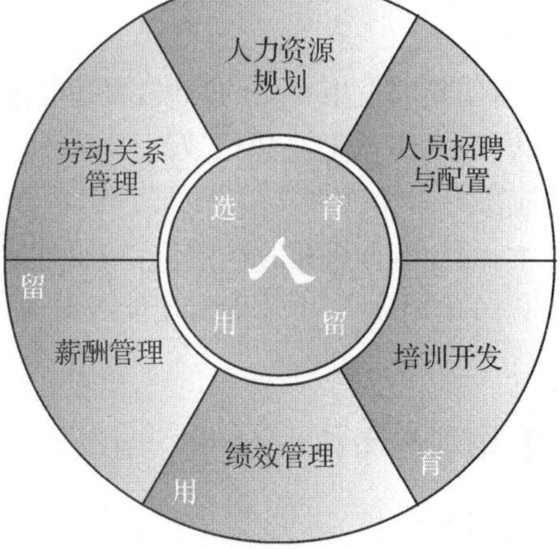

图 3－13 人力资源管理的组成

（二）人力资源管理的基本原则

人力资源管理就是要做到人尽其才，才尽其用，人事相宜，最大限度地发挥人力资源的作用。但是，对于如何实现科学合理的配置，这是人力资源管理长期以来亟待解决的一个重要问题。怎样才能对企业人力资源进行有效合理的配置呢？必须遵循如下的原则。

1. 能级对应原则

合理的人力资源配置应使人力资源的整体功能强化，使人的能力与岗位要求相对应。企业岗位有层次和种类之分，它们占据着不同的位置，处于不同的能级水平。每个人也都具有不同水平的能力，在纵向上处于不同的能级位置。岗位人员的配置，应做到能级对应，就是说每一个人所具有的能级水平与所处的层次和岗位的能级要求相对应。

2. 优势定位原则

人的发展受先天素质的影响，更受后天实践的制约。后天形成的能力不仅与本人的努力程度有关，也与实践的环境有关，因此人的能力的发展是不平衡的，其个性也是多样化的。每个人都有自己的长处和短处，有其总体的能级水准，同时也有自己的专业特长及工作爱好。优势定位内容有两个方面：一是指人自身应根据自己的优势和岗位的要求，选择最有利于发挥自己优势的岗位；二是指管理者也应据此将人安置到最有利于发挥其优势的岗位上。

3. 激励强化的原则

激发员工动机，调动人的主观能动性，强化期望行为，从而显著地提高劳动生产效率。

4. 弹性冗余原则

弹性一般都有一个“弹性度”，超过这个“度”，弹性就要丧失。人力资源管理也是一样。职工的劳动强度、工作时间、工作定额都有一定的“度”，任何超过这个“度”的管理，会使员工身心交瘁，疲惫不堪，精神萎靡。弹性冗余原则强调在充分发挥和调动人力资源的能力、动力、潜力的基础上，主张松紧合理、张弛有度，使人们更有效、更健康地开展工作。

5. **动态调节、系统优化原则**

动态原则是指当人员或岗位要求发生变化的时候，要适时地对人员配备进行调整，以保证始终使合适的人工作在合适的岗位上。岗位或岗位要求是在不断变化的，人也是在不断变化的，人对岗位的适应也有一个实践与认识的过程，由于种种原因，使得能级不对应、用非所长等情形时常发生。因此，如果搞一次定位，一职定终身，既会影响工作又不利于人的成长。只有在不断调整的动态过程中才能实现能级对应、优势定位，进而达到整体绩效最优，实现系统优化。

二、人力资源的招聘、培训与考核

任务情境

难产的招聘方案

分公司新上一条新产品的生产线，总公司授权分公司在总公司下达的计划内自行招聘新员工。杨经理会同人事主管研究新员工招聘问题。

杨经理要求人事主管，要做好这项工作，必须有一个详细的招聘工作方案。招多少人，要什么条件的，招聘要遵循哪些原则与程序，有哪些实际工作要做，都要在认真研究的基础上详细列出。

杨经理提出，该生产线技术含量较高，操作比较复杂，不经过一定的岗前培训是无法胜任的。因此，招聘后如何进行培训是一个非常重要的问题，要求人事主管尽快落实。

很快，人事主管就拿出招聘方案。杨经理看完后，很不满意，觉得有许多问题在方案中都没有说清楚，特别是不具有操作性。可是这位人事主管又是刚接手这项工作，缺乏这方面的经验，面对经理提出的问题，尽管经过几次认真修改，仍未达到要求。由于时间紧迫，杨经理决定亲自帮助人事主管研究制定这几个方案。

对于招聘员工的数量、条件等基本问题，杨经理与人事主管已基本商定了。但是，对于招聘的原则、操作要领、工作实务，以及培训的内容、方式等问题，还没能够理清思路。他们两个人现在正在经理办公室里反复研究，以求能够尽快制定出科学有效的新员工招聘与培训工作方案。

任务要求

(1) 你认为员工招聘计划或方案应包括哪些内容？

(2) 你能帮助杨经理提出选拔人才的标准吗？

(3) 人员招聘应采取哪几个步骤？

(4) 你知道员工培训的内容与步骤吗？

知识准备

组织结构建立起来之后，就要选拔与配置人员，并进行人员培训与管理，以确保正常的组织活动的开展。

（一）人才的招聘

1. 员工招聘计划与甄选

所谓招聘，就是通过各种信息途径，寻找和确定工作候选人，以充足的数量和质量来满足组织的人力资源需求的过程。

（1）员工招聘计划。企业通常要制定中长期人力资源发展规划。这是确定具体招聘计划的重要依据。一定时期招聘计划的制订，最重要的有两个步骤：一是评估现有的人力资源状况；二是评估未来的人力资源需求，从而确定所要招聘员工的数量、种类与质量。主要内容应包括现状评估、未来需求；招聘数量、种类、质量与来源；招聘程序、方法、组织等。

（2）员工甄选。招聘的核心过程是甄选。甄选是对应聘者是否符合组织招聘要求，是否能够胜任工作的鉴别、评价过程。甄选的方法通常有审阅申请表、考试、绩效模拟测试、面试等。甄选的科学性和可靠性在相当大程度上取决于甄选方法的信度和效度。

① 信度。甄选所采用的方法首先必须是可信任的，即信度高。信度是指运用某一甄选方法对同一对象测度结果的一致性程度。这一指标反映的是甄选方法本身的可靠程度，如被测试者分数稳定，说明方法可靠，测试结果才更可信。

② 效度。甄选所采用的方法不但可靠，而且有效，即效度高。效度是指甄选方法与工作标准之间的相关程度。这一指标反映的是甄选方法的有效程度，如所测试的方法与要求与所要测度联系不大，说明这种方法及其结果就是无效的。

2. 人才招聘步骤

人才招聘的基本工作包括确定需要、编制计划、实施选聘、上岗培训等工作。选聘的具体步骤如下：

（1）初次面试。初次面试多半是根据招聘的一些标准与条件来进行筛选，淘汰掉明显不符合职务要求的应聘者。

（2）审查申请表。审查申请表的目的是为了帮助招聘人员对应聘者有基本了解，并根据其条件，决定是否有必要对其进行进一步考核。一般来说，申请表的内容包括姓名、年龄、性别、家庭情况、受教育情况、特长、简历等。在申请表的具体编排上，应依据企业及职务的要求而定，尽量做到与职务密切相关。同时，在用词上也应做到清晰明了，应使招聘者通过申请人所填的具体内容即可做出有效的初步判断。

（3）录用面试。面试的目的是进一步获取应聘者的信息，在初次面试和审查申请表的基础上，加深对应聘者的认识，有助于对应聘者合格与否做出判断。同时，计划得当的面试还可以达到使应聘者了解企业和宣传企业形象的目的。

（4）测试。测试是运用系统的、统一的标准及科学的规范化的工具，对不同人员的各种素质加以公正而客观的评价。它是选聘过程中重要的辅助手段，特别是对于那些其他手段无法确定的个人素质，如能力、个性特征、实际技能等更为有效。最常用的测验包括智力测验、知识测验、个性测验和兴趣测验等。

(5) 人才评价。这是为招聘重要管理职位或高技能岗位人才而采用的方式。即让候验选人参加一系列管理情景模拟活动，让评价人员观察和分析受试者在一个典型的管理环境中如何运作，以考察其实际管理技能或技术技能。例如，选拔管理者可采用"公文处理模拟测试""无领导小组讨论"和"企业决策模拟竞赛"等方式。参加评估的人员是评估专家和经过培训的企业管理者，一般由待选聘岗位的顶头上司参与，并由评估小组集体讨论做出最后结论评估，作为上级审批人员聘任的依据。

(6) 新员工上岗培训。上岗培训，一方面包括向新员工介绍企业情况、企业的职能、任务和人员等情况；另一方面是使新管理人员适应工作，包括学习工作所需要的知识和能力，执行任务采取的合适态度，以适应本单位的准则和价值观念。

(二) 员工培训与发展

1. 员工培训计划与实施

(1) 制订培训计划的依据。培训计划的具体内容主要根据以下三个因素来确定：① 组织本身的要求，即根据组织的宗旨、目标与所处的环境等因素确定培训的内容与安排。② 企业经营任务和工作岗位的要求，即可以根据工作的具体内容和市场与技术未来发展需要等因素来选择培训的内容与方法。③ 根据受培训者的工作表现与能力及其自身发展需要等因素选择培训内容、培训时间与方法等。

(2) 培训计划制订的内容与过程。员工培训作为一项具有战略性意义的重要工作必须有周密的计划和精心的组织。① 培训计划的主要内容包括培训目的、培训对象、培训时间、课程内容、师资来源、实施进度和培训经费等项目。② 制订培训计划的程序：组织培训需求调研，可以采用分发培训需求调查表等方式征求相关员工意见；根据需求确定组织的需要与目标，由人力资源管理部门拟订培训草案，将培训草案上报上一级主管审定，即可组织实施。

(3) 培训计划的实施。① 落实培训所需资源与条件，如场所、时间、员工(含学教双方)等，确保严格执行培训计划。② 加强日常管理，建立并严格执行培训制度与秩序。③ 注重对员工的有效激励，使其明确培训目的，增强学习兴趣，并尽可能采用自主管理的方式，提高学习效果。④ 加强培训的考核与评估。既包括对每位学员的学习成绩的评估，又包括对整个培训过程的效果评估；既要注意培训过程评估，又要注意培训结果评估。

2. 员工培训的内容与方式

(1) 员工培训的基本内容。企业对各级、各类员工的素质、能力要求不同，故其具体培训内容也不同。但培训的基本内容不外乎三个部分：思想觉悟与职业道德；技术与业务理论知识；技术与业务能力。如果是对管理者进行培训，那么技术与业务理论知识、技术与业务能力的培训中均应包括管理的理论与技能。

(2) 员工培训的方式。员工培训主要包括以下方式与方法：① 岗前培训。员工上岗前，必须接受系统的培训。主要培训内容包括生产技术规程与标准、安全生产规范、企业规章制度、职业道德等。具体培训方法：讲授法，邀请企业内外培训师进行较为系统的知识生产、技术、经营、管理等知识与规范的讲授讨论法，围绕某个专题，组织员工进行研究讨论；模拟法，运用角色扮演、情景剧等方式模拟实际生产与管理活动。② 在岗辅导。在完成工作任务的过程中，由管理者或有经验的师傅进行各种形式的辅导。③ 岗位练兵。即在生产经营过程中，边干边学，不断学习新知识、新技术，提高技术操作的熟练程度。④ 集中培训。企业根据发展的需要或引进新设备、新技术的需要，组织员工进行集中性的培训。⑤ 脱产进修。为培养技术骨干，企业将员工送到专门的学校或培训班进行系统学习进修。⑥ 网络培训。这是一种利用计算机网络信息进行培训的方式。这种方式信息量大，新知识、新观念传递快，且适合分散式学习，节省学员集中培训的时间与费用，优势明显，更适合员工培训。⑦ 技术考核与晋级。通过技术考核与晋级，可以调动员工通过自学自练、提高技术水平的积极性，会有力地促进员工技术水平的提高。

(3) 促进员工的全面发展及途径。

促进员工的全面发展是一切社会组织的最根本性任务。以人为本的时代背景下，每个组织在实现本组织宗旨和完成生产经营任务的同时，都必须高度重视本组织成员的全面发展问题，并将其列入重要的管理目标，下功夫抓出成效。为促进员工全面发展，组织要尽可能做到：① 尊重员工的主人翁地位，尊重员工的政治权利，充分发挥其议政和参与管理的积极作用。② 鼓励员工的首创精神，支持他们在工作中的改革与创新，满足其成就事业、自我实现的需要。③ 建立终身学习的体系，提供员工学习理论与技术的必要件，鼓励他们技术与业务上的进步，促进其自身素质的不断提高。④ 尊重员工的个性，鼓励员工健康的个性发展和人格的自我完善。⑤ 满足员工的各种社会心理需要，创造和谐的人际环境，在组织中建立健康、向上、团结、融洽的团体氛围。⑥ 在完成工作任务的同时，关心并促进员工的身心健康。⑦ 要利用本组织的各种有利条件使本组织的成员有高质量的、愉悦的社会生活，使他们不但是“工作的人”，而且还成为“幸福的人”。⑧ 树立组织成员的社会责任意识，使他们成为自觉维护社会公德、承担社会义务的高素质的社会成员。

(三) 员工考核

1. 员工考核的含义与作用

(1) 员工考核的含义。员工考核是指按照一定的标准，采用科学的方法，衡量与评定员工完成岗位职责任务的能力与效果的管理方法。

(2) 员工考核的目的。对员工进行考核，从管理者的角度看，主要目的是发掘与有效利用员工的能力，对员工给予公正的评价与待遇(包括奖惩与职务升降等)。

(3) 员工考核的作用。有利于评价监督和促进员工的工作，有明显的激励作用；为确定员工的劳动报酬与其他待遇提供科学依据；为个人认识自我、组织进行考核、促进员工的全面发展创造条件；有利于管理者了解下属，以便进行合理的岗位调整及职务晋升。

2. 员工考核内容

绩效考核包括两大部分：

(1) 业绩考核。即从事业务技术工作所要求具备的专业理论水平与实际能力、在工作过程中的实际成绩与效果。这是最重要的考核内容，是确定对其评价、奖酬、使用的最基本的依据。

(2) 行为考核。考核员工的思想觉悟与职业道德、员工主观上的工作积极性和工作态度，包括在工作中表现出来的热情与干劲。员工的工作态度对工作的成果与贡献具有十分重要的意义。考核工作态度，主要包括积极性、责任感、纪律性和协调性等。

3. 绩效考核的程序

绩效考核的程序一般可分为"横向程序"和"纵向程序"两种。

(1) 横向程序是指按考核工作先后顺序形成的考核过程，主要有以下环节：

第一，制定考核标准，这是考核时为避免主观随意性而不可缺少的前提条件。考核标准必须以职务分析中制定的岗位职务职责要求与职务规范为依据，因为那是对员工应尽职责的正式要求。

第二，实施考核，是对员工的工作绩效进行考核、测定和记录。

第三，考核结果的分析与评定。考核记录需与既定标准进行对照来做分析与评判，从而获得考核结论。

第四，结果反馈与实施纠正。考核的结论通常应告知被考核员工，使其了解组织对自己的看法与评价，从而发扬优点，克服缺点。另一方面，还需对考核中发现的问题采取纠正措施。

(2) 纵向程序是指按组织层级进行考核的程序。考核一般是先对基层考核，再对中层考核，最后对高层考核，形成由下而上的过程。

第一，以基层为起点，由基层部门的领导对其直属下级进行考绩。考核分析的单元包括员工个人的工作行为、工作效果，也包括影响其行为的个人特征及品质。

第二，基层考核之后，则会上升到中层部门的层次进行考核，内容既包括中层部门的个人工作行为与特性，也包括该部门总体的工作绩效。

第三，待逐级上升到公司领导层时，再由公司所隶属的上级机构(或董事会)，对公司这一经营最高层次进行考核，其内容主要是经营效果方面硬指标的完成情况，如利润率、市场占有率等。

4. 员工考核的方法

(1) 实测法。即通过各种形式的实际测量进行考核的方法。例如，对员工进行生产技术技能的考核，常采用由员工现场作业，通过实际测量，进行技术测定、能力考核。

(2) 成绩记录法。即将取得的各项成绩记录下来，以最后累计的结果进行评价的方法。这是一种日常的、连续的、客观记录事实的方法。这种方法主要适用于能进行日常连续记录的生产经营活动或其他职能工作，如记录生产的数量、质量、进度等。

(3) 书面考试法。即通过各种书面考试的形式进行考核的方法。这种方法主要适用于对员工所掌握的理论知识进行测定。当然，也可进行某些能力的测定。

(4) 直观评估法。即根据被考核者的一些表现，由考核者直接做出评估的方法。这主要是依据对被考核者平日的接触与观察，由考核者凭主观判断进行评价的方法。这种方法简便易行，但易受考核者的主观好恶影响，科学性差。

(5) 情景模拟法。即设计特定情景，考察被考核者现场随机处置能力的一种方法。这种方法通常用于对管理者的考核中。先由考核者设计一段描述管理矛盾与冲突的管理案例或管理情景，由被考核者现场进行分析与处理，由考核者观察并进行评价。此法重点考察被考核者分析与处理问题的实际能力。

(6) 民主测评法。即由组织的成员集体打分评估的考核方法。一般采用问卷法进行。即由考核者事先设计问卷，按考核的项目设计问题；再由相关知情者以书面或口头的方式回答；最后由考核者进行统计整理的一种方法。对领导者的考核，通常按德、能、勤、绩四个方面设计项目，并按优秀、良好、称职、不称职分等做出评价。这种方法主要用于对领导干部的考核。

(7) 360 度考核法。360 度考核法是一种全方位反馈评价或多源反馈评价的方法。这一方法的运作要领是：① 考核主体应是与考核对象有着多方面接触、知情的相关者。主要包括上级、平级、下级、相关部门、外部顾客和专家，以及本人等。② 科学地设计问卷。360 度反馈评价一般采用问卷法。问卷的内容是与被考核者的工作情景密切相关的行为，以及比较共性的行为。问卷的形式分为两种：一种是封闭式模式，给考核者提供等级量表，由考核者分出等级；另一种是开放式模式，由考核者直接写出考核意见。③ 合理地确定权重，完成综合评价。所有考核者进行评估之后，要将其按照一定的权重，综合成一个综合评价结果，即为最后的考核结论。这其中各类员工评估的权重设计极为重要，将直接关系到考核结果的准确性与可靠性。一般其直接主管领导的意见应占较大的权重。

(8) 因素评分法。即通过对有关项目分别考核，再进行综合评价的一种考核方法。其思路为：将考核的有关项目具体分成评定要素，分类排列，并规定每一个项目的分数；然后，根据实际情况，对照标准，分别给各个项目打分；最后，将各项目的分数累加起来，以累分的形式综合表示出对被考核者的评价。这是一种广泛应用的方法，主要适用于对一些本身不可度量的最终产品、不好直接计量的工作的考核。

(四) 员工职业发展规划

1. 职业生涯规划设计与管理的意义

职业生涯是指一个人一生的工作经历，特别是职业、职位的变动及工作理想实现的整个过程，它是对个人职业发展的远景规划和资源配置。职业生涯的规划设计与管理，就是具体做出及实现个人合理的职业生涯计划。按照时间的长短来分类，职业生涯规划可分为人生规划、长期规划、中期规划与短期规划四种类型。

对于企业来说，职业生涯规划可以帮助自己更深地了解员工的兴趣，以使他能够感觉到自己是受到重视的人，从而发挥更大的作用；能使管理者和员工之间有时间充分接触和沟通，使得员工产生上进心，从而为企业的工作做出更大的贡献；是建立和完善人力资源管理体系的重要内容，并有助于企业或单位更有效地使用人才。因此，成功的职业生涯规划，将大大提升员工对企业的信赖度和忠诚度，提高成员的稳定性。

2. 影响职业生涯的因素

1）影响职业生涯的个人因素

（1）职业性向，即职业倾向、职业取向，是由美国职业指导专家约翰·霍兰德提出的。他认为，人格（包括价值观、动机、需要等）是决定一个人选择职业的重要因素。他发现了技能、研究、社交、事务、经营、艺术等六种基本的职业性向。

（2）能力，对企业员工而言，能力是指劳动能力，也就是运用各种资源从事生产、研究、经营活动的能力。能力包括体能、心理素质、智慧三个方面，这三个方面构成了一个人的综合能力，它是员工职业发展的基础，与员工个体发展水平呈正比。它对员工的个体发展提出了强烈的要求，又为个体发展的实现提供了可能的条件。

（3）职业锚。这一概念是美国麻省理工学院的埃德加·施恩教授提出的。他认为，职业计划实际上是一个持续探索的过程。在这一过程中，每个人都在根据自己的天资、能力、动机、需要、态度和价值观等慢慢形成较为明晰的与职业有关的自我概念。随着一个人对自己越来越了解，他会逐渐形成一个占主导地位的“职业锚”。职业锚实际上就是人们选择和发展自己的职业时所围绕的中心。施恩教授提出了五种职业锚：技术能力型职业锚、管理能力型职业锚、创造型职业锚、安全型职业锚、自主型职业锚。

（4）人生阶段。人是有生命周期的，美国著名人力资源管理专家加里·德斯勒教授把人生分为成长阶段、探索阶段、确立阶段、维持阶段和下降阶段。在不同的人生阶段，人们的生理特征、心理素质、智慧水平、社会负担、主要任务等都不相同，这就决定了在不同阶段，其职业发展的重点和内容也是不同的。

2）影响职业生涯的环境因素

（1）社会因素，包括经济发展水平、社会文化环境、政治制度和氛围。

（2）企业环境因素，包括企业文化、管理制度、领导者素质和价值观。

3. 职业生涯规划设计与管理的步骤

1）职业生涯诊断

职业生涯诊断能帮助员工真正地了解自己，并且进一步评估内外环境的优势、劣势，在“衡外情，量己力”的情形下，设计出合理且可行的职业生涯规划。只有将自身因素和社会条件进行最大限度的契合，才能在现实中趋利避害，使职业生涯规划更具实际意义。职业生涯诊断的内容包括以下几个方面：

（1）自我分析，包括个人部分的个人健康、自我充实和休闲管理，事业部分的财富所得、社会阶层和自我实现，家庭部分的生活品质、家庭关系和家人健康。

（2）环境分析，主要指友伴条件、行业条件、企业条件、地区条件和社会。

（3）关键成就因素分析，主要指人脉（家庭关系、姻亲关系、同事学关系、社会关系）、金脉（薪资所得、有价证券、基金、财产、信用等）、知脉（知识力、技术力、咨询力、预测力、企划力等）。

(4) 关键问题分析，主要指问题发生的领域、问题的难度和自己与组织的相互配合情况。

2) 确定职业生涯发展目标和成功标准

(1) 确定职业发展周期。每个人的职业发展都要经过几个阶段，需要依据职业发展周期调整个人的知识水平和职业偏好。尽管从原则上可以把个人的职业发展周期分为五个阶段(见表 3-2)，但并不是每个人的职业发展周期都是一样的，每个人都会有自己的特点。

表 3-2　职业发展周期表

1. 成长阶段	成长阶段大体上可以界定为从一个人出生到 14 岁这一年龄段。在这一阶段，个人通过对家庭成员、朋友以及老师的认同及与他们之间的相互作用，逐渐建立自我的概念。在这一阶段的开始时期，角色扮演是极为重要的。在这一时期，儿童将尝试各种不同的行为方式，这使他们了解到如何对不同的行为做出反应，并且帮助他们建立起一个独特的自我概念或个性。到这一阶段结束的时候，进入青春期的青少年(人在这个时候已经形成了对他们的兴趣和能力的某些基本看法)就开始对各种可供选择的职业进行带有某种现实性的思考了
2. 探索阶段	探索阶段发生在一个人 15～24 岁这一年龄段。在这一阶段，个人将认真地探索各种可能的职业选择。他们试图将自己的职业选择与他们对职业的了解以及通过学校教育、休闲活动和业余工作等途径所获得的个人兴趣和能力匹配起来。这一阶段开始的时候，他们往往会做出一些带有试验性质的较为宽泛的职业选择。随着个人对所选择的职业以及对自我的进一步了解，他们的这种最初选择在然往会被重新界定。到这一阶段结束的时候，一个看上去比较恰当的职业就已经选定，他们也已经做好了开始工作的准备
3. 确立阶段	确立阶段发生在一个人的 25～44 岁这一年龄段，是大多数人工作生命周期中的核心部分。有些时候，个人在这一阶段(通常是希望在这一阶段的早期)能够找到合适的职业并随之全力以赴地投入有助于自己在此职业中取得永久发展的各种活动之中。人们通常愿意(尤其是在专业领域)早早地就将自己锁定在一个选定的职业上。然而，在大多数情况下，在这一阶段人们仍然在不断地尝试与自己最初的职业选择所不同的各种选择和理想
4. 维持阶段	到了 45～65 岁这一年龄段，许多人就很简单地进入了维持阶段。在这一职业发展的后期阶段，人们一般都已经在自己的工作领域中为自己创立了一席之地，因而他们的大多数精力就主要放在保有这一位置上
5. 下降阶段	当退休临近的时候，人们不得不面临职业生涯中的下降阶段。在这一阶段，许多人不得不面临这样一种前景：接受权力和责任减少的现实，学会接受一种新角色，学会成为年轻人的良师益友。接下来，就是几乎每个人都不可避免地要面对的退休。这时，人们所面临的选择就是如何去打发原来用在工作上的时间

(2) 确定职业生涯发展目标——职业性向。有 6 种基本的人格性向决定了个人如何选择职业。这些性向越相似，一个人在选择职业时面临的内在冲突和犹豫就越少。

(3) 确定职业生涯成功标准——职业锚。从职业锚可以判断员工达到职业成功的标准(见表 3-3)。

3-3　职业锚类型及评价

职业锚类型	1. 技术能力型职业锚。以技术能力为锚位的员工，有特有的职业工作追求、需要和价值观，表现出如下特征：强调实际技术或某项职能业务工作。技术能力型职业锚的员工热爱自己的专业技术或职能工作，注重个人专业技能发展，多从事工程技术、营销、财务分析、系统分析、企业计划等工作
	2. 管理能力型职业锚。其呈现如下特点：愿意担负管理责任，且责任越大越好。这是管理能力型职业锚员工追逐的目标。与不喜欢甚至惧怕全面管理的技术能力型职业锚的员工不同，他们倾心于全面管理，掌握更大权力，肩负更大责任、具体的技术工作或职能工作仅仅被看作通向更高、更全面的管理层的必经之路；他们从事一个或几个技术职能区工作，只是为了更好地展现自己的能力，是掌握专职管理权之必需
	3. 创造型职业锚。这是定位很独特的一种职业锚。在某种程度上，创造型职业锚同其他类型的职业锚有重叠。追求创造型职业锚的员工要求有自主权、管理能力，能施展自己的才干。但是，这些不是他们的主要动机和价值观，创造才是他们的主要动机和价值观
	4. 安全型职业锚，又被称作稳定型职业锚。其特征如下：职业的稳定和安全，是这一类职业锚员工的追求、驱动力和价值观。他们的安全取向主要分为两类：一类是追求职业安全，稳定源和安全源主要是获得一个安定组织中稳定的成员资格，如大公司组织安全性高，做其成员稳定系数高；另一类是注重情感的安全团队稳定，包括一种定居方式，使家庭稳定和使自己融入团队
	5. 自主型职业锚，又被称作独立型职业锚。其特点是：最大限度地摆脱组织约束，追求能施展个人职业能力的工作环境。自主型职业锚的员工认为，组织生活限制人，是非理性的，甚至侵犯个人隐私。他们追求自由自在、不受约束或少受约束的工作生活环境
职业锚评价	1. 你在高中时期主要对哪些领域比较感兴趣(如果有的话)？为什么会对这些领域感兴趣？你对这些领域的感受是怎样的
	2. 你在大学时期主要要对哪些领域比较感兴趣(如果有的话)？为什么会对这些领域感兴趣？你对这些领域的感受是怎样的
	3. 你毕业之后所从事的第一种工作是什么？你期望从这种工作中得到些什么
	4. 当你开始自己的职业生涯的时候，你的抱负或长期目标是什么？这种抱负或长期目标是否曾经出现过变化？如果是，那么是在什么时候？为什么会变化
	5. 你第一次换工作或换公司的情况是怎样的？你指望下一个工作能给你带来什么
	6. 你后来换工作、换公司或换职业的情况是怎样的？你为什么会做出变动决定？你所追求的是什么？(请根据你每一次更换工作、公司或职业的情况回答这几个问题)
	7. 当你回首自己的职业经历时，你觉得最令自己感到愉快的是哪些时候？你认为这些时候的什么东西最令你感到愉快
	8. 当你回顾自己的职业经历时，你觉得最让自己感到不愉快的是哪些时候？你认为这些时候的什么东西最令你感到不愉快
	9. 你是否经拒绝过从事某种工作的机会或晋升机会，为什么
	10. 现在请你仔细检查自己的所有答案，并认真阅读以上关于5种职业锚(技术能力型、管理能力型、创造型、安全型、自主型)的描述。根据你对上述这些问题的回答，分别给每一种职业锚赋予1～5之间的某一分数，其中1代表重要性最低，5代表重要性最高

3）确定职业生涯发展策略

确定职业生涯发展策略应把握四条原则：择己所爱、择己所能、择己所利、择世所需。

职业生涯的发展途径分为组织内部发展和组织外部发展两条：

（1）组织内部发展。组织内部发展基本上有三个方向：

① 纵向发展，即员工职务等级由低级到高级的提升。

② 横向发展，即在同一层次不同职务之间调动，如由部门经理调到办公室任主任，此种横向发展可以发现员工的最佳发挥点，同时可以使员工自己积累各个方面的经验，为以后的发展创造更加有利的条件。

③ 向核心方向发展，虽然职务没有晋升，但是担负了更多的责任，有了更多的机会参加各种决策活动。

以上这几种发展都意味着个人发展的机会，也会不同程度地满足员工的发展需求。

（2）组织外部发展。确定外部发展的时机时应思考新的工作单位和新的职业发展机会是什么，如何进行角色转换等。

4）职业生涯实施管理

（1）职业生涯发展方案。确定了职业生涯发展策略之后，行动成为关键。职业生涯发展方案通过准备一套周密的行动计划，并辅以考核措施以确保预期目标实现。考虑到影响职业生涯规划的因素很多，对职业生涯设计的评估与修订就很有必要。

（2）职业生涯发展文件。职业生涯发展文件就是个人职业发展档案，它是一种极为有效的职业生涯匹配人力资源开发的方法。职业生涯发展文件的主要内容包括个人情况、现在的行为、未来的发展（见表 3－4）。

表 3－4　员工职业生涯发展档案内容

个人情况	A. 个人简历	包括个人的生日、出生地、部门、职务、现住址等
	B. 文化教育	初中以上校名、地点、入学时间，主修专业、课题等。所修课程是否拿到学历、取得的时间，在学校负责过何种社会活动等
	C. 培训经历	曾受过何种与工作有关的培训（是在校、业余还是在职培训）课题、形式、开始时间等
	D. 工作经历	按顺序填写你以前工作过的单位名称、工种、工作地点等
	E. 有成果的工作经历	填写你认为以前有成绩的工作是哪些，不要写现在的
	F. 以前的行为管理论述	填写你对工作的评价，以及关于行为管理的事情
	G. 评估小结	对档案里所列的情况进行自我评估
现在的行为	A. 现时工作情况	填写你现的工作岗位、岗位职责等
	B. 现时行为管理文档	填写你现在的行为管理文档记录，可以加一些注释
	C. 现时目标行为计划	设定一个目标，同时列出与此目标有关的专业、经历等。这个目标是有时限的，要考虑成本、时间、质量和数量。如果有什么问题，可以立刻同你的上司探讨解决

续 表

未来的发展	A. 职业目标	在今后的3～5年里,你准备在单位里做到什么位置
	B. 所需要的能力、知识	为了达到你的目标,你认为应该拥有哪些新的技术、技巧、能力和经验等
	C. 发展行动计划	为了获得这些能力、知识等,你准备采用哪些方法和实际行动,其中哪一种是最好、最有效的。谁对执行这些行动负责,什么时间能能完成
	D. 发展行动日志	填写发展行动计划的具体活动安排以及选用的培训方法,如听课、自学、所需日期、开始的时间、取得的成果等

总之,员工职业生涯规划是由员工、组织共同设计的,组织的职责主要是明确职业发展矩阵,为员工提供发展空间并给予培训支持;员工所在部门经理和直接主管主要是辅助员工制订发展计划和培训计划。尊重员工、尊重员工选择的发展方向、协助员工发展是组织进行员工职业生涯规划时应该恪守的信条。有了员工的卓越发展,才有组织目标的实现。员工职业生涯规划的最终目的就是要通过帮助员工确定个人职业发展目标,为员工提供在工作中提高职业素质的机会,实现组织的持续发展,达到组织目标,使组织发展目标与员工个人发展目标协调一致,建立组织与员工双赢的关系,进而结成利益乃至命运共同体。

巩固与提高

一、单选题

1. 组织规模一定时,管理层次和管理幅度呈(　　)关系。

A. 正比　　B. 指数　　C. 反比　　D. 相关

2. 我国政府中有人事、教育、科技、卫生等部门的设置,设置这些部门的基本标准和方法是(　　)。

A. 按职能设计　　B. 按行业设计

C. 按服务对象设计　　D. 按重要性设计

3. 某公司有96名作业人员,如果基层管理幅度为8,高层管理人员的管理幅度为3,则该公司的中层管理人员的管理幅度应该是(　　)。

A. 3　　B. 4　　C. 5　　D. 6

4. 组织中权力集中的优点具体表现为(　　)。

A. 形成政策和行动的一致性　　B. 有利于快速决策

C. 有利于激发下属的工作热情　　D. 决策更符合所在地的实情

5. 对于科研院所等研究项目较多、创新功能较强的组织或企业,以下哪一种组织形式最合适?(　　)。

A. 直线制　　B. 事业部制　　C. 矩阵制　　D. 职能制

6. 对于管理者的权利，最强大的一种是(　　)。

A. 制度权　　B. 个人影响权　　C. 强制权　　D. 专长权

7. 某企业总经理近来发现信息从基层传递到自己这里所花的时间很长，而且传递到自己这里的信息出现了很大程度的失真，对于整个企业计划的控制工作变得复杂了，下属许多管理人员抱怨自己在企业中的地位渺小。由此可以推断，该企业出现这种情况的组织方面的主要原因最可能在于(　　)。

A. 管理幅度较小，管理层次较多

B. 总经理的管理幅度太宽，以至于无法对企业进行有效管理

C. 总经理对企业的管理花费的精力太少

D. 企业员工不听从领导，工作不努力

8. 组织中主管人员监督管辖其直接下属的人数越是适当，就越是能够保证组织的有效运行，这是组织工作中(　　)的内容。

A. 目标统一原理　　B. 责权一致原理

C. 管理宽度原理　　D. 集权与分权相结合原理

9. 一家企业的组织精神是：团结、守纪、高效、创新，严格管理和团队协作是该厂两大特色，该厂规定，迟到一次罚款 20 元。一天，全市普降历史上少有的大雪，公交车像牛车一样爬行，结果当天全厂有 85%的职工迟到。遇到这种情况，你认为下列四种方案中哪一种对企业最有利？(　　)。

A. 一律扣罚 20 元，以维持厂纪的严肃性

B. 一律免罚 20 元，以体现工厂对职工的关心

C. 一律免罚 20 元，并宣布当天早下班 2 小时，以方便职工

D. 考虑情况特殊，每人少扣 10 元，即迟到者每人扣罚 10 元

10. 塑造组织文化时，应该注意(　　)。

A. 主要考虑社会要求和行业特点，和本组织的具体情况无关

B. 组织领导者的模范行为在组织文化的塑造中起到号召和导向作用

C. 组织文化主要靠自律，所以不需要建立制度

D. 组织文化一旦形成，就无须改变

二、多选题

1. 下列选项属于组织结构设计原则的是(　　)。

A. 有效管理幅度　　B. 集权与分权　　C. 统一指挥　　D. 专业分工协作

2. 组织进行组织结构设计时，常用的方法有(　　)。

A. 职能部门化　　B. 产品部门化　　C. 地区部门化　　D. 顾客部门化

3. 组织文化具有非常丰富的内容，其主要内容可概括为(　　)几个方面。

A. 组织哲学　　B. 组织精神　　C. 价值观念　　D. 组织形象

4. 组织的基本作用可以概括为(　　)两个方面。

A. 人力汇集作用　　B. 资源共享作用　　C. 人力放大作用　　D. 激励作用

5. 职位说明书是说明组织内部的某一特定职位的责任、义务、权力及其工作关系的书

面文件,包括(　　)。

A. 职位名称及素质能力要求　　B. 工作内容和工作关系

C. 职称级别　　D. 工资待遇

6. 下面关于组织精神的描述不正确的是(　　)。

A. 一般是在组织的发展历程中自发形成的

B. 其表述必须详细具体,保证每个人都充分理解

C. 折射出一个组织的整体素质和精神风格

D. 是组织文化的核心

7. 组织进行组织结构设计时,常用的方法有(　　)。

A. 职能部门化　　B. 产品部门化　　C. 地区部门化　　D. 顾客部门化

8. 矩阵组织的弱点有(　　)。

A. 稳定性较差　　B. 多头领导

C. 适应性不强　　D. 部门之间难以协调

9. 不同的组织有不同的组织手册,并且格式各不相同,但通常包括(　　)。

A. 部门的职责范围　　B. 部门的人员定编资料

C. 职务说明书和职务规范　　D. 组织和管理的原则

10. 影响员工职业生涯选择的个人因素主要有(　　)。

A. 个人心理特质　　B. 个人生理特质

C. 学历经历　　D. 组织特色

三、填空题

1. 一个管理者的管理幅度以多大为宜,至今尚无定论。有人认为高层领导者的有效管理幅度为________人,中层为________人,基层为________人以上。

2. 管理幅度同管理层次成________关系。管理幅度越________,管理层次就越________。

3. 组织结构图也称组织树,用图形表示组织的________________。

4. 分工与协作是________________的客观要求。

5. 组织设计的实质是对管理人员的管理劳动________。

6. 组织手册用于说明________________。

7. 任何一个组织,都有其特定的任务和目标,组织设计者的根本目的是为了________________________

8. 所谓集权就是________,所谓分权就是________。

9. 组织文化有着非常丰富的内容,其核心是________________。

10. 较为普遍的观点是三层次说,即把组织文化划分为三个层次,即________________________。

四、名词解释

1. 组织职能

2. 有效管理幅度
3. 组织设计
4. 职位说明书
5. 学习型组织
6. 学习力

五、简答题

1. 直线型组织结构和直线职能型组织结构各自的优缺点是什么？
2. 组织结构设计应坚持哪些原则？
3. 部门化设计有哪些方式？请详述。
4. 什么是网络型组织结构？
5. 组织的含义是什么？组织的作用是什么？

六、案例分析题

案例 1：法兰克公司的问题

法兰克公司是沈阳市一家中型企业，主要业务是为企业用户设计和制作商品目录手册，公司在开发区和市区内各设有一个业务中心，这里简称为 A 中心、B 中心。

A 中心内设有采购部和目录部。采购部的职责是接受用户的订单并选择和订购制作商品目录所需要的材料，目录部负责设计用户定制的商品目录。法兰克公司要求每个采购员都独立开展工作，目录部的设计人员则须服从采购员提出的要求。

法兰克公司的总部和 B 中心都设在市区。B 中心的职责是专门负责商品目录的制作。张亮是法兰克公司负责业务经营的主管，他经常听到设计人员抱怨自己受到的约束过大，从而无法实现艺术上的创新与完美。最近，张亮在听取有关人员的建议后，根据公司业务发展的需要，决定在 B 中心成立一个市场部，专门负责分析市场需求和挖掘市场潜力，并向采购员提出建议。市场部成立不久，张亮听到了各种不同意见。比如，采购员和设计员强烈反映说，公司成立市场部不但多余，而且干涉了他们的工作。关于此，市场部人员则认为，采购部和设计员太过墨守成规、缺乏远见。张亮作为公司的业务经营主管，虽然做了大量的说服工作并先后调换了有关人员，但效果仍不理想。他纳闷：公司的问题究竟出在什么地方？

问题：

（1）请画出市场部成立前后法兰克公司组织结构图。

（2）法兰克公司有没有必要单独成立一个负责市场研究的机构？如有必要，应该怎样设置？如果没有必要，是否应该由什么人员或部门来承担这方面的责任？

（3）请为法兰克公司设置一个合理的组织结构图。

案例 2：学习型组织的建立

去年年底，分析化验公司的经理们又汇聚一堂，制定年底的重要决策。首席行政总监简祐强照例没有参加他们的讨论。会后，他问大家：“今年，我们打算去哪里呢？”“罗马。”

他们回答。“罗马不错，”简祐强挺高兴，今年“学习假期”能如期进行。

这家吉隆坡的环保服务公司每年都要关门九天，让全体员工（共 28 人）公费集体出游。他们度假时拍的照片贴满了会议室。这边是他们身穿夏装，在泰国摆的各种姿势；那边是冬装裹身，在瑞士挤成一团；另一面墙上还有背景各异的许多合影，如法国埃菲尔铁塔、中国的紫禁城和美国的国会大厦。

除度假支付的费用外，公司关门还造成了一笔不少的营业收入损失。这算是一种管理办法吗？

对简祐强而言，这是唯一的办法。他认为，公司必须留出时间和财力用于学习，费用大约占工资总额的 10%～20%。观光能激发人们讨论和思考一国一城的兴衰变化。例如，员工们可以思考，文化上同样富足的威尼斯为何与佛罗伦萨相反，其古老结构并没有促进经济活动的发展。简祐强说：“度假时的学习效果更好。”学习对分析化验公司促进不少。在过去六年中，它已将业务从生产棕榈油之类的试验性产品转为处理和回收工业废料。这种转变就来自他们清醒地认识到哪些是马来西亚的夕阳产业和朝阳产业。简祐强说道：“拥有富有知识的工作人员，可使公司更快、更平稳地改变或实施计划。”在当今管理界，学习型组织是一个最为流行而又最受人误解的概念。面对这个智力是主要经济资源的时代，比竞争对手学得快被视为最根本上的竞争能力。所有的组织理论都要求经理人去学习，并且将新的理论和方法付诸实施。如今，企业日益关注的是学习和变革之间的关系。要想学习富有成效，企业必须有能力、有意愿进行变革。

问题：

（1）学习型组织是由谁提出来的？

（2）建立学习型组织所进行的五项修炼技能是什么？

（3）通过案例你认为“学习型组织”管理理论的最根本要点是什么？

巩固与提高答案

拓展资料

项目四

领导职能

项目导学

本项目主要通过组成管理和学习团队，采用情境模拟方式，分析实际企业管理案例，了解管理者的领导艺术、沟通能力及激励手段的运用，从而学会运用领导职能建立基本的管理理念和意识。

学习目标

【认知目标】

1. 了解领导的含义及作用；
2. 掌握领导生命周期理论、管理方格论等领导理论；
3. 了解沟通的含义、目的及其特征；
4. 掌握沟通的过程及沟通的类型；
5. 熟悉沟通过程中的障碍及有效沟通的原则；
6. 熟悉需要理论、公平理论等激励理论。

【情感目标】

1. 培养领导艺术；
2. 培养有效沟通能力。

【技能目标】

1. 能够应用相关领导理论，分析管理工作中的问题，因地制宜地采取有效的领导方式；
2. 能够熟悉沟通过程及原理，实现有效沟通，解决沟通中存在的障碍；
3. 能够运用各种激励理论分析管理工作中的激励问题，并制定有效的激励措施。

任务1　领导职能和领导理论

任务情境

美国国民捷运航空公司的兴衰

美国从20世纪70年代末起，经济开始衰退，美元汇率下跌，从1973年中东国家发起石油禁运以来，油价的上涨给航空业带来了沉重的打击，1982 年美国成立“专业空运管理组织”(PATCO)后，出现了强硬的罢工势力，而里根政府又下令解雇罢工者，使劳资双方矛盾恶化。这一切使整个航空业出现了困难重重的不利局面，正如民航局主席麦克钦所说：“即使想象力再丰富，谁也不会想到这么多的不利因素会同时出现。”因此，当时有不少航空公司，如布兰利夫航空公司、大陆航空公司等都曾提出破产申请。

但即使在这凄惨的年代，于 1981 年新成立的国民捷运航空公司，却在短短几年内迅速成长起来，并且蓬勃发展，到 1984 年就有能力收购边疆航空公司而成为美国第五大航空公司。对于该公司经营成功的直接原因，按总经理马丁的说法，是由于该公司能保持低成本，这一方面由于它选用了低成本的飞机和低收费的机场；另一方面提高了员工和飞机的生产率，而后者所以成功，在于采用了该公司创办人兼董事长伯尔所倡导的管理风格：既严格督导，又富有人情味，使整个公司充满一种同舟共济的大家庭气氛。该公司充满有干劲的年轻人，他们的薪资很低，如驾驶员第一年薪资仅 4 万美元，比其他航空公司的资深售票员还低。公司员工不参加工会，他们经常依工作需要而交叉变换工作，飞机驾驶员有时兼售票员，售票员有时去搬运行李，甚至高阶层主管从董事长伯尔开始也要到各个岗位去学习业务，有时还得负责调度员与行李处置员的工作；公司不雇用任何秘书，通常也不解雇员工，“铁饭碗”几乎成了不成文的规定。公司鼓励员工参与管理，让大家对经营管理工作多提意见与建议。公司还要求每个员工按折扣价格购买公司的 100 股股票，使之成为与公司利害攸关的股东，许多资深员工，往往已积累了超过 5 万美元价值的股票。另外，伯尔还是一个鼓动家，他经常鼓励员工：“要成为胜利者，就需要有卓越的才能——当一位能干人。”

但是好景不长，1984 年，合并边疆航空公司后 9 个月，捷运公司就亏损了 7 000 万美元。为了适应规模扩大的局面，并扭转亏损的形势，伯尔带头改变了由他自己倡导的管理风格，而逐渐向其他大公司传统官僚制管理风格看齐，他不仅不愿多倾听员工的意见，甚至对提意见的人施加压力，直至解雇。连向伯尔建议实行终生雇佣制的执行董事杜博斯也被解雇，董事帧蒂也因不满公司的新规定而主动辞职，她自己创办了“总统航空公司”，并沿用了捷运航空原来的管理风格。

伯尔后来改变了管理风格，但捷运航空仍难逃厄运，公司仍每况愈下，公司股价不断下跌，直到 1986 年捷运航空被卖给德萨航空公司时，每股股票市价只为 1983 年公司最盛时的 1/4 左右。捷运公司员工所以能接受很低的薪资，是因为他们希望公司昌盛，以便从所持的公司股票的升值和高额股利中得到补偿，可是如今股价暴跌，员工自然失去信心。最后，捷运航空公司被并入大陆航空公司。

任务要求

管理者在不利的环境下可以发挥多大的作用？如果你是公司的管理者，应当如何发挥作用？

知识准备

一、领导职能概述

（一）领导的含义

领导就是指挥、带领、引导和激励部下为实现组织目标而努力的过程，是管理的一项基本职能。到底“什么是领导”，国外学者提出了各种不同的意见。美国学者拉尔夫·斯托格迪尔（Ralph M. Stogdill）于1950年提出，领导是对组织内群体或个人施加影响的活动过程。美国管理学者乔治·特里（George R. Terry）于1960年提出，领导是影响人们自动为群体目标而努力的一种行为。美国学者约翰尼·罗伯茨（Johnnie L. Roberts）等认为，领导是在某种条件下，经由意见交流的过程所产生的一种为了达到某种目标的影响力。美国管理学者基思·戴维斯（Keith Davis）则认为，领导是一种说服他人热心于一定目标的能力。

从管理职能的角度出发，所谓领导就是指挥、带领、引导和鼓励部下为实现目标而努力的过程。

综上，领导的内涵包含以下四个方面：

（1）领导的本质是影响力。影响力泛指一切能够改变团体或个人的行为力量。领导过程既是领导者运用职权进行指挥的过程，又是领导者凭个人的人格魅力和影响力，吸引、指导和激励下属去实现组织目标的过程。

（2）之所以产生领导和被领导关系，是因为权力在领导者和被领导者之间的分配是不平等的。就是说，领导者拥有相对强大的权力，可以影响组织中其他成员的行为，而组织中的其他成员却没有这样的权力，或者说，所拥有的权力并不足以改变其被领导的地位。

（3）领导者一定要有下属或追随者，即被领导者。领导者必须与团体其他成员构成领导和被领导关系。

（4）领导具有目的性。就是说，领导影响下属是为了达到这样的效果：使下属心甘情愿并满怀热情地为实现群体的目标而努力，与下属共同达成组织或群体的目标。

小知识

领导的比喻

三个比喻有助于描绘领导的角色：设计者、管家和教师。

作为设计者的领导。什么是领导？一次远洋航行的最重要的角色？下命令的船长吗？是指引方向的领航员吗？是提供动力使船前进的工程师吗？也许最重要的角色是设计者。即使有了命令、方向和动力，如果船不工作也不会到达它的目的地。设计者创造一个工作的组织。这个角色始于建立组织的愿景、价值观和宗旨，同时创造一个环境，在此人们能成功地完成他们的工作，并有效率地共同完成目标。

作为管家的领导。管家是指一个领导有责任照顾信任他的组织。好的领导对目的与责任有很深的理解，并成为愿景的管家。领导者委婉地解释他们如何做、做什么，为何组织需要成长，为何组织的发展是一个更大目标的一部分，他们让人们相信他们的组织是一个给社会带来信息和变革的工具。他们把个人和普遍的意图带入组织，带入人们的生活。

作为老师的领导者。老师帮助人们丰富并完善对世界的看法，赫曼·米勒公司前首席执行官马科斯·德·普利说："领导者的第一责任就是定义现实。"作为老师的领导者帮助人们了解变化的来源，帮助他们学习，鼓励他们去探寻真相。

（彼得·圣吉.第五项修炼.张成林，译.北京：中言出版社，2009）

（二）领导的作用

一般来说，领导的作用主要体现在以下几个方面。

1. 指挥作用

马克思曾指出一切规模较大的直接社会劳动或共同劳动，都或多或少地需要指挥，以协调个人的活动，并执行生产总体的运动（不同于这一总体的独立器官的运动）所产生的各种一般职能。一个单独的提琴手是自己指挥自己，一个乐队就需要一个乐队指挥。可见，在人们的集体活动中，需要有头脑清晰、胸怀全局，能高瞻远瞩、运筹帷幄的领导者，帮助人们认清所处的环境和形势，指明活动的目标和达到目标的途径。

2. 协调作用

随着社会分工的不断细化，对协调的要求也越来越高。科学合理的组织结构、严格的规章制度、有效的控制手段是保证组织有效运转的基础。但要想使组织运转高效率、和谐一致，还有赖于组织人员的协调、配合。组织内员工的工作效率既取决于规章制度的约束，还有赖于个人的思想、情绪、态度。领导职能的协调作用就是通过创造、设计和保持良好的工作环境氛围，使下级心情舒畅、精神愉快，以饱满的热情，全身心地投入工作中，努力与人合作，愉快地去完成工作任务，实现组织目标。一般而言，在许多人协同工作的集体活动中，即使有了明确的目标，但因组织中每个成员的岗位背景、理解能力、工作态度、进取精神、工作作风及气质性格等方面的不同，加上外部各种因素的干扰，人们在思想上产生各种分歧，行动上出现偏离目标的现象是不可避免的。因此就需要组织的领导者来及时协调组织内外成员之间的关系和活动，使组织内部能形成合力，外部形成张力，以便更好地实现组织目标。

3. 激励作用

个体行为是由需要和动机决定的。领导者要把职工的积极性、创造性完全激发出来，必须设置能满足其需要、激发其动机的组织目标。一般情况下，个体目标与组织目标是不完全一致的，领导者的责任就是将组织目标的实现与满足个人需要统一起来，创造一种组织环境使员工加强对组织目标的认同感，从而提高员工接受和执行目标的自觉程度。作为组织的领导者，要根据每个员工的具体情况，采用适当的激励方式，使员工始终保持旺盛的工作热情，最大限度地调动他们的工作积极性，努力实现组织目标。这就需要领导者了解被领导者的需要结构层次，不断有计划地确定不同时期的激励目标，不断发掘和激励员工进取的动力。

4. 凝聚作用

组织是由人组成的，下属的士气、工作热情、团队精神需要领导去引导、去凝聚，通过领导方式、管理方法和领导艺术，调动下级的工作情绪，使其保持持续的热情和高昂的士气。特别是当遇到困难和挫折，员工的士气低落时，领导职能的凝聚作用更显重要。领导要引导下级正确、全面地认识形势，树立克服困难的信心和勇气，增强自信心，勇敢面对困难，找出解决矛盾和问题的方法，团结一致共渡难关，为最终实现组织的目标做出贡献。领导职能的凝聚作用应通过领导者个人的高尚品质、非凡的能力和领袖魅力，引起下属的崇敬、尊敬、信任、爱戴和忠诚，从而赢得下级的信赖和支持，达到同心同德、众志成城的目的。

案例分析 4－1

美国西南航空公司的领导方式

美国西南航空公司，创建于 1971 年，当时只有少量顾客和一小群焦急不安的员工，现在已成为美国第六大航空公司，拥有 1.8 万名员工，服务范围已横跨美国 22 个州的 45 个大城市。

一、总裁用爱心管理公司

现任公司总裁和董事长的赫伯·凯勒，是一位具有传奇色彩的创办人，他用爱心建立了这家公司。LUV 既是他们在纽约上市股票的标志，也是西南航空公司的精神。这种精神从公司总部一直感染到公司的门卫、地勤人员。

当踏进西南航空公司总部大门时，你会感受到一种特殊的气氛。一个巨大的、敞顶的三层楼高的门厅内，展示着公司历史上值得纪念的事件。当你穿越欢迎区域进入把办公室分列两侧的长走廊时，你会沉浸在公司为员工举行庆祝活动的氛围中，这里布置着数百幅配有镜架的图案，包含着成千上万张员工的照片，歌颂内容有公司主办的晚会和集体活动、球队、社区节目以及万圣节、复活节，早期员工们的一些工艺品，连墙面到油画也巧妙地穿插在无数图案中。

二、透明的管理

如果你要见总裁，只要他在办公室，你可以直接进去，不用通报，也没有人对你说："不，你不能见他。"

每年举行两次"新员工午餐会"，领导和新员工们直接见面，保持公开联系。领导向新员工提些问题："你认为公司应该为你做的事情都做到了吗？""我们怎样才能把西南航空公司办得更好些？""我们怎样才能做得更好？"员工们的每一个问题，在 30 天内必须得到答复。一些关键的数据，包括每月载客人数、公司季度财务报表等员工们都能知道。

"一纸会谈会"是一个全日性的会议，专为那些在公司里已工作了十年以上的员工而设。会上副总裁们对自己管辖的部门先做概括介绍，然后公开讨论。题目有："你对西南航空公司感觉如何?""我们应该如何使你前进并保持动力和热情?""我能回答你一些什么问题?"

三、领导是朋友又是亲人

当你看到一张张赫伯和员工们一起拍的照片时会发现,他从不站在主要地方,总是在群众当中。赫伯要每个员工都知道他不过是众员工之一,是企业合作人之一。

上层经理们每季度必须有一天参加第一线实际工作,担任订票员、售票员或行李搬运工等。"行走一英里计划"安排每年一天去其他营业区工作,以便了解不同营业区的情况。旅游鼓励了员工们参加这项运动。

为让员工们对学习公司财务情况更感兴趣,西南航空公司每 12 周给每位员工寄去一份"测验卡"。其中有一系列财务问题,答案可以在同一周的员工手册上找到,凡是填写了测验卡并寄回全部答案的员工都登记在册,他们有可能得到免费旅游的奖励。

这种爱心精神在西南航空公司内部闪闪发光,正是依靠这种精神,当整个行业在赤字中徘徊时,他们连续 22 年有利润,创造了全行业个人生产率的最高纪录。1999 年有 16 万人前来申请工作,人员调动率低得令人难以置信,连续三年获得国家运输部门的"三冠王",表彰他们在航行准时、处理行李无误和客户意见最少三方面取得的最佳成绩。

案例分析
4-1 解析

请问:美国西南航空公司的领导方式有什么特点?

(三)领导和管理

一般而言,领导是管理的四大主题活动之一,但如果一个管理者仅仅精于计划、组织与控制,他可能是一个无效的领导者。从本质上说,管理是管理者依据法定职权规定下属的工作方向和方式,对其工作过程进行计划、组织、协调和控制的活动;而领导则是领导者运用权力和影响力引导下属为实现目标的过程。两者的差异主要在于其作用基础不同。因此,在企业组织中,当一个人仅仅利用职权的合法性采用强制手段命令下属工作时,充其量只是管理者,而不是领导者;只有当他在行使法定职权的同时,更多地依靠自身的权力和影响力指挥并引导下属时,才可能既是管理者,又是领导者。显然,卓越的领导能力是成为有效的管理者的重要因素之一。领导者和管理者的行为关系如图4-1 所示。

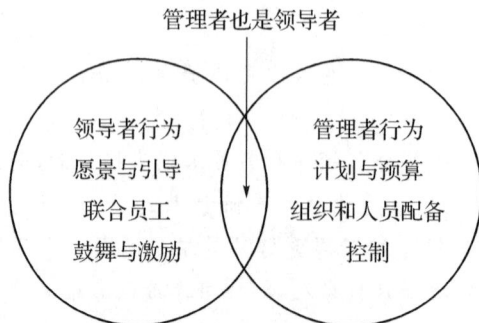

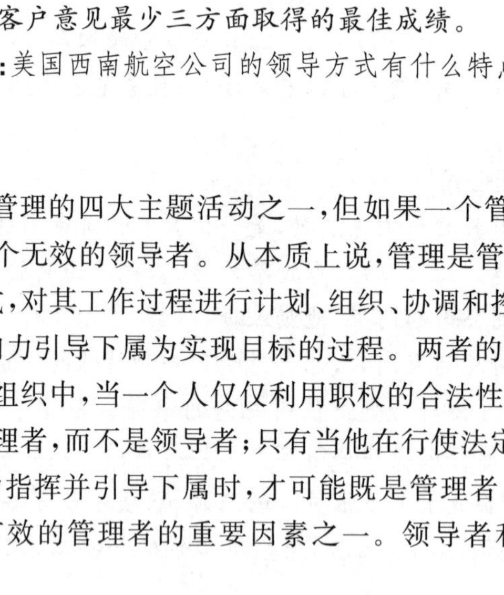

图 4-1 管理者与领导行为关系

二、领导理论

人们对于领导及其效能的研究,有着各种各样的理论。大体上说,有关领导的理论可以分为以下几类。

(一)性格理论

长期以来,西方国家的管理学者们,一直把领导者的各种个人性格和特征作为描述和预测其领导成效的标准。这种研究试图区分领导者和一般人的不同特点,并以此来解释他们成为领导者的原因,这就是所谓的性格理论,也就是研究怎样的人,才能成为良好的、有效的领导者。

领导性格理论是一类有关领导问题的理论,这种理论认为有效的领导者可以从领导者个人的性格中识别。

1. 斯托格第的领导者品格理论

斯托格第(R. M. Stogdill)通过调查,总结出领导者的品格,包括以下几个方面:

(1) 五种身体特征,包括精力、外貌、身高、年龄、体重等;

(2) 两种社会特征,包括社会经济地位、学历等;

(3) 四种智力特征,包括果断性、说话流利、知识广博、判断分析能力等;

(4) 十六种个性特征,包括适应性、进取心、热心、自信、独立性、外向、机警、支配、有主见、急性、慢性、见解独到、情绪稳定、作风民主、不随波逐流、智慧等;

(5) 六种与工作有关的特征,包括责任感、坚持、首创性、毅力、事业心、对人的关心等;

(6) 九种社会特征,包括能力、合作、声誉、人际关系、老练程度、正直、诚实、权力的需要、与人共事的技巧等。

2. 吉赛利的八种个性特征和五种激励特征

美国管理学家吉赛利(Edwin E. Ghiselli)在其《管理才能探索》一书中,研究的八种个性特征和五种激励特征如下:

(1) 个性特征:

① 才智,指语言与文辞方面的才能;

② 首创精神,指开拓新方向、创新的愿望;

③ 督察能力,指指导别人的能力;

④ 信心,指自我评价较高;

⑤ 适应性,指为下属所亲近;

⑥ 决断能力;

⑦ 性别(男性或女性);

⑧ 成熟程度。

(2) 激励特征:

① 对工作稳定的需求;

② 对金钱奖励的需求;

③ 对指挥别人的权力需求;

④ 对自我实现的需求；

⑤ 对事业成就的需求。

吉赛利的这些性格的研究，由于具有严密的科学性而受到尊重。他的研究结果指出了这些个性特征的相对重要性，表 4－1 为他研究的总结。

表 4－1　领导个性特征价值表

重要程度	重要性价值	个人特征
非常重要	100	督查能力
	76	事业心，成就欲
	64	才智
	63	自我实现欲
	62	自信
	61	决断能力
中等重要	54	对安全保障的需要少
	47	与下属关系亲近
	34	首创精神
	20	不要高额金钱报酬
	10	权利需要高
	5	成熟程度
最不重要	0	性别(男性或女性)

注：重要性价值：100＝最重要，0＝没有作用。

需要说明的是：才智和自我实现对于取得成功关系重大；指挥别人的权力的概念并不很重要；督察能力基本上是指运用管理职能来指导下级的能力；性别这一特征与管理成功与否没有多大关系。

事实上，性格理论所涉及的身体特征、才智和个性对管理成功的影响不是绝对重要的。其中大多数实际上也只不过是人们对于某一个领导者，特别是一个从事上层领导工作的领导者的期望。

从 1940 年以来，这类利用领导者个人性格或个性特征来解释或预测领导效能的理论，逐渐被人们放弃。理由是：它们忽略了被领导者的地位和影响作用。事实上，一个领导者能否发挥其领导效能，会因被领导者的不同而不同；领导者的性格特征内容过于繁杂，且随不同情况而变化，难以寻求由此获得成功的真正因素；难以探索领导者所有性格特征彼此间的相对重要性；各种有关实证研究所显示的结果相当不一致。

小知识

五种有效的领导者的特征

美国管理学家德鲁克(P. Drucker)在《有效的管理者》一书中指出了五种有效的领导

者的特性，并指出它们是可以通过学习掌握的，这五种特征包括：

(1) 知道时间该花在什么地方，领导者支配时间常属于被动地位，所以有效的领导者都善于系统地安排与利用时间；

(2) 致力于最终的贡献，他们不是为工作而工作，而是为成果而工作；

(3) 重视发挥自己的、同事的、上级的和下级的长处；

(4) 集中精力在关键领域，确立优先次序，做好最重要的和最基本的工作；

(5) 能做出切实有效的决定。

(二) 三种领导方式理论

领导特质理论没有显著和令人信服的研究结果，人们发现领导才能与追随领导者的意愿都是以领导方式为基础的，所以许多人开始将研究从领导者的内在特征转移到外在行为上，这就产生了领导行为理论。领导行为理论认为，依据个人的行为方式可以对领导进行分类。人们认为，如果领导的行为有一个合理的分类，区分出有效领导行为与无效领导行为，就可以通过行为训练使人们成为领导者。

心理学家勒温(P. Lewin)在实验研究的基础上，按权力定位把领导者的领导作风划分为专制式、民主式和放任式三种基本类型。

专制式亦称为专权式或独裁式，领导者独立做出决策，然后命令予以执行，并要求下属不容置疑地遵从其命令。该领导行为的主要特点是：个人独断专行，从不考虑别人的意见，组织的各种决策完全由领导者本人独自做出；除了工作命令外，从不把更多的消息告诉下级，下属没有任何参与决策的机会，只能奉命行事；领导者预先安排一切工作内容、程序和方法，下属只能服从；主要靠行政命令、纪律约束、训斥惩罚来维护领导者的权威，很少或只有偶尔的奖励；领导者与下属保持相当的心理距离。适用与不适用专制式领导的情形见表 4－2。

表 4－2　适用与不适用专制式领导的情形

适用专制式的情形	不适用专制式的情形
* 面对未经培训，对工作一无所知的新员工时 * 时间紧、任务重时 * 工作量很大，决策时间有限时 * 权力面对挑战时 * 面对一个管理不善的部门时	* 员工希望管理层听取他们的意见时 * 员工依赖经理帮他们拿主意时 * 员工士气低落时

案例分析 4－2

专制的领导

某物流公司正处于危机之中，其货运量与利润在不断的下滑，股票市值一落千丈，股东一片哗然。为此董事会聘请了一位新的 CEO，此人以扭转困境闻名。该 CEO 采用的就是专制式领导风格，上任之后就开始大力裁员，出售分部，做出了本应几年前就该实施的决定。最后，公司得救了，至少在短期内度过了危机。但好景不长，由于他实行的是“恐怖统治”，威逼，贬低手下的管理人员，对他们工作中的丁点儿错误都大发雷霆。他的乖张暴戾导致了众叛亲离，公司的最高管理层最后几乎瓦解。他的直接下属因为害怕将坏消息告诉他而挨骂，不再向他提供任何坏消息。员工的士气是有始以来最低落的，公司在短暂的复苏后又再次陷入困境。最后，公司董事会最终不得不将他罢免。

案例分析
4-2解析

请问：公司新聘请的CEO管理方式有何特点？

在民主式领导风格下，领导者在采取行动方案或做出决策之前会主动听取下级意见，或者让下属参与决策制定。例如，民主式的销售经理往往允许并要求销售员参与制定销售目标，而专制式的销售经理则仅仅向各销售员分配指标。民主式领导行为的主要特征是：领导者在做出决策之前通常都要同下属磋商，得不到下属的一致同意不会擅自采取行动；分配工作时，会照顾到组织中每个成员的能力、兴趣和爱好；对下属工作的安排并不具体，个人有相当大的工作自由度，有较多的选择性与灵活性；主要运用个人的权力和威信，而不是靠职位权力和命令使人服从；领导者积极参加团体活动，与下属间没有任何心理上的距离。适用与不适用民主式领导的情形见表4-3。

表4-3　适用与不适用民主式领导的情形

适用民主式的情形	不适用民主式的情形
* 涉及员工利益有关问题时 * 希望培养员工高度自我发展意识和职业满足感时 * 希望鼓励团队建设或参与精神时 * 面对复杂问题需要员工帮助时 * 拥有一批技术熟练、经验丰富的员工时	* 时间紧迫时 * 经理自己决策更简单、更有效率时 * 员工安全生产是关键时 * 民主环境对自己有威胁时

案例分析4-3

玛丽修女

玛丽修女在一个大都会教区负责管理天主教学校，其中有所学校位于贫民区，是当地唯一一所私立学校。这所学校多年来入不敷出，教区无法维持下去。终于玛丽修女接到了关闭学校的命令，但她并没有直接关闭了事。

她召集学校所有教职员工开会，讲明学校财政危机的种种细节，学校的教职员工还是第一次了解到学校的运营情况。玛丽修女征集大家意见，讨论用什么方法使学校维持下去，如果最后不得不关闭，应该如何妥善处理。玛丽修女在会上大部分时间里都在倾听大家的意见，后来她还召开了学生家长会、社区会议以及学校教职员工系列会议，也是如此。会议召开之后的两个月，大家达成了关闭学校的共识。他们制订好计划，把原有学生转到其他天主教学校。这个结果与玛丽修女接到命令后直接关闭学校实际并没有什么不同，但玛丽修女允许与学校有关的各方共同做出决定，因此关闭学校没有遇到任何阻力。虽然大家不舍得关掉学校，但他们都能理解，最后没有人提出异议。

我们在研究中还接触到一位掌管另外一所天主教学校的神父，他同样接到关闭学校的命令，但他的经历与玛丽修女形成了鲜明对比。这位神父接到命令后果断照做了，结果很糟糕，学生家长提起诉讼，老师和家长组成纠察队护校，当地报纸发表社论抨击神父的决定。这位神父历时一年才解决纷争，最后关闭了学校。

案例分析
4-3解析

请问：玛丽修女的管理方式有何特点？

放任式领导的主要特点是：极少运用其权力影响下属，而是给予下级高度的独立性，以致达到放任自流的程度。适用与不适用放任式领导的情形见表4-4。

表4-4　适用与不适用放任式领导的情形

适用放任式的情形	不适用放任式的情形
* 拥有技术熟练、有经验、有知识的员工 * 员工有责任心，有工作自豪感，有成功完成工作的愿望 * 聘用外来专家，如顾问、培训师 * 员工忠诚可靠，富有经验、可信赖等	* 员工需要经理在身边支持时 * 员工需要经理及时反馈才能做出决定时 * 不能对员工的出色工作表示感谢时 * 经理不清楚工作目标，信赖员工决定时

案例分析4-4

曹参的无为而治

公元前194年，西汉政府废除了诸侯国设相国的法令，改命曹参为齐国丞相。曹参不耻下问，为了把齐国建设好，他听闻胶西有位盖公，精研黄老学说，于是厚礼请教盖公如何治理齐国。盖公提出四字管理方针——“无为而治”。无为而治是道家的基本思想，也是其修行的基本方法。无为而治的思想首先是由老子提出来的，老子认为天地万物都是由道化生的，而且天地万物的运动变化也遵循道的规律。老子在《道德经》第二十五章中说：“人法地，地法天，天法道，道法自然。”曹参当齐国丞相九年，齐国安定，被公众称为贤明的丞相。

公元前193年，萧何辞世，曹参得到西汉中央政府的任命，接替萧何担任国家总理。为了彻头彻尾地落实“无为而治”的思想，曹参做了几件典型的事情：一是嘱咐后任齐国丞相：“以齐狱市为寄，慎勿扰也。”二是一概遵循萧何制定的法度，按部就班，不做任何变革。三是招募甄选质朴而不善文辞的厚道人任总理的下属官吏，解聘或淘汰舞文弄墨追求名利的员工。四是请来劝说的官吏与宾客喝酒，阻止他们干涉自己的“无为而治”。五是与官吏们同欢同乐，打成一片。六是曹参见别人有细小的过失，总是隐瞒遮盖，隐恶扬善。曹参总是给出限定条件，要求下属官吏群体自己做出决策。允许下属在监督者给定的条件下执行职能。曹参对下属是采取关怀的情感表现与关系程度。这种关怀是取得领导者与被领导者相互信任以及尊重员工们的想法、意愿与感觉的基础上体现出来的工作任务关系深度。

曹参的自由放任式领导风格，使皇帝汉惠帝内心产生不满情绪，认为曹参不管理国家事务。让任中大夫的曹参的儿子曹窋去劝告一下曹参，曹参不但不听劝，还打了儿子200

板子。汉惠帝召曹参入宫，责备他说："与窋胡治乎？乃者我使谏君也。"参免冠谢曰："陛下自察圣武孰与高帝？"上曰："朕乃安敢望先帝乎！"曰："陛下观臣能孰与萧何贤？"上曰："君似不及也。"参曰："陛下言之是也。且高帝与萧何定天下，法令既明，今陛下垂拱，参等守职，遵而勿失，不亦可乎？"惠帝曰："善。君休矣！"其意为："你为什么要处罚你的儿子曹窋，他是受我的命令去劝说你的。"曹参脱帽谢罪说："请陛下自己仔细考虑一下，在圣明英武上您和汉高祖刘邦谁强？"汉惠帝说："我怎么敢跟先帝相比呢！我不及父亲的十分之一。"曹参又说："陛下看我和文终侯萧何谁更贤能？"惠帝说："你好像不如文终侯萧何。"曹参说："陛下说的这番话非常正确。高帝刘邦与文终侯萧何平定了天下，法令已经明确，如今陛下垂衣拱手，我等谨守各自的职责，遵循原有的法度而不随意更改，不就行了吗？"最高权力者汉惠帝终于提升了认知能力，了解了曹参的管理模式是"无为而治"，以"无为而治"为基础，给予民众休养生息，做到不扰民、不劳民，从而达到"国家大治"。汉惠帝认同了这种管理模式与方法，欣赏曹参自由放任式的领导风格，赞许了相国，让曹参好好休息。

曹参作为汉朝总理，极力主张清静无为的管理方式，这完全合于道家的学说。西汉百姓在遭受秦朝的残酷统治以后，曹参给予他们休养生息的时间与机会，所以天下人都称颂他的美德。

案例分析
4-4解析

请问：曹参的管理方式有何特点？

领导方式的这三种基本类型各具特色，适用于不同的环境。领导者要根据所处的管理层次、所承担的工作以及下属的特点，在处理不同的问题时，针对不同的下属，选择合适的领导方式。

（三）领导的生命周期理论

领导生命周期理论(Situational Leadership Theory，SLT)是由科曼首先提出，后由保罗·赫西和肯尼斯·布兰查德予以发展的领导生命周期理论，也称情景领导理论，这是一个重视下属的权变理论。赫西和布兰查德认为，依据下属的成熟度，选择正确的领导风格，就会取得领导的成功。该理论也是以俄亥俄州大学的领导行为四分图理论为依据，并与阿吉利斯的"不成熟—成熟"理论相接近，是一个三维结构的领导有效性模型。成熟度定义为：个体对自己的直接行为负责任的能力和意愿。它包括两项要素，即工作成熟度与心理成熟度。前者包括一个人的知识和技能。工作成熟度高的个体拥有足够的知识、技能和经验完成他们的工作任务而不需要他人的指导。后者指的是一个人做某事的意愿和动机。心理成熟度高的个体不需要太多的外部激励，他们主要靠内部动机激励。

下属成熟程度不是指年龄和生理上的成熟，而是指心理上的成熟程度(自觉自愿工作的积极性和主动性)和工作上的成熟程度(业务能力的大小)，按照这两个方面，下属的成熟程度可以分为四个阶段。

第一阶段：这些人对于执行某任务既无能力又不情愿，他们既不胜任工作又不能被信任。

第二阶段：这些人缺乏能力，但愿意执行必要的工作任务。他们有积极性，但目前尚缺乏足够的技能。

第三阶段：这些人有能力，却不愿意干领导者希望他们做的工作。

第四阶段：这些人既有能力又愿意干让他们做的工作。

领导的生命周期理论使用的两个领导维度与菲德勒的划分相同，即工作行为和关系行为。但是，赫西和布兰查德更向前迈进了一步，他们认为每一维度有低有高，从而组成四种具体的领导风格。

1. **命令型领导方式（高工作—低关系）**

在这种领导方式下，由领导者进行角色分类，并告知人们做什么，如何做、何时、何地去完成不同的任务。它强调指导性行为，通常采用单项沟通方式。

2. **说服型领导方式（高工作—高关系）**

在这种领导方式下，领导者既提供指导性行为，又提供支持性行为。领导者除向下属布置任务外，还与下属共同商讨工作的进行，比较重视双向沟通。

3. **参与型领导方式（低工作—高关系）**

在这种领导方式下，领导者极少进行命令，而是与下属共同进行决策。领导者的主要作用就是促进工作的进行和沟通。

4. **授权型领导方式（低工作—低关系）**

在这种领导方式下，领导者几乎不提供指导或支持，通过授权鼓励下属自主做好工作。

图 4－2 概括了情景领导模型的各项要素。当下属的成熟水平不断提高时，领导者不但可以不断减少对下属行为和活动的控制，还可以不断减少关系行为。在第一阶段（M1），需要得到具体而明确的指导；在第二阶段（M2），领导者需要采取高工作—高关系行为，高工作行为能够弥补下属能力的欠缺，高关系行为则试图使下属在心理上"领会"领导者的意图；对于在第三阶段（M3）中出现的激励问题，领导者运用支持性、非领导性的参与风格可获最佳解决。在第四阶段（M4），领导者不需要做太多事，因为下属愿意又有能力担负责任。

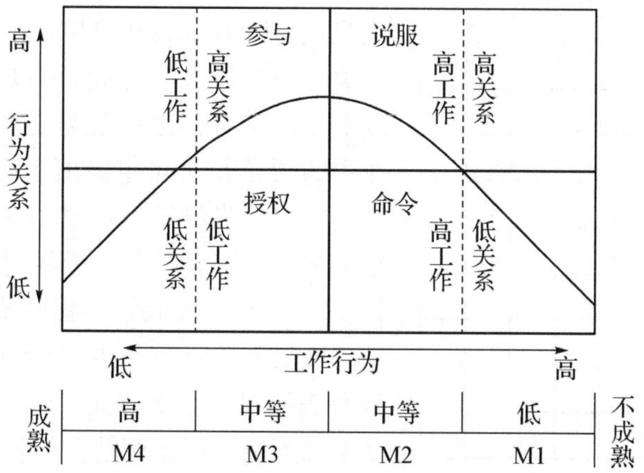

图 4－2　运用领导者生命周期

案例分析 4－5

运用领导者生命周期理论分析李总的领导风格

国内某大型广告公司李御宝经理年富力强，有较低的模糊耐受性，倾向于关注任务和技术本身，有一种控制和影响他人的驱动力。手下有四员干将：刘紫悦，香港名牌大学工商管理硕士，性格偏外向，精通管理，追求业绩，责任感强，自我控制能力高，有 2 年行业实践经验；张志刚，大连理工学院应届毕业生，性格较内向，行业经验偏弱，但刻苦上进，独立工作能力与适应能力强，有进取心，事业心强，肯钻研，善创新，经过不到半年的锻炼，已经在岗位上做出了卓越的成绩；王小倩，是下属分公司借调来的市场需求分析员，性格外向，有 2 年工作经验，喜欢合作与沟通，人际关系好；陈志斌，浙江大学美术学院毕业生，性格内向，不善交际，有 5 年工作经验，业务能力一流，比较自负，工作积极性不高。目前，公司业务不断扩大，组织部门经研究决定扩大该广告公司规模，决定从李御宝经理下属的优秀员工中挑选合适的人才晋升。

案例分析
4－5 解析

请问：请运用领导者生命周期理论，分析李御宝经理四名下属各属于哪种类型的领导风格？

（四）管理方格理论

管理方格理论（Management Grid Theory）是由美国得克萨斯大学的行为科学家罗伯特·布莱克（Robert R. Blake）和简·莫顿（Jane S. Mouton）提出的。管理方格图的提出改变了以往各种理论中“非此即彼”式（要么以生产为中心，要么以人为中心）的绝对化观点，指出在对生产关心和对人关心的两种领导方式之间，可以进行不同程度的互相结合。

管理方格理论是研究企业的领导方式及其有效性的理论，这种理论倡导用方格图表示和研究领导方式。他们认为，在企业管理的领导工作中往往出现一些极端的方式，或者以生产为中心，或者以人为中心，或者以 X 理论为依据而强调靠监督，或者以 Y 理论为依据而强调相信人。为避免趋于极端，克服以往各种领导方式理论中的“非此即彼”的绝对化观点，他们指出：在对生产关心的领导方式和对人关心的领导方式之间，可以有使两者在不同程度上互相结合的多种领导方式。为此，他们就企业中的领导方式问题提出了管理方格法，使用自己设计的一张纵轴和横轴各 9 等分的方格图，纵轴和横轴分别表示企业领导者对人和生产的关心程度。第 1 格表示关心程度最小，第 9 格表示关心程度最大。全图总共 81 个小方格（见图 4－3），分别表示“对生产的关心”和“对人的关心”这两个基本因素以不同比例结合的领导方式。

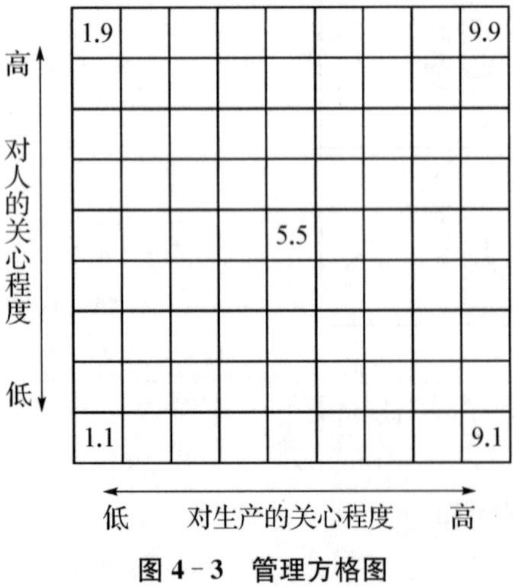

图 4－3　管理方格图

根据企业管理者“对业绩的关心”和“对人的关心”程度的组合，可以将领导分为五种类型。

(1) 贫乏的领导者：对业绩和对人关心都少，实际上，他们已放弃自己的职责，只想保住自己的地位；

(2) 俱乐部式领导者：对业绩关心少，对人关心多，他们努力营造一种人人得以放松，感受友谊与快乐的环境，但对协同努力以实现企业的生产目标并不热心；

(3) 小市民式领导者：既不偏重于关心生产，也不偏重于关心人，风格中庸，不设置过高的目标，能够得到一定的士气和适当的产量，但不是卓越的；

(4) 专制式领导者：对业绩关心多，对人关心少，作风专制，他们眼中没有鲜活的个人，只有需要完成任务的员工，他们唯一关注的只有业绩目标；

(5) 理想式领导者：对生产和人都很关心，对工作和人都很投入，在管理过程中把企业的生产需要同个人的需要紧密结合起来，既能带来生产力和利润的提高，又能使员工得到事业的成就与满足。

案例分析 4-6

副总家失火以后

小张是一家物流公司的业务副总，某次他在外出差时家里失火了，他接到妻子电话后，连夜火速赶回家。第二天一早去公司向老总请假，说家里失火要请几天假安排安排。按理说，也不过分，老总却说："谁允许你回来的？你要马上出差，如果你下午还不走，我就免你的职。"小张很有情绪，无可奈何地从老总办公室里出来后又马上出差走了。

老总听说小张已走，马上把党政工团负责人都叫了过来，要求他们分头行动，在最短时间内，不惜一切代价把小张家里的损失弥补回来，把家属安顿好。

请问：请运用管理方格理论，分析这家公司老总属于哪种类型的领导风格？

案例分析
4-6解析

任务实施

领导力培养——战地野炊

训练目标：

1. 培养学生的领导力与执行力；
2. 培养学生合理分工的能力；
3. 提高学生的创新意识与团队意识。

道具：活鸡一只、活鱼一条、各种蔬菜、调料等。

步骤：

1. 将全班分成10人一组，共5组，每组分别选出一名组长；
2. 由小组组长分配任务，如捡柴烧火、处理鸡鱼（抓鸡、杀鸡和杀鱼）、整理菜料（摘菜、切菜）、烹饪等，过程中注意分工的合理性；

3. 考查小组成员的执行能力，是否按照分工进行工作；

4. 善用有限的资源，解决小组全体成员的就餐问题；

5. 在规定时间内，完成所有食材的制作。

任务评价与反馈

1. 每组选择一道本组代表菜参与比赛，由教师和全体队长对菜品进行评分；

2. 得分最高者获胜，获得最佳厨师奖；

3. 根据团队中的表现，评出最佳团队奖，获胜团队可以挑选其他团队的任意菜品作为自己团队的食物。

扩展提升

表 4－5　领导者与管理者的区别

管理者	领导者
正确地做事情 安于现状，忙于行政管理 需要管理制度加以规范 强调的是效率 接受现状 注重系统 强调控制 运用制度 注重短期目标 强调方法 要求员工服从标准 运用职位权力 避免不确定性 等待机会的到来 仔细看管一切 考虑如何把一件事做对做好 考虑一件事是否紧急 考虑是否以最快的速度来实行 担心事情不能低于怎样的底线 考虑用先进方法来完成任务 讲究事情的实用性 通晓如何在一个现有系统中实施各种操作 更在意怎样加快晋升的速度 是听话的士兵 是模仿者	做正确的事情 挑战惯例，寻找新的途径 使人心悦诚服 强调的是结果 强调未来的发展 注重人 培养信任 强调价值观和理念 强调长远发展方向 鼓励员工进行变革 运用个人魅力 勇于冒险 令机会发生 创造成长 考虑一件事是不是对的 考虑一件事是否重要 考虑做事的方向是不是对的 在乎事情能达到怎样的上限 考虑做一件事情的目的是否有意义 讲究原则 创造一种新系统、新秩序的人 在展望未来时，考虑哪些是有前途的 是自己的主人 是原创者

任务2　沟　通

任务情境

太平洋煤气电力公司

1992年，因受暴风雪的影响，加利福尼亚州整个北部地区的供电全部中断。该公司以前一直采用播放录音回答客户询问的方式介绍整个供电系统的状况，如检修人员在什么地方、检修工作要多长时间等。录音的内容定期更换，反映事件发展变化的情况相当及时。然而，客户还是不断提出意见。而后，该公司改变了这种做法，开始由人工直接答复客户的电话。实际上，无论是反映情况的及时性，还是提供的具体信息，这些专职人员都比不上定期更换内容的录音介绍。但是，该公司的这一做法收到了客户的热情好评！客户所感受到的现实是，值班人员回答时富有同情的口气使顾客感到一点安慰，而这是录音机所无法做到的。

任务要求

你认为太平洋煤气电力公司改善客户服务情况的原因是什么？

知识准备

沟通在管理中起着不可忽视的作用。通过沟通可以实现企业与外部的交流，完成组织者与被组织者的信息传递，搭建领导者与下属间的感情纽带，管理者要对人们施加影响，离不开有效的沟通。

一、沟通的目的和特征

沟通是人与人之间、人与群体之间思想与感情的传递和反馈的过程，以求达成思想的一致和感情的通畅，组织的整个管理工作都与沟通有关。

（一）沟通的目的

沟通共有四个目的。

1. 控制成员的行为

你的下属有没有按照你的意思去做，这件事情不沟通是不会知道的，所以沟通的第一个目的是控制成员的行为。

小故事

王总的手指

某物流公司的总经理王某,经常去他们公司的人都知道不管是早上、中午,还是下午甚至到晚上,都能看到他。有一次,一个客户问他:“王总,为什么我每次来都看到你那么忙?”他的回答很简单:“管理这个物流公司,如果要让它能够做到行业一流,我每天进进出出大概要30次。”

他接着介绍说他平时很少讲话,但是他的手一直不停地指:当一个快件存放的位置不对时,他的手马上就指过去;当一辆车停车位置不好时,他的手马上指一下;当一个操作员动作太慢的时候,他同样用手指挥一下。他就这样上上下下地跑,用手在那里指。

该物流公司之所以是本地区做得最好的物流公司,与王总上上下下地盯着不无关系。

2. **激励员工改善绩效**

沟通的第二个目的是激励员工,也就是改善他们工作的绩效。

小故事

将军的痛苦

艾森豪威尔是第二次世界大战时的盟军统帅。有一次,他看见一个士兵从早到晚一直挖壕沟,就走过去跟他说:“大兵,现在日子过得还好吧?”士兵一看是将军,敬了个礼后说:“这哪是人过的日子哦!我在这边没日没夜地挖。”艾森豪威尔说:“我想也是,你上来,我们走一走。”艾森豪威尔就带他在那个营区里面绕了一圈,告诉他当一个将军的痛苦和肩膀上挂了几颗星以后,还被参谋长骂的那种难受,打仗前一天晚上睡不着觉的那种压力,以及对未来前途的那种迷惘。

最后,艾森豪威尔对士兵说:“我们两个一样,不要看你在坑里面,我在帐篷里面,其实谁的痛苦大还不知道呢,也许你还没死的时候,我就活活地被压力给压死了。”这样绕了一圈以后,又绕到那个坑附近的时候,那个士兵说:“将军,我看我还是挖我的壕沟吧!”

这个故事说明沟通就是一种激励。

3. **表达情感**

何谓情感?在企业管理中,情感指的是工作上的一种满足或者挫败。

小故事

安利的沟通

著名的安利公司有一个优点,它不像一般公司那样总是把“英雄豪杰”的照片挂在墙上。该公司有个很好的习惯,就是每一次找一个成功的业务员,叫他把故事讲给其他人听,再找一个失败的业务员,把他的挫折感讲给别人听,让大家一起交流,最后再把五个成功的和五个失败的摆在一起，让大家再一次互相交流。安利的成功，与这种情感分享有很大的关系。

4. **流通信息**

沟通可以进行有效的信息流通。

小故事

日本的信息流通

日本是个非常团结的民族。他们的主管在移交工作时，很少是仅用一天移交的，他们中间还要在一起工作一段时间，通常是半个月，至少也得一个星期，这表示这个沟通不会断裂。

其次，日本的老职员很少有丢下新职员不管的现象。在日本公司里经常会发现一个年纪大的日本人，带着个年纪小的日本人，这叫"母鸡带小鸡"。

第三，日本人很少在离开的时候，一句话都没有讲，什么东西都没有留下。他们一般都会有一本备忘录，留给后面接任的人继续阅读。在我们国内这么多企业中，很少看到有哪家企业主管在交接的时候，留下一本备忘录给后面的人阅读。

第四，日本人还会做到所有留下的关系统统不会断掉，所以他们在业务交接的时候，都会带着新的干部去拜访政府官员、同行，甚至有竞争的对手与大客户，他们称之为关系。

最后，日本人到每个国家做事情的时候，都对这个国家的情报非常感兴趣。以在中国的日本商人为例，他们每个月都有一本书，叫作《中国情报》，上面写了个"密"字，弄得像秘密档案似的，而且其管理与流通也相当严格，只有日本人自己可以读。所以你问日本人我们的某某企业的情况时，他们都非常了解。反过来问到我们中国人："日本小泉首相结婚了吗？"许多人却一头雾水。

日本企业的崛起与兴盛，与他们从来不让信息的沟通断裂有很大关系，因为信息一旦断裂，什么东西都将从头来过，一个公司好不容易栽培了一个经理，结果他拍拍屁股一走，另外一个就要从头来过。在他们身上投资，不是白投了吗？这就是最值得我们深思的地方。

（二）沟通的特征

人与人的沟通具有以下特征：

（1）人与人之间的沟通主要通过语言（或语言的文字形式）进行；

（2）人与人之间的沟通不仅是消息的交流，而且包括情感、思想、态度、观点的交流；

（3）在人与人之间的沟通过程中，心理因素有着重要的意义；

（4）在人与人的沟通过程中，会出现特殊的沟通障碍。

二、沟通的过程

沟通过程是指沟通主体对沟通客体进行有目的、有计划、有组织的思想、观念、信息交流，使沟通成为双向互动的过程。

综合来看，沟通过程应包括五个要素，即沟通主体、沟通客体、沟通介体、沟通环境、沟通渠道，如图 4－4 所示。

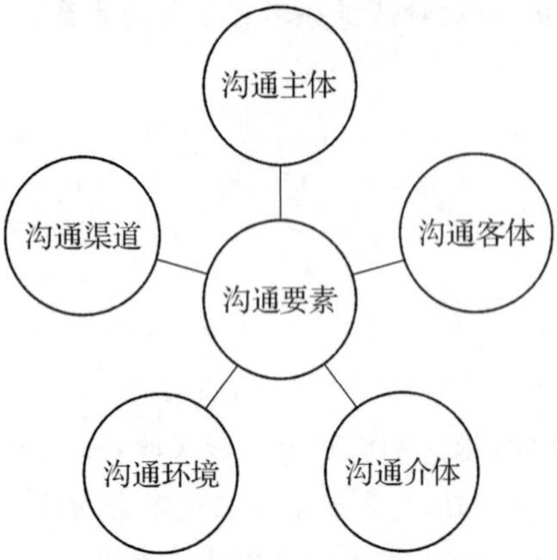

图 4－4　沟通过程的五要素

（一）沟通主体

沟通主体是指有目的地对沟通客体施加影响的个人和团体，如党、团、行政组织、家庭、社会文化团体及社会成员等。沟通主体可以选择和决定沟通客体、沟通介体、沟通环境和沟通渠道，在沟通过程中处于主导地位。

（二）沟通客体

沟通客体即沟通对象，包括个体沟通对象和团体沟通对象。团体的沟通对象还有正式群体和非正式群体的区分。沟通对象是沟通过程的出发点和落脚点，因而在沟通过程中具有积极的能动作用。

（三）沟通介体

沟通介体即沟通主体用以影响、作用于沟通客体的中介，包括沟通内容和沟通方法，是沟通主体与客体间的联系，保证沟通过程的正常开展。

（四）沟通环境

沟通环境既包括与个体间接联系的社会整体环境（政治制度、经济制度、政治观点、道德风尚、群体结构），又包括与个体直接联系的区域环境（学习、工作、单位或家庭等），对个体直接施加影响的社会情境及小型的人际群落。

（五）沟通渠道

沟通渠道即沟通介体从沟通主体传达给沟通客体的途径。沟通渠道不仅能使正确的思想观念尽可能全、准、快地传达给沟通客体，还能广泛、及时、准确地收集客体的思想动态和反馈的信息，因而沟通渠道是实施沟通过程、提高沟通功效的重要一环。沟通渠道很多，如谈心、座谈等。

沟通就是传递信息的过程。在这个过程中至少存在着一个发送者和一个接受者，即发出信息一方和接受信息一方。信息在两者之间的传递过程，一般经历七个环节：

（1）发送者需要向接受者传递信息或者需要接受者提供信息。这里所说的信息是一个广义的概念，它包括观点、想法、资料等内容。

（2）发送者将要发送的信息译成接受者能够理解的一系列符号。为了有效地进行沟通，这些符号必须适应媒体的需要。例如，如果媒体是书面报告，符号的形式应选择文字、图表或照片；如果媒体是讲座，就应选择文字、投影胶片和板书。

（3）发送的符号传递给接受者。由于选择的符号种类不同，传递的方式也不同。传递的方式可以是书面的，如信、备忘录等；也可以是口头的，如交谈、演讲、电话等；甚至还可以通过身体动作来表述，如手势、面部表情、姿态等。

(4) 接受者接受符号。接受者根据发送来的符号的传递方式，选择相应的接受方式。例如，如果发送来的符号是口头传递的，接受者就必须仔细地听，否则符号就会丢失。

(5) 接受者将接受到的符号译成具有特定含义的信息。由于发送者翻译和传递能力的差异，以及接受者接受和翻译水平的不同，信息的内容和含义经常被曲解。

(6) 接受者理解被翻译的信息内容。

(7) 发送者通过反馈来了解他想传递的信息是否被对方准确地接受。一般来说，由于沟通过程中存在着许多干扰和扭曲信息传递的因素(通常把这些因素称为噪音)，这使得沟通的效率大为降低。因此，发送者了解信息被理解的程度也是十分必要的。沟通过程图中的反馈，构成了信息的双向沟通，沟通的过程如图 4-5 所示。

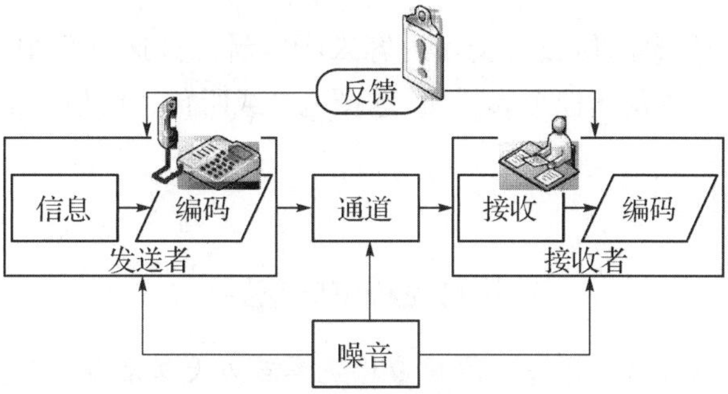

图 4-5　沟通的过程

三、沟通过程中的障碍

在人们沟通信息的过程中，常常会受到各种因素的影响和干扰，使沟通受到阻碍。常见的沟通障碍有语义、过滤、选择性知觉、情绪、文化等。

(一) 语义

同一个词汇对于不同的人来说会有不同的理解。年龄、教育程度和文化背景等因素，极大地影响着人们的语言风格，影响着人们对于词汇的理解和界定。即使是同一个组织中的不同部门，甚至也会有其独特的“行话”。技术人员惯用的某一个术语，在销售人员听来或许就是完全不相干的其他的含义。认为所有的听者对于所用的词汇会有同样的理解，这是一厢情愿的想法。

案例分析 4-7

秀才买柴

有一个秀才去买柴，他对卖柴的人说：“荷薪者过来！”卖柴的人听不懂“荷薪者”(担柴的人)三个字，但是听得懂“过来”两个字，于是把柴担到秀才前面。

秀才问他：“其价如何？”卖柴的人听不太懂这句话，但是听得懂“价”这个字，于是就告诉秀才价钱。秀才接着说：“外实而内虚，烟多而焰少，请损之。”(你的木材外表是干的，里头却是湿的，燃烧起来，会浓烟多而火焰小，请减些价钱吧）卖柴的人因为听不懂秀才的话，于是担着柴就走了。

请问：这个故事说明什么管理学道理？

案例分析
4－7解析

（二）过滤

过滤指的是人们对于信息的故意操纵。组织的层次越多，信息被过滤的可能性越大。另外，组织的奖励制度对于信息过滤行为会起到很大的影响。奖励越注重形式和外表，人们就越会有意识地按照上级的偏好来调整和改变信息。

（三）选择性知觉

选择性知觉是指信息的接收者会挑内容来听或看。沟通过程中，接收者会根据自己的需要、动机、经验、背景及其他个人特质，选择地看或听传达给他的信息。

案例分析 4－8

诸葛亮巧辩联东吴

东汉末年，有一场著名的赤壁之战。曹操统率百万大军准备攻打吴国，当时吴国分为主战、主和两派。诸葛亮为了说服孙权和蜀汉联手抗曹，不远千里来到东吴，企图增加主战派的声势。

这时，吴国的主战论者鲁肃对诸葛亮说："为了促使孙权下决心打仗，希望你能把曹操的实力说得弱一点。"可是，当孙权向诸葛亮询问曹操兵力时，诸葛亮却说："据说曹操有一百万的精锐兵力，可是实际上并不止这个数字。所以，在这个时候，求和是比较明智的。"孙权很惊讶地问道："那为什么兵力比吴国还弱的刘备，敢和曹操打仗呢？"诸葛亮说："我的主公为了要复兴大汉皇室，所以必须和曹操一战。所谓正义之战，兵力乃是次要的问题。为了吴国的安全着想，我劝你还是谋和。"听了孔明这番话，孙权也立志要和曹操决一胜负。于是蜀吴两国合力抗曹，终于在赤壁之战中打败曹操，从而在历史上写下了辉煌的一页。

案例分析
4－8解析

请问：这个故事说明什么管理学道理？

（四）情绪

情绪对于信息的发出和接收均具有很大的影响。极端的情绪使人们无法进行客观而理性的思维，从而会口不择言、语无伦次，自己都不知道自己所言何物。就信息的接收者而言，情绪也会影响他对信息的理解。一个人在高兴或痛苦的时候，会对同样的信息做出截然不同的理解。

小故事

高僧解惑

古时候，有一个妇人，特别喜欢为一些琐碎的小事生气。她也知道自己这样不好，便去求一位高僧为自己谈禅说道，开阔心胸。

高僧听了她的讲述，一言不发地把她领到一座禅房中，落锁而去。

妇人气得跳脚大骂。骂了许久，高僧也不理会。妇人又开始哀求，高僧仍置若罔闻。妇人终于沉默了。高僧来到门外，问她："你还生气吗？"

妇人说："我只为我自己生气，我怎么会到这地方来受这份罪。"

"连自己都不原谅的人怎么能心如止水？"高僧拂袖而去。

过了一会儿，高僧又问她："还生气吗？"

"不生气了。"妇人说。

"为什么？"

"气也没有办法呀。"

"你的气并未消逝，还压在心里，爆发后将会更加剧烈。"高僧又离开了。

高僧第三次来到门前，妇人告诉他："我不生气了，因为不值得气。"

"还知道值不值得，可见心中还有衡量，还是有气根。"高僧笑道。

当高僧的身影迎着夕阳立在门外时，妇人问高僧："大师，什么是气？"

高僧将手中的茶水倾洒于地。妇人视之良久，顿悟。叩谢而去。

同样的事情，由于妇人的情绪不同而产生不同的理解。

（五）文化

文化差异会影响管理者的沟通方式，如西方的管理者更偏重于正式的沟通，而在东方文化中，非正式的、私下的沟通可能会占较高的比重。这些差异要是不能得到很好的认识和认真的考虑，极有可能成为沟通的障碍。

案例分析 4－9

外籍上司与中国下属的职业发展交流

Jason 是一家美资企业派往中国分公司的法籍技术部门经理，近日与具有发展潜力的中国工程师 Michael 进行职业发展交流。

"Michael，我们都看到你在工作上的出色表现，对于自己今后三年的职业发展，你有什么想法吗？"

"是的，我愿意继续从事技术方面的工作，如果亚太区有合适的机会，希望 Jason 可以给予推荐。"

不久，中国籍人力资源经理 Emma 也找到 Michael，和他探讨未来的职业方向，Michael 却表示，目前自己在技术部门的工作还不错，但对市场方面的工作也很感兴趣，如果可以的话，也愿意尝试。

最后，技术部门经理 Jason 与人力资源经理 Emma 坐在一起交流 Michael 的职业发展计划时，发现两个人得到了完全不同的答案。对此，Jason 很是困惑，“如果 Michael 真的这么想，为什么没有直接告诉我呢？如果没有一个明确的奋斗目标或规划，又该如何采取实际行动呢？”Emma 则很释然，他告诉 Jason，“Michael 也许还在犹豫，并没有刻意向你隐瞒他的想法，只是为自己留有一些余地，我们还是多给他一些时间考虑吧，多给他一些选择的机会……”

请问：案例中中美两国在沟通文化上有何差异？

案例分析
4－9 解析

四、沟通的类型

在组织中，沟通的方式和种类有很多，根据不同的划分标准，有不同类型的沟通。

（一）语言沟通、非语言沟通和电子媒介沟通

按沟通媒介的不同，可以分为语言沟通、非语言沟通和电子媒介沟通（见图 4－6）。语言沟通是指以语词符号为载体实现的沟通，主要包括口头沟通和书面沟通。口头沟通是指借助语言进行的信息传递与交流。口头沟通的形式很多，如会谈、电话、会议、广播、对话等。书面沟通是指借助文字进行的信息传递与交流。书面沟通的形式也很多，如通知、文件、通信、布告、报刊、备忘录、书面总结、汇报等。

- 沟通
  - 语言沟通
    - 口头
    - 书面
  - 非语言沟通
    - 身体语言沟通
      - 身体动作姿态
      - 服饰仪态
      - 空间位置
    - 副语言沟通
    - 物体的操纵
  - 电子媒介沟通

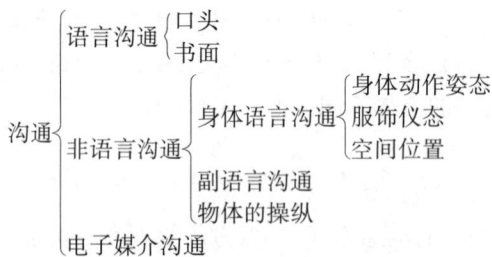

图 4－6　按沟通媒介不同划分的沟通种类

非语言沟通是指通过身体动作、体态、语气语调、空间距离等方式交流信息、进行沟通的过程。人们在沟通中常用的非语言沟通形式主要有身体语言、副语言沟通、物体的操纵等形式。身体语言主要是用手势、面部表情、说话声调、语气和身体姿态等形式来实现的。例如，管理者与其下属交谈时，常常可以通过其眼神和面部表情来判断所讲的话是否为对方所理解，是赞同还是反对。副语言沟通是通过非词语的声音，如重音、声调的变化，以及哭、笑、停顿来实现的。一句话的含义不仅取决于其字面意思，还取决于它的弦外之音。语音表达方式的变化，尤其是语调的变化，可以使字面相同的一句话具有完全不同的含义。此外，人们还通过物体的运用、环境布置等手段进行沟通。例如，管理过程中的正式交谈活动，人们特别重视交谈环境的布置。选择什么形状的谈判桌，怎样安排会谈人员的座位等都要精心考虑。

（二）正式沟通和非正式沟通

按沟通的渠道或途径不同可分为正式沟通和非正式沟通（见图 4－7）。

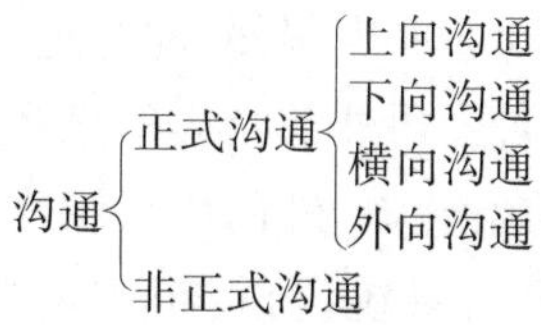

图 4－7　按沟通途径不同划分的沟通种类

1. 正式沟通

正式沟通就是通过组织明文规定的渠道进行信息传递和交流。按照古典管理理论，沟通应遵循指挥和层级系统进行。

正式沟通在组织中存在着上向沟通、下向沟通、横向沟通和外向沟通等形式，某物流公司的正式沟通形式如图 4－8 所示。

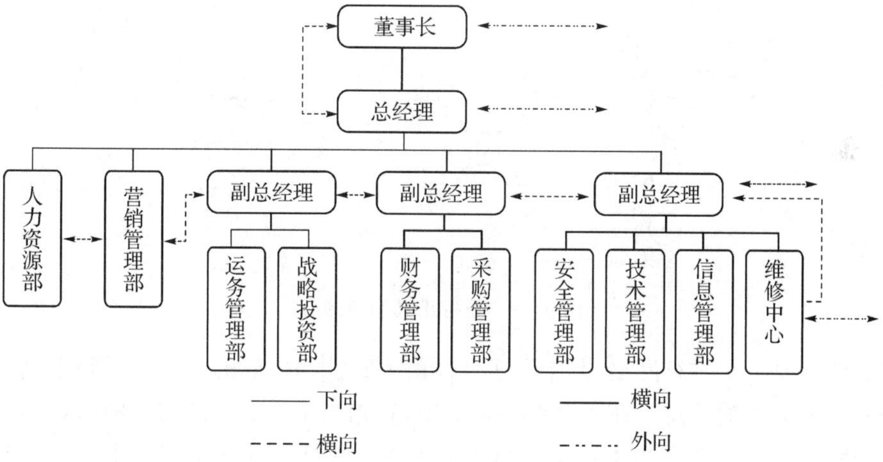

图 4－8　正式沟通的信息流向方式

上向沟通主要是下属依照规定向上级所提出的正式书面或口头报告。除此以外，许多机构还采取措施以鼓励向上沟通，如意见箱、建议制度以及由组织举办的征求意见座谈会或态度调查等。有时某些上层主管采取所谓“门户开放”政策，使下属人员可以不经组织层次向上报告。但是据研究，这种沟通也不是很有效，而且由于人的利害关系，往往使沟通信息发生与事实不符或压缩的情形。

下向沟通是在传统组织内最主要的沟通流向。一般以命令方式传达上级组织或其上级所决定的政策、计划、规定之类的信息，有时颁发某些资料供下属使用等。如果组织的结构包括多个层次，则通过层层转达，其结果往往使下向信息歪曲，甚至遗失，而且过程迟缓，这些都是在下向沟通中经常发现的问题。

横向沟通主要是同层次、不同业务部门之间的沟通。在正式沟通系统内，一般机会并不多，若采用委员会和举行会议方式，往往所费时间人力甚多，而达到沟通的效果并不是很好。因此，组织为顺利进行其工作，必须依赖非正式沟通以补充正式沟通的不足。正式沟通的优点是：沟通效果好，比较严肃，约束力强，易于保密，可以使信息沟通保持权威性。重要的消息和文件的传达及组织的决策等，一般都采取这种方式。其缺点在于，因为依靠组织系统层层传递，所以很刻板，沟通速度很慢，此外也存在着信息失真或扭曲的可能。

外向沟通是指组织成员旨在向公司外部收集信息和表现形象的沟通活动。在企业组织日益市场化、跨区域和国际化的条件下，外向性组织沟通越来越成为管理学中新的研究领域。作为开放的管理、技术与经营系统，公司组织需要通过沟通与外界保持持续的交往，建立工作关系网络和新的形象。

正式沟通有几种具体的沟通形态，以五个人为一群体为例，基本上可分为五种沟通形态，即链式、环式、Y式、轮式和全通道式，如图 4－9 所示。

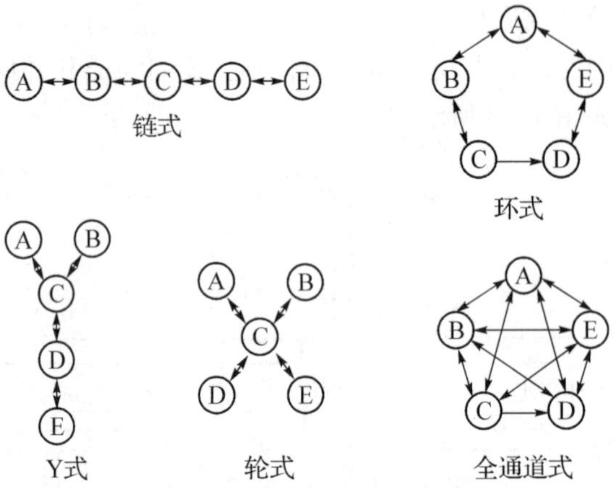

图 4－9　五种正式沟通形态

链式沟通是一个平行网络，其中居于两端的人只能与内侧的一个成员联系，居中的人则可分别与两人沟通信息。在一个组织系统中，它相当于一个纵向沟通网络，代表一个五级层次，逐渐传递，信息可自上而下或自下而上进行传递。在这个网络中，信息经层层传递、筛选，容易失真，各个信息者所接收的信息差异很大，平均满意程度有较大差距。此外，这种网络组织中主管人员和下级部属之间的中间管理者的组织系统，属控制型结构。在管理中，如果某一组织系统过于庞大，需要实行分权授权管理，那么，链式沟通网络是一种行之有效的方法。

环式沟通可以看成链式形态的一个封闭式控制结构，表示五个人之间依次联络和沟通。其中，每个人都可同时与两侧的人沟通信息。在这个网络中，组织的集中化程度和领导人的预测程度都较低，畅通渠道不多，组织中成员具有比较一致的满意度，组织士气高昂。如果在组织中需要创造出一种高昂的士气来实现组织目标，环式沟通是一种行之有效的措施。

Y式沟通是一个纵向沟通网络，其中只有一个成员位于沟通内的中心，成为沟通的媒介。在组织中，这一网络大体相当于组织领导、秘书班子再到下级主管人员或一般成员之间的纵向关系。这种网络集中化程度高，解决问题速度快，组织中领导人员预测程度较高。除中心人员(C)外，组织成员的平均满意程度较低。此网络适用于主管人员的工作任务十分繁重，需要有人选择信息，提供决策依据，节省时间，而要对组织实行有效的控制。但此网络易导致信息曲解或失真，影响组织中成员的士气，阻碍组织提高工作效率。

轮式沟通属于控制型网络，其中只有一个成员是各种信息的汇集点与传递中心。在组织中，大体相当于一个主管领导直接管理几个部门的权威控制系统。此网络集中化程度高，解决问题的速度快。主管人(C)的预测程度很高，而沟通的渠道很少，组织成员的满意程度低，士气低落。轮式网络是加强组织控制、争时间、抢速度的一个有效方法。如果组织接受紧急攻关任务，要求进行严密控制，则可采取这种网络。

全通道式沟通是一个开放式的网络系统，其中每个成员之间都有一定的联系，彼此了解。此网络中组织的集中化程度及主管人的预测程度均很低。由于沟通渠道很多，组织成员的平均满意程度高且差异小，所以士气高昂，合作气氛浓厚。这对于解决复杂问题、增强组织合作精神、提高士气均有很大作用。但是，由于这种网络通渠太多，易造成混乱，且又费时，影响工作效率。

上述五种沟通形态都有其优缺点。作为一名主管人员，在管理工作实践中，要进行有效的人际沟通，就需发挥其优点，避免其缺点，使组织的管理工作逐步提高。

2. 非正式沟通

非正式沟通是指办公室在正式沟通渠道之外进行的各种沟通活动，一般以办公室人员之间的交往为基础，通过各种各样的社会交往而产生。

非正式沟通和正式沟通不同，因为它的沟通对象、时间及内容等各方面都是未经计划和难以辨别的。如上所述，非正式组织是由于组织成员的感情和动机上的需要而形成的。其沟通途径是通过组织内的各种社会关系，这种社会关系超越了部门、单位以及层次。在相当程度内，非正式沟通的发展也是配合决策对于信息的需要的。这种途径相对于正式途径具有较大弹性，它可以是横向流向，或是斜角流向，一般也比较迅速(见图 4-10)。在许多情况下，来自非正式沟通的信息，反而获得接收者的重视。由于传递这种信息一般以口头方式，不留证据、不负责任，许多不愿通过正式沟通传递的信息，却可能在非正式沟通中透露。

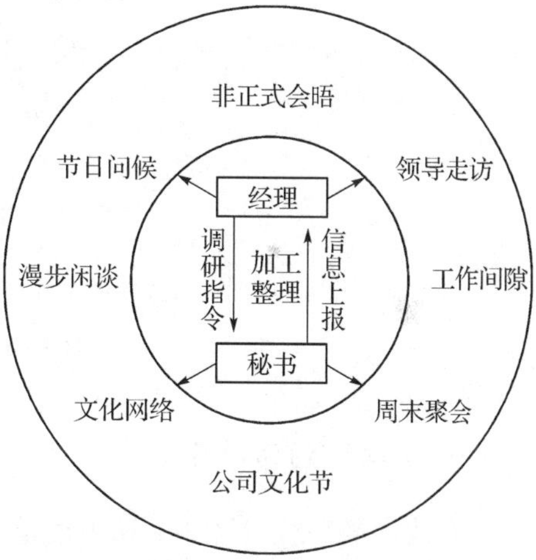

图 4-10 非正式沟通的信息流向方式

非正式沟通具有沟通方便、内容广泛、方式灵活、沟通速度快的特点，可用以传播一些不便进行正式沟通的信息。而且由于在这种沟通中比较容易把真实的思想、情绪、动机表露出来，因而能提供一些正式沟通中难以获得的信息。管理者要善于利用这种沟通方式。

但非正式沟通难以控制，传递的信息不确切，容易失真、被曲解，并且它可能促进小集团、小圈子的建立，影响员工关系的稳定和团体的凝聚力。如果能够对企业内部非正式的沟通渠道加以合理利用和引导，就可以帮助企业管理者获得许多无法从正式渠道取得的信息，在达成理解的同时解决潜在的问题，从而最大限度地提升企业内部的凝聚力，发挥整体效应。

研究表明,非正式沟通存在以下四种形态:

(1) 集群连锁(Cluster-chain)。在沟通过程中,可能有几个中心人物,由他转告若干人,而且有某种程度的弹性。如图 4-11(a)中的 A 和 F 两人就是中心人物,代表两个集群的"转播站"。

(2) 密语连锁(Gossip chain)。由一人告知所有其他人,犹如其独家新闻,如图 4-11(b)。

(3) 随机连锁(Probability chain)。碰到什么人就转告什么人,并无一定中心人物或选择性,如图 4-11(c)。

(4) 单线连锁。是由一人转告另一人,他再只转告一个人,这种情况最为少见,如图 4-11(d)

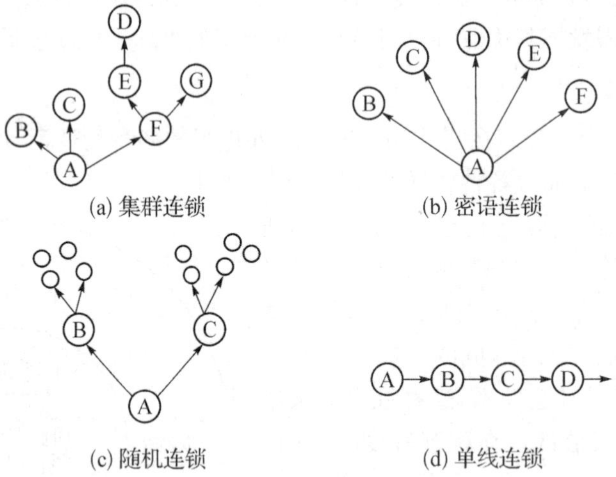

图 4-11　非正式沟通的形态

(三) 有效沟通的原则

有效沟通是组织管理活动中最重要的组成部分,有效的沟通意味着良好的管理。一般来说,有效沟通的原则可归纳为"积极反馈、控制情绪、学会倾听"十二字原则。

1. 积极反馈

现实中有许多管理问题都是由于理解不准确或误解造成的,而通过反馈才能有效改善这些问题。因此,管理者在管理工作中,应注重意见反馈,不能唱独角戏,认为自己说的话别人一定能听懂理解。在工作中可试图问一问对方,让他复述一下,这样可以通过反馈有效地促进理解的准确性。

小故事

教授的西裤

一位教授精心准备一个重要会议上的演讲,会议的规格之高、规模之大都是他平生第一次遇到的。全家都为教授的这一次露脸而激动，为此，老婆专门为他选购了一身西装。

晚饭时，老婆问西装合身不，教授说上身很好，裤腿长了那么两厘米，倒是能穿，影响不大。晚上教授早早就睡了。老妈却睡不着，琢磨着儿子这么隆重的演讲，西裤长了怎么能行，反正人老了也没瞌睡，就翻身下床，把西装的裤腿剪掉了两厘米，缝好烫平，然后安心地入睡了。早上五点半，老婆睡醒了，因为家有大事，所以起来比往常早些，想起老公西裤的事，心想时间还来得及，便拿起西裤又剪了两厘米，缝好烫平，惬意地去做早餐了。一会，女儿也早早起床了，看妈妈的早餐还没有做好，就想起爸爸西裤的事情，寻思自己也能为爸爸做点事情了，便拿来西裤，再剪短两厘米，缝好烫平……这个裤子还能不能穿？

2. **控制情绪**

人在过分激动、焦虑或哀伤的时候，既不能准确地表达自己的意思，又不能很好地理解别人所说，因此，情绪不好时会使信息的传递严重受阻或失真。在日常管理中，管理者要善于调节和控制自己的情绪，在一个平和的状态下进行沟通。当情绪激动时，可以先平静自己的情绪，再进行沟通。

小故事

狮子和老虎的故事

狮子和老虎之间爆发了一场激烈的冲突，到最后，两败俱伤。狮子快要断气时，对老虎说："如果不是你非要抢我的地盘，我们也不会弄成现在这样。"老虎吃惊地说："我从未想过要抢你的地盘，我一直以为是你要侵略我。"

3. **学会倾听**

对于沟通的理解，很多人都存在着误区，认为沟通就是说。沟通是信息的交流，是意思的传递，因此，管理者不仅要学会说，更重要的是要学会倾听。西方人经常说："上帝给我们两只耳朵、一张嘴，目的是让我们少说多听。"这说明了倾听的重要性。

小故事

最有价值的金人

曾经有个小国的人到中国来，进贡了三个一模一样的金人，把皇帝高兴坏了。可是这小国的人不厚道，同时出了一道题目：这三个金人哪个最有价值？皇帝想了许多办法，请来珠宝匠检查，称重量，看做工，都是一模一样的。

怎么办？使者还等着回去汇报呢！泱泱大国，不会连这个小事都不懂吧？最后，有一位退位的老大臣说他有办法。皇帝将使者请到大殿，老臣胸有成竹地拿着三根稻草，插入第一个金人的耳朵里，这稻草从另一边耳朵出来了。第二个金人的稻草从嘴巴里直接掉出来，而第三个金人，稻草进去后掉进了肚子，什么响动也没有。老臣说：第三个金人最有价值！使者默默无语，答案正确。最有价值的人，不一定是最能说的人。老天给我们两只耳朵一个嘴巴，本来就是让我们多听少说的。善于倾听，才是成熟的人最基本的素质。

任务实施

沟通游戏——撕纸

游戏目标:理解沟通的重要性,培养学生的沟通能力。

过程:

【情境 1】

由教师给每位同学发一张纸,然后由教师发出单项指令:

大家闭上眼睛,全过程不许问问题;

把纸对折;

再对折;

再对折;

把右上角撕下来,转 180°,把左上角也撕下来;

睁开眼睛,把纸打开。

此时大家会发现各种答案。

【情境 2】

教师请一位同学上来,重复上述指令,唯一不同的是这次大家可以问问题。

大家会发现依然有各种答案。

任务评价与反馈

讨论:为什么会有这么多不同的结果?

扩展提升

跨文化沟通

随着经济全球化进程的加速,“地球村”的出现,知识经济悄然兴起,跨国、跨文化的交往活动日益频繁,企业原有的组织机构、技术方法、管理模式等在跨国经营时,越来越多地面临各种诸如语言、价值观念、心理、传统习俗、行为方式等民族文化差异的挑战。要在国际市场上占用一席之地,提高竞争力,实现有效的跨文化沟通是一个重要前提。所谓跨文化沟通是指跨文化组织中拥有不同文化背景的人们之间的信息、知识和情感的互相传递、交流和理解过程。

一、影响跨文化沟通的主要因素

(一)感知

在跨文化沟通过程中,感知对沟通的影响具有十分重要的意义。一方面,人们对外部刺激的反应,对外部环境的倾向性、接受的优先次序,是由文化决定的;另一方面,当感知形成后,它又会对文化的发展以及跨文化的沟通产生影响。人们在沟通过程中存在的种种障碍和差异,主要是由感知方式的差异所造成的。要进行有效的沟通,我们必须了解来自异文化环境中人们感知世界的不同方式。

（二）种族中心主义

种族中心主义是人们作为某一特定文化中成员所表现出来的优越感。它是一种以自身的文化价值和标准去解释和判断其他文化环境中的群体——他们的环境、他们的沟通的一种趋向。从一种文化的角度看，假定另一种文化能选择“最好的方式”去行事是不合理的。因而，我们对文化差异很大的人们之间的沟通，在早期是抱着否定态度的。

（三）缺乏共鸣

缺乏共鸣的主要原因是人们经常是站在自己的立场而不是他人的立场上理解、认识和评价事物的。在正常情况下，设身处地地站在他人立场上想象他人的境地是十分困难的。尤其是文化的因素加入之后，这个过程就更加复杂了。如果从来没有在国外的企业工作过或从事过管理，也就没有机会了解他国人的文化，我们就很容易误解他国人的行为。

二、跨文化沟通的障碍及改进

各国价值观和准则的差异，造成各国人们的思维方式和行为规范的不同。在国际商务中，这些差异很容易导致交往双方的误解。美国著名国际商务学者大卫－里克斯，把许多大公司在国际商务中由于对他国文化不了解而酿成失败的事例编成《国际商务误区》一书，这些失败和教训大部分都是因为公司高层管理人员不了解其他国家的文化和具体国情造成的。跨文化交际障碍严重时会出现“文化休克”。“文化休克”是指当人们到国外工作、留学或定居时，到了一种不熟悉的文化环境中生活，常常会体验到不同程度的心理反应。“文化休克”对刚到新环境中工作的人影响很大。

应对全球化浪潮的关键技能是跨文化无障碍沟通，许多跨国公司早已为此纷纷行动。培养跨文化沟通能力的对策主要有以下几个方面。

（一）提高全球意识

人难免用自己的价值观来分析和判断我们周围的一切，比如人家批评几句，就什么都听不进去，总觉得我们文化比别人的优越，或者有种族偏见和歧视，这些都是跨文化沟通的严重障碍。只有带着虚心和平静的心态与态度才能真正听得进去，有效沟通才可能真正发生。要学会培养接受和尊重不同文化的意识。

（二）培养跨文化的理解力

只有多学习接近对方的文化，在行为上不断训练自己和不同文化背景的人交往，才能更了解东西方文化的差异。跨文化企业应通过培训，培养目光长远、能适应多种不同文化并具有积极的首创精神的经理人员。

（三）正视差异，保持积极的心态去实现文化认同

在文化沟通中，各种文化之间的差异是客观存在的，这是我们进行跨文化沟通的前提。为了有效地进行跨文化沟通，避免无谓的价值冲突，正确对待文化差异是一种基本要求。首先要准确地诊断文化冲突产生的原因；其次要洞悉文化的差异以及多样性所带来冲突的表现状态；第三，在明晰冲突根源、个人偏好和环境的前提下，必须能够选择合适的跨文化沟通方法和途径。同时尽力总结沟通的经验教训，从中探讨相关的沟通规律。跨文化沟通是个复杂的过程，不同文化差异是巨大的。在日常国际交往中，这些差异很容易

导致交往双方的误解，多学习沟通对象的文化、习惯、价值观、思维方式、心理特点等对于跨文化交往和沟通是大有裨益的。实现有效的跨文化沟通的根本点就是揭开异质文化的隐蔽层，跨越文化障碍，使各个国家和民族顺利交往。

任务3 激 励

任务情境

林肯电气公司的激励制度

林肯电气公司总部设在克利夫，年销售额为44亿美元，拥有2 400名员工，并且形成了一套独特的激励员工的方法。该公司90%的销售额来自生产弧焊设备和辅助材料。林肯电气公司的生产工人按件计酬，他们没有最低小时工资。员工为公司工作两年后，便可以分享年终奖金。该公司的奖金制度有一整套计算公式，全面考虑了公司的毛利润及员工的生产率与业绩，可以说是美国制造业中对工人最有利的奖金制度。在过去的56年中，平均奖金额是基本工资的95.5%，该公司中相当一部分员工的年收入超过10万美元。近几年经济发展迅速，员工年均收入为44 000美元左右，远远超出制造业员工年收入17 000美元的平均水平。在不景气的年头里，如1982年的经济萧条时期，林肯电气公司员工收入降为27 000美元。这虽然相比其他公司还不算太坏，可与经济发展时期相比就差了一大截。

公司自1958年开始一直推行职业保障政策，从那时起，他们没有辞退过一名员工。当然，作为对此政策的回报，员工也相应地要做到以下几点：在经济萧条时他们必须接受减少工作时间的决定；要接受工作调换的决定；有时甚至为了维持每周30小时的最低工作量，而不得不调整到一个报酬更低的岗位上。林肯电气公司极具成本和生产率意识，如果工人生产出一个不合标准的部件，那么除非这个部件修改至符合标准，否则这件产品就不能计入该工人的工资中。严格的计件工资制度和高度竞争性的绩效评估系统，形成了一种很有压力的氛围，有些工人还因此产生了一定的焦虑感，但这种压力有利于生产率的提高。据该公司的一位管理者估计，与国内竞争对手相比，林肯电气公司的总体生产率是他们的两倍。自20世纪30年代经济大萧条以后，公司年年获利丰厚，没有缺过一次分红。该公司还是美国工业界中工人流动率最低的公司之一。前不久，该公司的两个分厂被《财富》杂志评为全美十佳管理企业。

任务要求

1. 你认为林肯电气公司使用了何种激励理论来调动员工的工作积极性？
2. 为什么林肯电气公司的方法能够有效地激励员工的工作？

3. 你认为这种激励制度可能给公司管理当局带来什么问题？

知识准备

所谓激励，就是企业根据职位评价和绩效考评结果，设计科学的薪酬管理系统，以一定的行为规范和惩罚性措施，借助信息沟通，来激发、引导和规范企业员工的行为，以有效实现企业及其员工个人目标的系统活动。

这一定义包含以下几个方面的内容：

(1) 激励的出发点是满足组织成员的各种需要，即通过系统地设计适当的外部奖酬形式和工作环境，来满足企业员工的外在性需要和内在性需要。

(2) 科学的激励工作需要奖励和惩罚并举，既要对员工表现出来的符合企业期望的行为进行奖励，又要对不符合企业期望的行为进行惩罚。

(3) 激励贯穿于企业员工工作的全过程，包括对员工个人需要的了解、个性的把握、行为过程的控制和行为结果的评价等。因此，激励工作需要耐心。赫兹伯格说，如何激励员工：锲而不舍。

(4) 信息沟通贯穿于激励工作的始末，从对激励制度的宣传、企业员工个人的了解，到对员工行为过程的控制和对员工行为结果的评价等，都依赖于一定的信息沟通。企业组织中信息沟通是否通畅，是否及时、准确、全面，直接影响着激励制度的运用效果和激励工作的成本。

(5) 激励的最终目的是在实现组织预期目标的同时，也能让组织成员实现其个人目标，即达到组织目标和员工个人目标在客观上的统一。

一、人性假设

管理现代化的一个极为重要的问题，就是如何科学地管理人，以充分调动人的生产、工作积极性的问题。而对人的科学管理，其理论和实践都必然要建立在对人的科学认识的基础上。因此，管理心理学中的人性理论问题，是管理科学中的一个十分重要的基本理论。

(一)“经济人”假设

“经济人”也被称作“唯利人”或“实利人”。这种人性观产生于早期管理学阶段，当时，管理学者开始从经济的角度寻求人的工作的最主要的动机，不再把人看作完全被动的“工具人”。麦克雷戈于 1965 年提出了两种对立的人性假设，即 X 理论和 Y 理论，其中 X 理论就是对“经济人”假设的管理工作的理论概括，其内容要点有：

(1) 大多数人天生是懒惰的，他们都尽量地逃避工作。

(2) 多数人是没有雄心大志的，不愿意负任何责任，而心甘情愿地受别人指挥。

(3) 多数人的个人目标与管理目标是相互矛盾的，必须采取强制的、惩罚的办法，才能迫使他们为达到组织目标而工作。

(4) 多数人干工作是为了满足自己的生理和安全的需要，因此，只有金钱和其他物质利益才能激励他们努力工作。

(5) 人大致可分为两类,大多数人具有上述特性,属被管理者。少数人能够自己鼓励自己,能够克制感情冲动而成为管理者。

"经济人"的人性理论及其相应的管理理论——X 理论,从经济的角度寻求调动工人生产、工作积极性的途径、方法和措施。"经济人"的人性假设的一个显著特点就是注意反映人的经济需求,认为人的经济需求是客观的、基本的,是人劳动工作的根本性动机。这些认识具有很高的科学性。"经济人"的人性假设理论的缺陷在于,它以享乐主义为其哲学基础,其实质是把人看成"自然人""生物人",无视和抹杀了人的社会性。在这种人性理论指导下产生的管理措施,不可能真正、持久地调动人生产工作的积极主动性,激发人的劳动热情和创造精神。

(二)"社会人"假设

"社会人"的人性假设理论认为,工人不是机械的、被动的动物,对工人的劳动积极性产生影响的也绝不只是"工资""奖金"等经济报酬,工人还有一系列的社会、心理需求。如工人对尊重、对良好的人际关系的需求等。因而,满足工人的社会性需求,往往更能激励工人的劳动积极性。

在"社会人"的人性假设理论影响下产生的管理思想及其管理措施,主要有以下四个特点:

(1) 管理人员不能只注意完成生产任务,而应把注意的重点放在关心人、满足人的需要上。

(2) 管理人员不能只注意指挥、监督、计划、控制和组织,更应该重视职工之间的关系,培养和形成职工的归属感和整体感。

(3) 在实行奖励时,提倡集体的奖励制度,而不主张个人奖励制度。

(4) 管理人员的职能也应有所改变,他们不应只限于制订计划、组织工序、检验产品等,而应在职工与上级之间起联络人的作用。一方面,要倾听职工的需求,了解职工的思想感情,另一方面要向上级反映职工的呼声。

"社会人"的人性理论较之"经济人"的人性理论,无疑是又前进和深入了一大步,它不仅看到了人具有满足自然性的需要,并且进一步认识到人还有被尊重的需要、社交的需要等其他一些社会需要,后一类需要比前一类需要层次更高。

(三)"自我实现人"假设

"自我实现人"的人性假设理论,其代表人物是美国心理学家马斯洛。"自我实现人"的人性假设理论是建立在马斯洛的"需要层次理论"基础上的。

麦克雷戈总结和概括了马斯洛等人的"自我实现人"的人性假设理论,提出了一种与 X 理论相对立的理论——Y 理论。这种理论认为:

(1) 一般人都是勤奋的,如果环境条件有利的话,人们工作起来就像游戏和休息一样自然。

(2) 控制和处罚不是实现组织目标的唯一方法,人们在执行工作任务中能够自我指导和自我控制。

(3) 在正常情况下,一般人不仅乐于接受任务,而且会主动地寻求任务。

(4) 人群中存在着广泛的高度的想象力、智谋和解决组织问题的创造性。

(5) 在现代工业条件下,一般人的潜力只利用了一部分,人们中间蕴藏着极大的潜力。

(四)"复杂人"假设

随着管理心理学的不断成熟,学者发现,人类的需要和动机并非那样简单,而是复杂多变的。不同的情境、不同的年龄,人的需要也是不同的。"复杂人"的人性假设理论,是在这些认识的基础上提出的。

"复杂人"的人性假设理论的基本内容主要有以下几点:

(1) 人的需要是多种多样的,随着人的自身发展和社会生活条件的变化而发生变化,需要的层次也不断改组,因人而异。

(2) 人在同一时期内有各种需要和动机,它们发生相互作用,并结合成一个统一的整体,形成复杂的动机模式。例如,两个人都想得到高额奖金,其动机可能不一样。一个人可能是为了改善物质、文化生活,另一个人可能是把高额奖金看成自己取得高的技术成就的标志。

(3) 一个人在不同单位或同一单位的不同部门工作,会产生不同的需要。例如,一个人在工作单位可以表现出很不合群,而在业余时间和非正式团体中却可以满足交往的需要。

(4) 人可以依据自己的动机、能力和工作性质,来适应各种不同的管理方式。但没有一种万能的管理方式适应于各种人。

案例分析 4-10

以 X—Y 理论视角看某物流公司的人员激励方式

某公司是国内一家主营公路零担运输业务和航空运输代理的民营物流企业。该企业对内部员工的激励机制已经取得了良好效果,其与众不同的做法也已经显现出对企业发展的长期正面作用。

该公司在内部提高员工工作积极性的方式大体分为五类,即福利、人才培养、表彰、储备干部制度、企业文化。从做法上看,该企业的激励方式 X—Y 理论生动地体现了麦格雷戈的 X—Y 理论,是基于对人性本质不同假设及人的需要层次理论。他认为建立在"人天生懒惰"基础上的传统的管理方式,如"奖金、允诺、刺激、威胁或其他强制性的方法"不再适用,"管理部门的根本任务是安排组织条件和工作方法,使人们的努力集中于组织的目标,并借此更好地实现他们自己的目的"。根据麦格雷戈的思想,我们审视该物流公司的具体做法。

第一,福利。该企业员工的工资待遇较好,但工作的薪酬不是唯一的经济激励手段。包括举办员工集体婚礼、员工父母发放每月一两百元的"补贴"、员工休息室承包给员工配偶在内的方式,使该公司的福利措施充满了人情味。这样的方式已不仅仅是"奖金刺激",

更是对人被尊重的需要的满足。

第二,人才培养。出于员工素质及企业未来发展的考虑,该物流公司只招聘应届大学毕业生(也有资料显示车队司机除外)。不仅给新人培训,该公司还给司机、搬运工做两天至一个月不等的培训,内容包括技能、安全、企业文化、户外拓展、军训等。为贯彻这一方式,企业给每个参加此类培训的员工每小时10元的补助。这些做法给员工创造了更大的发展空间,同时起到加强内部人员沟通、联络感情的作用,满足员工的社交需求。

第三,储备干部制度。该基层人员通过自荐和经理推荐成为储备干部,培训和实践后,他们其中的前75%有资格竞聘经理,再次选拔后会进入管理层。储备干部的名额中有25%是留给司机等非文职人员。该措施是员工实现价值的重要方式。

第四,表彰。企业内部树立的模范、典型,不仅获得物质和精神上的奖励,还能获得一些参与式的、鼓励提建议、鼓励创新的奖励。这样,员工被需要、被尊重的感受就能增强他们的主人翁意识。

第五,企业文化。之前所提的四点都可以算在企业文化的范畴,该公司内培育的一个重要观念是:上下级吃饭,上级付款;上级给下级倒水。所有这些重视员工的物质、心理措施都让该公司上上下下显示了蓬勃的朝气。

案例分析
4-10解析

请问:公司这些方式产生了哪些良好的影响呢?

二、需求理论

(一) 需求层次理论思想

马斯洛需求层次理论把需求分成生理需要、安全需要、社交需要、尊重需要和自我实现需要五类,依次由较低层次到较高层次排列,如图4-12所示:

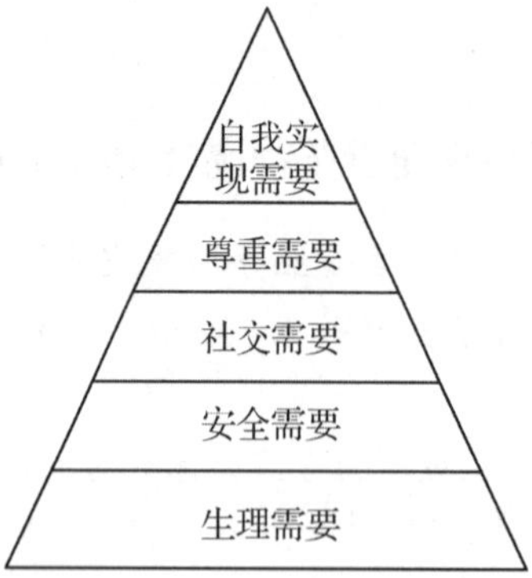

图4-12 马斯洛需求层次理论

(1) 五种需要像阶梯一样从低到高,按层次逐级递升,但这样的次序不是完全固定的,可以变化,也有例外情况。

(2) 需要层次理论有两个基本出发点,一是人人都有需要,某层需要获得满足后,另一层需要才出现;二是在多种需要未获满足前,首先满足迫切需要;该需要满足后,后面的需要才显示出其激励作用。

(3) 一般来说,某一层次的需要相对满足了,就会向高一层次发展,追求更高一层次的需要就成为驱使行为的动力。相应的,获得基本满足的需要就不再是一股激励力量。

(4) 五种需要可以分为两级,其中生理上的需要、安全上的需要都属于低一级的需要,这些需要通过外部条件就可以满足;而社交、尊重的需要和自我实现的需要是高级需要,它们是通过内部因素才能满足的,而且一个人对尊重和自我实现的需要是无止境的。同一时期,一个人可能有几种需要,但每一时期总有一种需要占支配地位,对行为起决定作用。任何一种需要都不会因为更高层次需要的发展而消失。各层次的需要相互依赖和重叠,高层次的需要发展后,低层次的需要仍然存在,只是对行为影响的程度大大减小。

(5) 马斯洛和其他的行为心理学家都认为,一个国家多数人的需要层次结构,是同这个国家的经济发展水平、科技发展水平、文化和人民受教育程度直接相关的。在不发达国家,生理需要和安全需要占主导的人数比例较大,而高级需要占主导的人数比例较小;在发达国家,则刚好相反。

(二) 各层次需求的特征

1. 生理需要

生理需要(Physiological Needs),也称级别最低、最具优势的需要,如食物、水、空气、性欲、健康。

未满足生理需要的特征:什么都不想,只想让自己活下去,思考能力、道德观明显变得脆弱。例如,当一个人极需要食物时,会不择手段地抢夺食物。假设人为报酬而工作,则应以生理需要来激励下属。

激励措施:增加工资,改善劳动条件,给予更多的业余时间和工间休息,提高福利待遇。

2. 安全需要

安全需要(Safety Needs),同样属于低级别的需要,其中包括对人身安全、生活稳定以及免遭痛苦、威胁或疾病等。

缺乏安全感的特征:感到自己受到身边事物的威胁,觉得这个世界是不公平或是危险的。因为觉得一切事物都是危险的而变得紧张、彷徨不安,认为一切事物都是"恶"的。例如,一个孩子,在学校被同学欺负、受到老师不公平的对待,而开始变得不相信社会,变得不敢表现自己、不敢拥有社交生活(因为他认为社交是危险的),借此保护自身安全。一个成人,工作不顺利,薪水微薄,养不起家人,而变得自暴自弃,每天利用喝酒、吸烟来寻找短暂的安逸感。

激励措施:强调规章制度、职业保障、福利待遇,并保护员工不致失业,提供医疗保险、失业保险和退休福利,避免员工收到双重的指令而混乱。

3. 社交需要

社交需要(Love and Belonging Needs),属于较高层次的需要,如对友谊、爱情以及隶属关系的需求。

缺乏社交需要的特征:因为没有感受到身边人的关怀,而认为自己没有价值活在这世界上。例如,一个没有受到父母关怀的青少年,认为自己在家庭中没有价值,所以在学校交朋友,无视道德观和理性而积极地寻找朋友或是同类。例如,青少年为了让自己融入社交圈中,帮别人做牛做马,甚至吸烟、做恶作剧等。

激励措施:提供同事间社交往来机会,支持与赞许员工寻找及建立和谐温馨的人际关系,开展有组织的体育比赛和集体聚会。

4. 尊重需要

尊重需要(Esteem Needs),属于较高层次的需要,如成就、名声、地位和晋升机会等。尊重需要既包括对成就或自我价值的个人感觉,也包括他人对自己的认可与尊重。

无法满足尊重需要的特征:变得很爱面子,或是很积极地用行动来让别人认同自己,也很容易被虚荣所吸引。例如,利用暴力来证明自己的强悍,努力读书让自己成为医生、律师以证明自己在社会的存在和价值,富豪为了自己的名誉而捐款。

激励措施:公开奖励和表扬,强调工作任务的艰巨性以及成功所需要的高超技巧,颁发荣誉,在公司刊物上发表文章表扬,制作优秀员工光荣榜。

5. 自我实现需要

自我实现需要(Self-actualization Needs)是最高层次的需要,包括针对真善美至高人生境界获得的需要,因此前面四项需要都能满足,最高层次的需要方能相继产生,是一种衍生性需要,如自我实现、发挥潜能等。

缺乏自我实现需要的特征:觉得自己的生活被空虚感推动着,要自己去做一些身为一个"人"在这世上做的事,极需要有让他能更充实自己的事物,尤其是让一个人深刻地体验到自己没有白活在这世界上的事物。开始认为价值观、道德观胜过金钱、爱人、尊重和社会的偏见。例如,一个真心为了帮助他人而捐款的人;一位武术家、运动家把自己的体能练到极致,让自己成为世界一流或是单纯只为了超越自己;一位企业家,真心认为自己所经营的事业能为社会带来价值,为了比昨天更好而工作。

激励措施:设计工作时运用复杂情况的适应策略,给有特长的人委派特别任务,在设计工作和执行计划时为下级留有余地。

案例分析 4-11

巴斯夫公司激励员工的五项原则

如何有效地生产粮食是人类一直面临的重大问题。据估计,全世界每年竟有 1/3 的粮食因受到病虫和杂草危害而遭受损失。120 年前,于德国路德维希港创立的巴斯夫公司,就一直为发现和生产各种农业化学品而孜孜不倦地工作。目前,巴斯夫公司经营着世界最大的化工厂,并在 35 个国家中拥有 300 多家分公司和合资经营企业及各种工厂,拥有雇员 13 万人。

巴斯夫公司之所以能够在百年经营中兴旺不衰,在很大程度上归功于它在长期发展中确立的激励员工的五项基本原则。具体地讲,这五项基本原则如下:

(1) 职工分配的工作要适合他们的工作能力和工作量。

不同的人有不同的工作能力，不同的工作也同样要求有不同工作能力的人。企业家的任务在于尽可能地保证所分配的工作适合每一位职员的兴趣和工作能力。巴斯夫公司采取四种方法做好这方面的工作：

① 数名高级经理人共同接见每一位新雇员，以对他的兴趣、工作能力有确切的了解；

② 除公司定期评价工作表现外，公司内部应有正确的工作说明和要求规范；

③ 利用电子数据库储存了有关工作要求和职工能力的资料和数据；

④ 利用“委任状”，由高级经理人小组向董事会推荐提升到领导职务的候选人。

(2) 论功行赏。

每位职工都对公司的一切成就做出了自己的贡献，这些贡献与许多因素有关，如和职工的教育水平、工作经验、工作成绩等有关，但最主要因素是职工的个人表现。

巴斯夫公司的原则是：职工的工资收入必须看他的工作表现而定。他们认为，一个公平的薪酬制度是高度刺激劳动力的先决条件，工作表现得越好，报酬也就越高。因此，为了激发个人的工作表现，工资差异是必要的。另外，公司还根据职工表现提供不同的福利，如膳食补助金、住房、公司股票等。

(3) 通过基本和高级的训练计划，提高职工的工作能力，并且从公司内部选拔有资格担任领导工作的人才。

除了适当的工资和薪酬之外，巴斯夫公司还提供广泛的训练计划，由专门的部门负责管理，为公司内人员提供本公司和其他公司的课程。公司的组织结构十分明确，职工们可以获得关于升职的可能途径的资料，而且每个人都了解自己在哪个岗位。该公司习惯于从公司内部选拔经理人员，这就保护了有才能的职工，因此，他们保持很高的积极性，而且明白有真正的升职机会。

(4) 不断改善工作环境和安全条件。

一个适宜的工作环境，对刺激劳动力十分重要。如果工作环境适宜，职工们感到舒适，就会有更佳的工作表现。因此，巴斯夫公司在工厂附近设立各种专用汽车设施，并设立弹性的工作时间。公司内有 11 家食堂和饭店，每年提供 400 万顿膳食。每个工作地点都保持清洁，并为体力劳动者设盥洗室。这些深得公司雇员的好感。

巴斯夫公司建立了一大批保证安全的标准设施，由专门的部门负责，如医务部、消防队、工厂高级警卫等。他们都明白预防胜于补救。因此，全部劳动力都要定时接受安全指导，还提供必要的防护设施。公司经常提供各种安全设施，并日夜测量环境污染和噪声。各大楼中每一层都有一名经过专门安全训练的职工轮流值班，负责安全。意外事故发生率最低的那些车间，会得到安全奖。所有这些措施，使公司内意外事故发生率降到很低的水平，使职工有一种安全感。1984 年，巴斯夫公司在环境保护方面耗费了 7 亿马克的资金，相当于公司销售净额的 3.5%。

(5) 实行抱合作态度的领导方法。

巴斯夫公司领导认为，在处理人事关系中，激励劳动力的最主要原则之一是抱合作态度的领导方法。上级领导应像自己也被领导一样，积极投入工作，并在相互尊重的气氛中合作。巴斯夫公司给领导者规定的任务是商定工作指标、委派工作、收集情报、检查工作、解决矛盾、评定下属职工和提高他们的工作水平。

在巴斯夫公司，如果上级领导人委派了工作，就亲自检查，职工本身也自行检查中期工作和最终工作结果。在解决矛盾和纠纷时，只有当各单位自行解决矛盾的尝试失败后，才由更上一级的领导人解决。

巴斯夫公司要求每一位领导人的主要任务就是根据所交付的工作任务、工作能力和表现评价下属职工，同时应让职员感觉到自己在为企业完成任务的过程中所起的作用。如果巴斯夫公司刺激劳动力的整个范畴简单地表达出来，那就是“多赞扬，少责备”。他们认为，一个人工作做得越多，犯错误的机会也就越多，如果不允许别人犯错误，甚至惩罚犯错误的人，那么雇员就会尽量少做工作，避免犯错误。在这种情况下，最“优秀”的雇员当然是什么事情也不做的人了。

案例分析 4-11 解析

该公司由于贯彻了上述五项基本原则，近 10 年来销售额增长了 5 倍。目前，巴斯夫公司生产的产品达 6 000 种之多，每年还有数以万计的新产品投入市场出售。

请问：巴斯夫公司的做法有什么特点？

三、双因素理论

双因素理论又称激励保健理论，是美国的行为科学家弗雷德里克·赫茨伯格(Frederick Herzberg)提出来的。赫茨伯格通过考察一群会计师和工程师的工作满意感与生产率的关系，通过有组织性的采访，积累了影响这些人员对其工作感情的各种因素的资料，表明存在两种性质不同的因素。

第一类因素是激励因素，包括工作本身、认可、成就和责任，这些因素涉及对工作的积极感情，又和工作本身的内容有关。这些积极感情和个人过去的成就，被人认可，以及承担过的责任有关，它们的基础在于工作环境中持久的而不是短暂的成就。

第二类因素是保健因素，包括公司政策和管理、技术监督、薪水、工作条件以及人际关系等。这些因素涉及工作的消极因素，也与工作的氛围和环境有关。也就是说，对工作和工作本身而言，这些因素是外在的，而激励因素是内在的，或者说是与工作相联系的内在因素。

从不同的角度来看，外在因素主要取决于正式组织(如薪水、公司政策和制度)。只有公司承认高绩效时，它们才是相应的报酬。而诸如出色地完成任务的成就感之类的内在因素则在很大程度上属于个人的内心活动，组织政策只能产生间接的影响。例如，组织只有通过确定出色绩效的标准，才可能影响个人，使他们认为已经相当出色地完成了任务。

尽管激励因素通常是与个人对他们的工作积极感情相联系，但有时也涉及消极感情。而保健因素几乎与积极感情无关，只会带来精神沮丧、脱离组织、缺勤等结果。成就的出现在令人满意的工作经历中超过 40%，而在令人不满意的工作经历中则少于 10%。

赫茨伯格的理论认为，满意和不满意并非共存于单一的连续体中，而是截然分开的，这种双重的连续体意味着一个人可以同时感到满意和不满意，它还暗示着工作条件和薪金等保健因素并不能影响人们对工作的满意程度，而只能影响对工作的不满意的程度。

赫茨伯格的双因素激励理论同马斯洛的需要层次理论有相似之处。他提出的保健因素相当于马斯洛提出的生理需要、安全需要等较低级的需要；激励因素则相当于受人尊敬的需要、自我实现的需要等较高级的需要。当然，他们的具体分析和解释是不同的。但是，这两种理论都没有把“个人需要的满足”同“组织目标的达到”这两点联系起来。有些西方行为科学家对赫茨伯格的双因素激励理论的正确性表示怀疑。有人做了许多试验，也未能证实这个理论。赫茨伯格及其同事所做的试验，被有的行为科学家批评为是他们所采用方法本身的产物：人们总是把好的结果归结于自己的努力而把不好的结果归罪于客观条件或他人身上，问卷没有考虑这种一般的心理状态。另外，被调查对象的代表性也不够，事实上，不同职业和不同阶层的人，对激励因素和保健因素的反应是各不相同的。实践还证明，高度的工作满足不一定就产生高度的激励。许多行为科学家认为，不论是有关工作环境的因素或工作内容的因素，都可能产生激励作用，而不仅是使职工感到满足，这取决于环境和职工心理方面的许多条件。

但是，双因素激励理论促使企业管理人员注意工作内容方面因素的重要性，特别是它们同工作丰富化和工作满足的关系，因此是有积极意义的。赫茨伯格告诉我们，满种各种需要所引起的激励深度和效果是不一样的。物质需求的满足是必要的，没有它会导致不满，但即使获得满足，它的作用往往是很有限的、不能持久的。要调动人的积极性，不仅要注意物质利益和工作条件等外部因素，更重要的是要注意工作的安排，量才录用，各得其所，注意对人进行精神鼓励，给予表扬和认可，注意给人以成长、发展、晋升的机会。随着温饱问题的解决，这种内在激励的重要性越来越明显。

案例分析 4-12

小赵的困惑

小赵是××大学物流管理专业管理学学士，在接受了许多公司的面试后，他选择了知名的××物流公司的一个职位，并被派到广州办事处。

小赵对所得到的一切很满意，名声显赫的大公司中的一份有挑战性的工作，获得经验的良好机会，月薪 3 500 元，但他认为自己是班上最出色的学生，获得良好的报酬是意料之中的事。

一年之后，工作仍然像他希望的那样具有挑战性，让人满意，上级对他的工作很满意，刚刚得到了 500 元的加薪。但是，小赵最近几周的工作积极性急速下降。原因是办事处刚刚雇用了一个××学院的毕业生，和小赵相比，此人缺少实践经验，工资却是每月 4 200 元，比小赵现在还多 200 元。

除了愤怒，用其他任何语言都无法描述他现在的心情，他甚至不想干了，想要另找一份工作。

案例分析
4-12 解析

请问：本案例中小赵对公司产生不满情绪的原因是什么？

四、期望理论

期望理论(Expectancy Theory)，又称作“效价—手段—期望理论”，是由北美著名心理学家和行为科学家维克托·弗鲁姆(Victor H. Vroom)提出的。期望理论是以三个因素反映需要与目标之间的关系的，要激励员工就必须让员工明确：工作能提供给他们真正需要的东西；他们欲求的东西是和绩效联系在一起的；只要努力工作就能提高他们的绩效。

弗鲁姆认为，人总是渴求满足一定的需要并设法达到一定的目标。这个目标在尚未实现时，表现为一种期望，这时目标反过来对个人的动机又是一种激发的力量，而这个激发力量的大小，取决于目标价值（效价）和期望概率（期望值）的乘积。用公式表示就是：

$$M = V \times E$$

M 表示激发力量，是指调动一个人的积极性，激发人内部潜力的强度。

V 表示目标价值（效价），这是一个心理学概念，是指达到目标对于满足个人需要的价值。同一目标，由于个人所处的环境不同、需求不同，其需要的目标价值也就不同。同一个目标对每一个人可能有三种效价，即正、零、负。效价越高，激励力量就越大。某一客体（如金钱、地位、汽车等），如果个体不喜欢、不愿意获取，目标效价就低，对人的行为的拉动力量就小。举个简单的例子，对于幼儿来说，糖果的目标效价就要大于金钱的目标效价。

E 是期望值，是人们根据过去的经验判断自己达到某种目标的可能性是大还是小，即能够达到目标的概率。目标价值的大小直接反映人的需要动机的强弱，期望概率反映人实现需要和动机的信心强弱。如果个体相信通过努力肯定会取得优秀成绩，期望值就高。

这个公式说明：假如一个人把某种目标的价值看得很大，估计能实现的概率也很高，那么这个目标激发动机的力量越强烈。

弗鲁姆认为，期望的东西不等于现实，期望与现实的关系一般有三种可能性，即期望小于现实，期望大于现实，期望等于现实。这三种情况对人的积极性的影响是不同的。

（1）期望小于现实，即实际结果大于期望值。一般地说，在正强化的情况下，如奖励、升职、加薪、分房子等，当现实大于期望值的时候，有助于提高人们的积极性，在这种情况下，能够增强信心，增加激发力量。而在负强化的情况下，如惩罚、灾害、祸患等，期望值小于现实，就会使人感到失望，因而产生消极情绪。

（2）期望大于现实，即实际结果小于期望值。一般地说，在正强化的情况下，便会产生挫折感，对激发力量产生削弱作用。如果在负强化的情况下，期望值大于现实，则会有利于调动人们的积极性，因为这时人们做了最坏的打算和准备，结果却比预想的好得多，这自然对人们的积极性起很大的激发作用。

（3）期望等于现实，即人们的期望变为现实。所谓期望的结果，是人们预料之中的事。在这种情况下，一般地说，也有助于提高人的积极性。如果从此以后没有继续给予激励，积极性只能维持在期望值的水平上。

案例分析 4－13

工资浮动失灵

ZJS 成立于 1994 年，以跨越式的发展，在全国建立起庞大的直营快递网络，形成华北、华东、华南、东北、西北、西南六大区域的全国性网终格局。内陆地区网点遍及市县，沿海地区网点深入乡镇，共计可为全国超过 2 000 多个城市和地区提供快捷、可靠的快递服务。但近两年来，公司的经营业绩有所下滑，经调查显示，原来是公司的薪酬体系不够合理，不能对员工起到激励作用，几个分区均出现有些员工消极怠工的现象。为此，总公司决定进行一次薪酬改革，实行工资全额浮动，以达到调动员工积极性的目的，并率先在华东区进行试点。

华东区一线工人和经营人员中率先实行工资全额浮动，收到了不错的效果。为了进一步激发二线工人及管理干部的积极性，该区域宣布全面实行工资全额浮动。决定宣布后，连续两天，业务组几乎无人工作，大家议论纷纷，抵触情绪很大。经过区域领导多次做思想工作，业务组最终被迫接受了现实。

实行工资全额浮动后，业务人员的月收入，是在基本生活补贴的基础上，按当月完成营销任务的产值提取提成。例如，本月完成价值为 100 万的营销任务，基本上按营销额的 0.27%提成，即提成 2 700 元。当然，业务人员除了要完成基本业务额外，还必须指导和协调部门之间的工作。分配政策的改变使营销组每日完成的工作量有较大幅度的提高。组员主动加班加点，过去个别人“磨洋工”的现象不见了。然而，随之而来的是，小组里出现了争抢任务的现象，大家都想搞产值高、难度小的项目，而难度大或短期内难见效益的客户开发项目备受冷落。

老彭原来主动要求开发与××世界 500 强企业的合作项目，但实行工资全额浮动三个月后，他向经理表示，自己能力有限，希望放弃这个项目，要求经理重新给他布置设计任务。老李年满 58 岁，多年从事营销工作。实行工资全额浮动后，他感到了沉重的工作压力。9 月份，他作为某项目的业务代表赴 A 市洽谈，因种种复杂的原因，该项目未能中标。他出差了 20 多天，刚接手的另一项项目尚处于准备阶段，故当月无业务，仅得到基本生活补贴 780 元。虽然在随后的 10 月份，他因较高的业务额而得到 3 580 元的工资，但他依然难以摆脱强烈的失落感，他向同事们表示：他打算提前申请退休。

尽管业务经理总是尽可能公平地安排项目任务，平衡大家的利益，但意见还是一大堆。小组内人心浮动，好几个人有跳槽的意向，新分配来的大学生小王干脆不辞而别。经理感到自己越来越难做人了。

请问：根据佛鲁姆的期望理论，分析该家公司存在的问题。

案例分析 4-13 解析

五、公平理论

公平理论又称社会比较理论，由美国心理学家约翰·斯塔希·亚当斯(John Stacey Adams)于 1965 年提出。该理论是研究人的动机和知觉关系的一种激励理论，理论认为员工的激励程度来源于对自己和参照对象的报酬和投入的比例的主观比较感觉。

公平理论的基本观点是：当一个人做出了成绩并取得报酬以后，他不仅关心自己所得报酬的绝对量，而且关心自己所得报酬的相对量。因此，他要进行种种比较来确定自己所获报酬是否合理，比较的结果将直接影响今后工作的积极性。比较有两种：横向比较和纵向比较。

（一）横向比较

所谓横向比较，即一个人要将自己获得的“报偿”（包括金钱、工作安排以及获得的赏识等）与自己的“投入”（包括教育程度，所做努力，用于工作的时间、精力，以及其他无形损耗等）的比值与组织内其他人做比较，只有相等时他才认为公平。如下式所示：

$$OP/IP = OC/IC$$

式中：OP——自己对所获报酬的感觉；

OC——自己对他人所获报酬的感觉；

IP——自己对个人所做投入的感觉；

IC——自己对他人所做投入的感觉。

当上式为不等式时，可能出现以下两种情况：

一是前者小于后者，即 OP/IP＜OC/IC。他可能要求增加自己的收入或减少自己今后的努力程度，以便使左方增大，趋于相等；第二种办法是他可能要求组织减少比较对象的收入或让其今后增大努力程度以便使右方减少趋于相等。此外，他还可能另外找人作为比较对象以便达到心理上的平衡。

二是前者大于后者，即 OP/IP＞OC/IC。他可能要求减少自己的报酬或在开始时自动多做些工作，久而久之他会重新估计自己的技术和工作情况，终于觉得他确实应当得到那么高的待遇，于是产量便又会回到过去的水平。

（二）纵向比较

所谓纵向比较，即把自己目前投入的努力与目前所获得报偿的比值，同自己过去投入的努力与过去所获报偿的比值进行比较，只有相等时他才认为公平，如下式所示：

$$OP/IP = OH/IH$$

式中：OH——自己对过去所获报酬的感觉；

IH——自己对个人过去投入的感觉。

当上式为 OP/IP＜OH/IH 时，人会有不公平的感觉，这可能导致工作积极性下降。当上式为 OP/IP＞OH/IH 时，人不会因此产生不公平的感觉，但也不会感觉自己多拿了报酬从而主动多做些工作。调查和实验的结果表明，不公平感的产生绝大多数是由于经过比较认为自己目前的报酬过低而产生的，但在少数情况下也会由于经过比较认为自己的报酬过高而产生。

当人们感受到不公平待遇时，在心里会产生苦恼，呈现紧张不安，导致行为动机下降，工作效率下降，甚至出现逆反行为。个体为了消除不安，一般会出现以下一些行为措施：通过自我解释达到自我安慰，造成一种公平的假象，以消除不安；更换对比对象，以获得主观的公平；采取一定行动，改变自己或他人的得失状况；发泄怨气，制造矛盾；暂时忍耐或逃避。

公平与否的判定受个人的知识和修养的影响，即使外界氛围也是要通过个人的世界观以及价值观的改变才能够起作用。

案例分析 4－14

一定要留住韦尔奇

通用电气公司是一个伟大的企业，因为他造就了一些伟人，其中就有后来成为其首席执行官的杰克·韦尔奇。1961 年，杰克·韦尔奇已经以工程师的身份在通用电气公司工作了一年，年薪是 10 500 美元。看到他表现不错，他的第一位老板给他涨了 1 000 美元，韦尔奇很高兴。可是不久，他发现他们办公室的四个人的薪水是完全一样的，于是就高兴不起来了。他认为自己的贡献比他们都大，应该得到比他们多的报酬。这种事让韦尔奇发现，通用电气公司也不像传说的那样好。他去和老板谈，要求增加工资，老板没同意，他就萌生跳槽的想法。不久，他找到了一份体面的工作，是一家设在芝加哥的国际矿物和化学公司，离他岳母的住所不远。听说韦尔奇要走，这可急坏了韦尔奇的上司——当时年轻的经理鲁本·古托夫。韦尔奇这个自命不凡的年轻人给他留下了深刻的印象，可第二天就要举行他的欢送会了，于是古托夫当晚就邀请韦尔奇夫妇共进晚餐。吃饭的时候古托夫苦口婆心地劝说韦尔奇留下，但四个小时的晚宴没有说服一颗要走的心。古托夫还是不甘心，在回家途中，在路边的电话亭旁他继续对韦尔奇游说。他对韦尔奇说："我给你涨一点工资，在科普兰给你涨 1 000 美元的基础上，再涨 2 000 美元。我知道，钱不是主要原因。"当时已经是午夜一点钟了。在黎明后的几个小时里，韦尔奇出席了为他举行的欢送会，但他决心留下来。古托夫很高兴地说："这是我人生中一次最成功的推销活动。"

案例分析
4－14 解析

请问：这个故事体现了激励中的什么理论？

任务实施

情境模拟——公平理论

训练目标：培养学生对激励理论的认识能力。

情境模拟要求：

共有六个角色：小母鸡、牛、鸭、猪、鹅、村长；

随机抽取六名同学通过角色表演的形式来展现以下场景：

【场景 1】小母鸡在谷场上扒着，直到扒出几粒麦子，她叫来邻居："假如我们种下这些麦子，我们就有面包吃了。谁来帮我种下它们？"

牛说："我不种。"

鸭说："我不种。"

猪说："我不种。"

鹅说："我也不种。"

"那我种吧。"这只小母鸡自己种下了麦子。

【场景 2】眼看麦子长成了，小母鸡又问："谁来帮我收麦子？"

鸭说："我不收。"

猪说："这不是我们应该做的事。"

牛说："那会有损我的资历。"

鹅说："不做虽然饿一点，但也不至于饿死。"

"那我自己做。"小母鸡自己动手收麦子。

【场景3】终于到了烤面包的时候，"谁帮我烤面包？"小母鸡问。

牛说："那得给我加班工资。"

鸭说："那我还能享受最低生活补偿吗？"

鹅说："如果让我一个人帮忙，那太不公平。"

猪说："我太忙，没时间。"

"我仍要做。"小母鸡说。

【场景4】小母鸡做好五根面包并拿给她的邻居看，邻居们都要求分享劳动成果，他们说小母鸡所以种出麦子，是因为地里找出了种子，这应该归大家所有，再说，土地也是大家的。但小母鸡说："不，我不能给你们，这是我自己种的。"

牛叫道："损公肥私！"

鸭说："简直像资本家一样。"

鹅说："我要求平等。"

猪只管嘀嘀咕咕，其他人忙着上告，要求为此讨个说法。

【情景5】村长到了，对小母鸡说：你这样做很不公平，你不应太贪婪。小母鸡说：怎么不公平？这是我劳动所得。村长说："确切地说，那只是理想的自由竞争制度。我们大家是一个团队，为了体现团队精神，在谷场的每个成员都应该有他该得的一份，在目前现实制度下，必须共同分享劳动成果。"

从此以后他们都过着和平的生活，但小母鸡再也不烤面包了。

任务评价与反馈

每个成员就下列问题，写出自己的感受和观点，由小组汇总为书面报告并提交。

(1) 针对这个故事，你如何看待"公平与不公平"？

(2) 你如何看待自己遭遇的类似问题？

扩展提升

激励机制

一、激励机制的内容

激励机制是通过一套理性化的制度来反映激励主体与激励客体相互作用的方式。激励机制的内涵就是构成这套制度的几个方面的要素。根据激励的定义，激励机制包含以下几个方面的内容。

(一) 诱导因素集合

诱导因素就是用于调动员工积极性的各种奖酬资源。对诱导因素的提取，必须建立在队员个人需要进行调查、分析和预测的基础上，然后根据组织所拥有的奖酬资源的实际情况设计各种奖酬形式，包括各种外在性奖酬和内在性奖酬（通过工作设计来达到）。需要理论可用于指导对诱导因素的提取。

（二）行为导向制度

它是组织对其成员所期望的努力方向、行为方式和应遵循的价值观的规定。在组织中，由诱导因素诱发的个体行为可能会朝向各个方向，即不一定都是指向组织目标的。同时，个人的价值观也不一定与组织的价值观相一致，这就要求组织在员工中间培养统驭性的主导价值观。行为导向一般强调全局观念、长远观念和集体观念，这些观念都是为实现组织的各种目标服务的。勒波夫（M. Leboeuf）博士在《怎样激励员工》一书中指出，世界上最伟大的原则是奖励；受到奖励的事会做得更好，在有利可图的情况下，每个人都会干得更漂亮。他还列出了企业应该奖励的10种行为方式：① 奖励彻底解决问题的，而不是仅仅采取应急措施。② 奖励冒险，而不是躲避风险。③ 奖励使用可行的创新，而不是盲目跟从。④ 奖励果断的行动，而不是无用的分析。⑤ 奖励出色的工作而不是忙忙碌碌的行为。⑥ 奖励简单化，反对不必要的复杂化。⑦ 奖励默默无声的有效行动，反对哗众取宠。⑧ 奖励高质量的工作，而不是草率的行动。⑨ 奖励忠诚，反对背叛。⑩ 奖励合作，反对内讧。勒波夫所列举的这些应该奖励的行为方式，对很多企业来说，都可作为其员工的行为导向。

（三）行为幅度制度

它是指对由诱导因素所激发的行为在强度方面的控制规则。根据弗鲁姆的期望理论公式（$M=V\times E$），对个人行为幅度的控制是通过改变一定的奖酬与一定的绩效之间的关联性以及奖酬本身的价值来实现的。根据斯金纳的强化理论，按固定的比率和变化的比率来确定奖酬与绩效之间的关联性，会对员工行为带来不同的影响。前者会带来迅速的、非常高而且稳定的绩效，并呈现中等速度的行为消退趋势；后者将带来非常高的绩效，并呈现非常慢的行为消退趋势。通过行为幅度制度，可以将个人的努力水平调整在一定范围之内，以防止一定奖酬对员工的激励效率的快速下降。

（四）行为时空制度

它是指奖酬制度在时间和空间方面的规定。这方面的规定包括特定的外在性奖酬和特定的绩效相关联的时间限制，员工与一定的工作相结合的时间限制，以及有效行为的空间范围。这样的规定可以防止员工的短期行为和地理无限性，从而使所期望的行为具有一定的持续性，并在一定的时期和空间范围内发生。

（五）行为归化制度

行为归化是指对成员进行组织同化和对违反行为规范或达不到要求的处罚和教育。组织同化（Organizational Socialization）是指把新成员带入组织的一个系统的过程。它包括对新成员在人生观、价值观、工作态度、合乎规范的行为方式、工作关系、特定的工作机能等方面的教育，使他们成为符合组织风格和习惯的成员，从而具有一个合格的成员身份。关于各种处罚制度，要在事前向员工交代清楚，即对他们进行负强化。若违反行为规范和达不到要求的行为实际发生了，在给予适当的处罚的同时，还要加强教育，教育的目的是提高当事人对行为规范的认识和行为能力，即再一次的组织同化。所以，组织同化实质上是组织成员不断学习的过程，对组织具有十分重要的意义。

以上五个方面的制度和规定都是激励机制的构成要素，激励机制是五个方面构成要素的总和。其中诱导因素起到发动行为的作用，后四者起导向、规范和制约行为的作用。一个健全的激励机制应是完整的包括以上五个方面、两种性质的制度。只有这样，才能进入良性的运行状态。

二、激励机制作用性质

激励机制一旦形成，它就会内在地作用于组织系统本身，使组织机能处于一定的状态，并进一步影响着组织的生存和发展。激励机制对组织的作用具有两种性质，即助长性和致弱性。也就是说，激励机制对组织具有助长作用和致弱作用。

（一）激励机制的助长作用

激励机制的助长作用是指一定的激励机制对员工的某种符合组织期望的行为具有反复强化、不断增强的作用，在这样的激励机制作用下，组织不断发展壮大，不断成长。我们称这样的激励机制为良好的激励机制。当然，在良好的激励机制之中，肯定有负强化和惩罚措施对员工的不符合组织期望的行为起约束作用。激励机制对员工行为的助长作用给管理者的启示是：管理者应能找准员工的真正需要，并将满足员工需要的措施与组织目标的实现有效地结合起来。

（二）激励机制的致弱作用

激励机制的致弱作用表现在：由于激励机制中存在去激励因素，组织对员工所期望的行为并没有表现出来。尽管激励机制设计者的初衷是希望通过激励机制的运行，能有效地调动员工的积极性，实现组织的目标。但是，无论是激励机制本身不健全，还是激励机制不具有可行性，都会对一部分员工的工作积极性起抑制作用和削弱作用，这就是激励机制的致弱作用。在一个组织当中，当对员工工作积极性起致弱作用的因素长期起主导作用时，组织的发展就会受到限制，直到走向衰败。因此，对于存在致弱作用的激励机制，必须将其中的去激励因素根除，代之以有效的激励因素。

三、激励机制的运行模式

激励机制的运行模式激励机制运行的过程就是激励主体与激励客体之间互动的过程，也就是激励工作的过程。图 4－13 是一个基于双向信息交流的全过程的激励运行模式。

这种激励机制运行模式，是从员工进入工作状态之前开始的，贯穿于实现组织目标的全过程，故又称之为“全过程激励模式”。

这一激励模式应用于管理实践中可分为 5 个步骤，其工作内容分别如下：

第一，双向交流。这一步的任务使管理人员了解员工的个人需要、事业规划、能力和素质等，同时向员工阐明组织的目标、组织所倡导的价值观、组织的奖酬内容、绩效考核标准和行为规范等；而员工个人则要把自己的能力和特长、个人的各方面要求和打算恰如其分地表达出来，同时员工要把组织对自己的各方面要求了解清楚。

第二，各自选择行为。通过前一步的双向交流，管理人员将根据员工个人的特长、能力、素质和工作意向给他们安排适当的岗位，提出适当的努力目标和考核办法，采取适当的管理方式并付诸行动；而员工则采取适当的工作态度、适当的行为方式和努力程度开始工作。

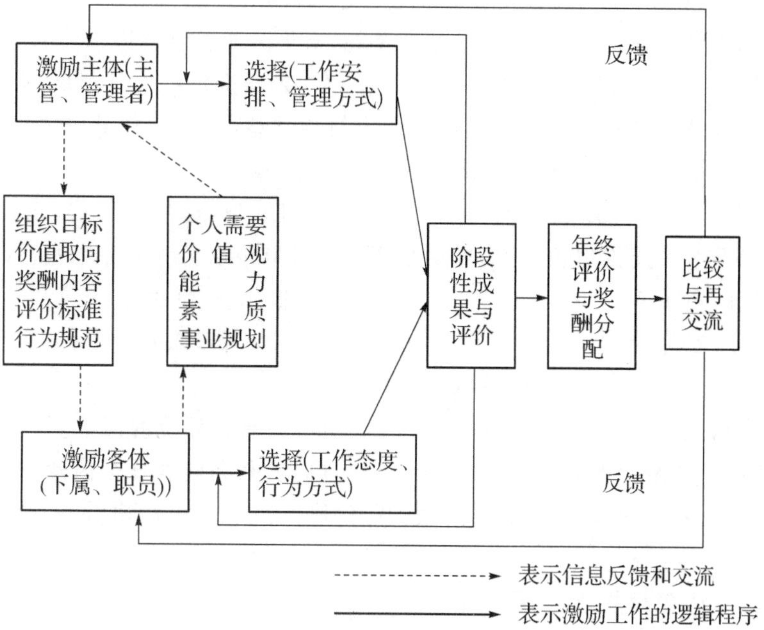

图 4－13

第三,阶段性评价。阶段性评价是对员工已经取得的阶段性成果和工作进展及时进行评判,以便管理者和员工双方再做适应性调整。这种阶段性评价要选择适当的评价周期,可根据员工的具体工作任务确定为一周、一个月、一个季度或半年等。

第四,年终评价与奖酬分配。这一步的工作是在年终进行的,员工要配合管理人员对自己的工作成绩进行评价并据此获得组织的奖酬资源。同时,管理者要善于听取员工自己对工作的评价。

第五,比较与再交流。在这一步,员工将对自己从工作过程中和任务完成后所获得的奖酬与其他可比的人进行比较,以及与自己的过去相比较,看一看自己从工作中所得到的奖酬是否满意,是否公平。通过比较,若员工觉得满意,将继续留在原组织工作;如不满意,可再与管理人员进行建设性磋商,以达成一致意见。若双方不能达成一致的意见,双方的契约关系将中断。

全过程激励模式突出了信息交流的作用,划分了激励工作的逻辑步骤,可操作性强。

巩固与提高

一、单选题

1. 以下各项不属于积极倾听的技能的是(　　)。

A. 在别人说话时,注视对方

B. 用自己的话复述对方的话

C. 通过提问以保证理解

D. 不时打断对方的发言,以便及时表达自己的观点,形成沟通

2. (　　)人性假设认为:人生来就是懒惰的,只要可能就会逃避工作。

A. X理论　　B. Y理论　　C. Z理论　　D. 超Y理论

3. 管理方格理论提出了五种最具代表性的领导类型,(　　)领导方式对生产和工作的完成情况很关心,却很少关心人的情绪,属于任务式领导。

A. 1.1型　　B. 9.1型　　C. 1.9型　　D. 5.5型

4. 根据领导生命周期理论,对成熟度很高的下属应采取何种领导方式?(　　)。

A. 高工作、高关系　　B. 高工作、低关系

C. 低工作、高关系　　D. 低工作、低关系

5. 双因素理论中的双因素指的是(　　)。

A. 人和物的因素　　B. 信息与环境的因素

C. 保健因素与激励因素　　D. 自然因素和社会因素

6. 领导方式可以分成专制、民主、放任三种,其中民主型领导方式的主要优点是(　　)。

A. 纪律严格,管理规范,赏罚分明

B. 组织成员具有高度的独立自主性

C. 按规章管理,领导者不运用权力

D. 员工关系融洽,工作积极主动,富有创造性

7. 如果发现一个组织中小道消息很多,而正式渠道的消息很少,这意味着该组织(　　)。

A. 非正式沟通渠道中信息传递很通畅,运作良好

B. 正式沟通渠道中消息传递存在问题,需要调整

C. 其中有一部分人特别喜欢在背后乱发议论,传递小道消息

D. 充分运用了非正式沟通渠道的作用,促进了信息的传递

8. 张先生是一家快递企业的经理,创业初期,公司里只有12名员工,每个人都由张先生直接管理。随着规模的扩大,张先生聘请了一位副经理,由他处理公司的具体管理事务,自己专心于企业的战略经营,有什么事情都由副经理向其汇报。则公司的沟通网络(　　)。

A. 由轮型变成了Y型　　B. 由Y型变成了轮型

C. 由轮型变成了链型　　D. 由链型变成了星型

9. 根据马斯洛的需要层次理论,可得(　　)结论。

A. 对于具体的个人来说,其行为主要受主导需求的影响

B. 越是低层次的需要,其对于人们行为所能产生的影响也越大

C. 任何人都有五种不同层次的需要,而且各层次的需求程度相等

D. 层次越高的需要,其对于人们行为产生的影响也越大

10. 下述对于信息沟通的认识中,错误的是(　　)。

A. 信息传递过程中所经过的层次越多,信息的失真度就越大

B. 信息量越多，就越有利于进行有效的沟通
C. 善于倾听，能够有效改善沟通的效果
D. 信息的发送者和接受者在地位上的差异也是一种沟通障碍

二、多选题

1. 管理方格图中9.9型管理(团队式管理)的特点包括(　　)。
A. 主管人员非常关心人　　B. 主管人员极少关心人
C. 主管人员非常关心生产　　D. 主管人员极少关心生产
2. 内容型激励理论包括(　　)。
A. 马斯洛需要层次理论　　B. 亚当斯的公平理论
C. 奥德费的ERG理论　　D. 麦克利兰的成就需要理论
3. 戴维斯发现，非正式的沟通网络可以归纳为(　　)类型。
A. 单串式　　B. 饶舌式　　C. 随机式　　D. 集合式
E. 链式
4. 梅奥等人对霍试验的材料总结后得出的结论主要有四点，它们是(　　)。
A. 职工是"社会人"　　B. 职工是"经济人"
C. 企业中有"非正式组织"　　D. 新型领导能力在于提高职工满足度
E. 存在着霍桑效应
5. 下列关于非正式沟通的说法正确的是(　　)。
A. 非正式沟通传播的是小道消息，准确率较低
B. 非正式沟通经常将信息传递给本不需要它们的人
C. 非正式沟通信息交流速度较快
D. 非正式沟通是配合决策对于信息的需要
6. 领导的内涵包含(　　)。
A. 领导的本质是影响力
B. 产生领导和被领导关系
C. 领导者一定要有下属或追随者，即被领导者
D. 领导具有目的性
7. 管理方格理论把领导者分为(　　)。
A. 贫乏的领导者　　B. 俱乐部式领导者
C. 小市民式领导者　　D. 专制式领导者
E. 理想式领导者
8. 按沟通媒介的不同，可以将沟通分为(　　)。
A. 语言沟通　　B. 非语言沟通　　C. 电子媒介沟通　　D. 正式沟通
E. 非正式沟通

9. 在"社会人"的人性假设理论影响下产生的管理思想及其管理措施，主要有(　　)特点。

A. 管理人员不能只注意完成生产任务，而应把注意的重点放在关心人、满足人的

需要

B. 管理人员更应该重视职工之间的关系，培养和形成职工的归属感和整体感

C. 在实行奖励时，提倡集体的奖励制度，而不主张个人奖励制度

D. 管理人员不应只限于制订计划、组织工序、检验产品等，而应在职工与上级之间起联络人的作用

E.“社会人”的人性理论不仅看到了人具有满足自然性的需要，并且进一步认识到人还有被尊重的需要、社交的需要等其他一些社会需要，后一类需要比前一类需要层次更高

10. 以下各项属于双因素理论中的保健因素的有（　　）。

A. 工作本身　　B. 工作认可与责任

C. 公司政策和管理　　D. 技术监督

E. 人际关系

三、判断题

1. 阿吉利斯认为，领导方式会影响人的成熟过程，如果让职工长期从事简单的重复性工作会造成依赖心理，从而阻碍其向成熟发展。（　　）

2. 表彰和奖励能起到激励的作用，批评和惩罚不能起到激励的作用。（　　）

3. 权变理论亦称随机制宜理论，强调领导无固定模式，领导效果因领导者、被领导者和工作环境的不同而不同。（　　）

4. 期望理论是美国心理学家佛鲁姆于1964年在《动机与人格》一书中提出来的。（　　）

5. 梅奥认为，在共同的工作过程中，人们相互之间必然发生联系，产生共同的感情，自然形成一种行为准则或惯例，要求个人服从，这就构成了“人的组织”。（　　）

6. 沟通是人与人之间、人与群体之间思想与感情的传递和反馈的过程，以求达成思想的一致和感情的通畅，组织的整个管理工作都与沟通有关。（　　）

7. 放任式领导的主要特点是极少运用其权力影响下属，而是给予下级高度的独立性，以致达到放任自流的程度。（　　）

8. 人在同一时期内有各种需要和动机，它们发生相互作用，并结合成一个统一的整体，形成复杂的动机模式。（　　）

9. 轮式沟通是一个开放式的网络系统，其中每个成员之间都有一定的联系，彼此了解。（　　）

10. 斯托格第的领导者品格理论提出八种个性特征和五种激励特征。（　　）

四、简答题

1. 简述沟通的目的和特征。

2. 简述正式沟通和非正式沟通的形态。

3. 简述领导方格理论五种典型的领导方式。

4. 梅奥人际关系理论的主要观点是什么？

5. 领导权变理论的基本观点是什么？并列举几种代表性的理论。

五、案例分析题

案例 1：

助理工程师黄大佑，一个名牌大学高才生，毕业后工作已 8 年，于 4 年前应聘调到一家大厂工程部负责技术工作，工作勤恳负责，技术能力强，很快就成为厂里有口皆碑的“四大金刚”之一，名字仅排在“一号种子”厂技术部主管陈工之后。然而，工资却同仓管人员不相上下，夫妻小孩三口尚住在来时住的那间平房。对此，他心中时常有些不平。

黄厂长，一个有名的识才老厂长，“人能尽其才，物能尽其用，货能畅其流”的孙中山先生的名言，在各种公开场合不知被他引述了多少遍，实际上他也是这样做了。4 年前，黄大佑调来报到时，门口用红纸写的“热烈欢迎黄大佑工程师到我厂工作”几个不凡的颜体大字，是黄厂长亲自吩咐人秘部主任落实的，并且交代要把“助理工程师”的“助理”两字去掉。这确实使黄大佑当时春风得意，工作更卖劲。

两年前，厂里有指标申报工程师，黄大佑属有条件申报之列，但名额却让给一个没有文凭、工作平平的老同志。他想问一下厂长，谁知，他未去找厂长，厂长却先来找他了：“黄工，你年轻，机会有的是。”去年，他想反映一下工资问题，这问题确实重要，来这里其中一个目的不就是想得到高一点工资，提高一下生活待遇吗？但是几次想开口，他都没有勇气讲出来。因为厂长不仅在生产会上大夸他的成绩，而且，曾记得，有几次外地人来取经，黄厂长当着客人的面赞扬他：“黄工是我们厂的技术骨干，是一个有创新的……”哪怕厂长再忙，路上相见时，总会拍拍黄工的肩膀说两句，诸如“黄工，干得不错”，“黄工，你很有前途”。这的确让黄大佑兴奋，“黄厂长确实是一个伯乐”。此言不假，前段时间，他还把一项开发新产品的重任交给他呢，大胆起用年轻人，然而……

最近，厂里新建好了一批职工宿舍，听说数量比较多，黄大佑决心要反映一下住房问题，谁知这次黄厂长又先找他，还是像以前一样，笑着拍拍他的肩膀：“黄工，厂里有意培养你入党，我当你的介绍人。”他又不好开口了，结果家没有搬成。

深夜，黄大佑对着一张报纸招聘栏出神。第二天一早，黄厂长办公台面上压着一张小纸条：黄厂长，您是一个懂得使用人才的好领导，我十分敬佩您，但我决定走了。

问题：

(1) 根据马斯洛的理论，住房、评职称、提高工资和入党对于黄工来说分别属于什么需要？

(2) 根据公平理论，黄工的工资和仓管员的不相上下，是否合理？

(3) 根据有关激励理论分析，如果你是黄厂长，如何留住黄工。

案例 2：

哪种领导类型最有效？

ABC 公司是一家中等规模的汽车配件生产集团。最近，对该公司的三个重要部门经理进行了一次有关领导类型的调查。

安西尔对他本部门的产出感到自豪。他总是强调对生产过程、出产量控制的必要性，坚持下属人员必须很好地理解生产指令以得到迅速、完整、准确的反馈。当遇到小问题时，安西尔会放手交给下级去处理；当问题很严重时，他则委派几个有能力的下属人员去解决问题。通常情况下，他只是大致规定下属人员的工作方针、完成怎样的报告及完成期限。安西尔认为只有这样才能导致更好的合作，避免重复工作。安西尔认为，对下属人员采取敬而远之的态度对一个经理来说是最好的行为方式，所谓的“亲密无间”会松懈纪律。他不主张公开谴责或表扬某个员工，相信他的每一个下属人员都有自知之明。据安西尔说，在管理中的最大问题是下级不愿意接受责任。他讲到，他的下属人员可以有机会做许多事情，但他们并不是很努力地去做。他表示不能理解在以前他的下属人员如何能与一个毫无能力的前任经理相处。他说，他的上司对他们现在的工作运转情况非常满意。

鲍勃认为每个员工都有人权，他偏重于管理者有义务和责任去满足员工需要的学说。他说，他常为他的员工做一些小事，如给员工两张下月在伽利略城举行的艺术展览的入场券。他认为，每张门票才 15 美元，但对员工和他的妻子来说却远远超过 15 美元。通过这种方式，也是对员工过去几个月工作的肯定。鲍勃说，他每天都要到工场去一趟，与至少 25%的员工交谈。鲍勃不愿意为难别人，他认为安西尔的管理方式过于死板，他的员工也许并不那么满意，但除了忍耐别无他法。鲍勃说，他已经意识到在管理中有不利因素，但大都是由于生产压力造成的。他的想法是以一个友好、粗线条的管理方式对待员工。他承认尽管在生产率上不如其他单位，但他相信他的雇员有高度的忠诚与士气，并坚信他们会因他的开明领导而努力工作。

查理说他面临的基本问题是与其他部门的职责分工不清。他认为不论是否属于他们的任务都安排在他的部门，似乎上级并不清楚这些工作应该谁做。查理承认他没有提出异议，他说这样做会使其他部门的经理产生反感。他们把查理看成是朋友，而查理却不这样认为。查理说：过去在不平等的分工会议上，他感到很窘迫，但现在适应了，其他部门的领导也不以为然了。查理认为纪律就是使每个员工不停地工作，预测各种问题的发生。他认为作为一个好的管理者，没有时间像鲍勃那样握紧每一个员工的手，告诉他们正在从事一项伟大的工作。他相信如果一个经理声称为了决定将来的提薪与晋职而对员工的工作进行考核，那么，员工则会更多地考虑他们自己，由此而产生很多问题。他主张，一旦给一个员工分配了工作，就让他以自己的方式去做，取消工作检查。他相信大多数员工知道自己把工作做得怎么样。如果说存在问题，那就是他的工作范围和职责在生产过程中发生的混淆。查理的确想过，希望公司领导叫他到办公室听听他对某些工作的意见。然而，他并不能保证这样做不会引起风波而使事情有所改变。他说他正在考虑这些问题。

问题：

(1) 你认为这三个部门经理各采取什么领导方式？

(2) 这些领导模式都是建立在什么假设的基础上的？

(3) 试预测这些模式各将产生什么结果？

(4) 是否每一种领导方式在特定的环境下都有效，为什么？

巩固与提高答案

拓展资料

项目五

控制职能

项目导学

本项目主要通过组成管理和学习团队，采用情境模拟方式，分析实际企业管理案例，了解控制的概念和控制的方法，掌握企业的预算控制、财务控制和内部控制的实际应用。

学习目标

【认知目标】

1. 了解控制和控制方法的概念；
2. 掌握基本控制方法的应用；
3. 掌握控制过程的步骤和相互关系。

【情感目标】

1. 初步具备管理活动总体控制能力；
2. 能依据各项控制标准对企业管理进行评价与改进；
3. 能够具有控制意识。

【技能目标】

1. 具有初步应用现代理念和理论分析与处理实际管理问题的能力；
2. 能够为企业的生产、预算、财务等的管理提出实施方案。

任务1　控制职能概述

任务情境

李广明是一名大学生，一年前与几个同学在学校创办了创业者社团，由于社会掀起了创业热，社团规模得以不断扩大。但是，由于社团在运作和管理方面主要是凭经验运营，所以在社团活动的开展方面经常出现一些问题，影响到了社团成员的士气。

为此，李广明同几个负责人决定要搞好几次活动来增强社团的影响力。经过他的努力，社团终于取得了校学生工作部举办的创业策划大赛的承办权。这是一次宣传社团的绝佳机会,李广明与社团的几个负责人准备好好地筹划一番。

经过一周多的讨论,社团制订了详细的活动计划并上交给校方审核,学工部经过审核,对该活动计划非常满意,并表示一定全力支持社团把活动办好。于是李广明按照活动计划,组织了社团各部门负责人会议,落实了各部门任务:实践部负责活动的组织和各参赛队的联络;宣传部负责海报设计和网络宣传;办公室外联部负责邀请知名教授和企业家担任大赛评委;办公室负责财务预算与支出管理。李广明要求各部长要调动部署的积极性,全力完成各自部门的任务,各部门负责人也士气高昂。

就在大家以为一切安排就绪,一定能顺利完成大赛时,各种问题不断出现。实践部长办事风风火火,在许多具体的比赛规则还没有通过集体讨论、向学工部回报的情况下,擅自拍板将比赛规则发给了各参赛队;外联部邀请企业家遇到了困难,却一直没有及时向上反映,导致宣传海报迟迟无法定稿;办公室对各个部门的花费没有加以控制,预算完全成了一张废纸。

当问题暴露到李广明面前时,已经到活动计划开始时间了。尽管他对具体比赛规则的制定十分不满,但由于已经对外发布,也只能向老师检讨,最终说服老师接受了比赛规则。企业家评委的数量不够,只好减少评委数量,否则宣传海报迟迟不能展出。

活动在校方的支持下还是办了下来,但是不少参赛队对比赛规则提出了异议,最后决赛的评委数量、知名度和宣传效果也不尽如人意。支出与预算严重不符,而且整个活动由于组织不力延长了近半个月才收尾。

在社团活动总结会上,李广明认为这次活动组织不理想是由于实践部擅自确定比赛规则,外联部没有及时汇报情况。至于超支问题,主要是办公室主任没有履行好监管职责。对此,各部门负责人提出了异议。实践部部长认为,社里明确由实践部负责比赛的组织,事先没有说比赛规则需要先经过学工部审批,自己一心想办好活动,却被冤枉成"罪魁祸首";外联部部长也认为社长没有事先明确什么事情在什么时候要汇报,自己一直与企业家联系,对方也没有明确拒绝,最终企业家临时状况无法到来,不能责怪外联部。办公室主任则认为各个部门不事先申报,又在花销时以自己部门购买的物品是比赛用品,不报销将影响比赛进度为由先斩后奏,加上原先的计划只是列出了大致费用类型,社长也没有具体明确报销项目和金额,只说要保证资金的使用,才导致了支出超预算。李广明十分困惑。

任务要求

1. 分析和讨论这次活动最终出现了哪些问题,问题出现的原因是什么。
2. 如果你是该社团的管理人,你觉得应当怎么做?

知识准备

一、控制的内涵

(一) 概念

管理学中的控制职能是指管理者为保证实际工作与计划一致,有效实现目标而采取的一切行动。

（二）控制的重要性

由于理想的管理状态是不可能实现的，无论计划制订得多么周密，基于各种因素，人们在执行计划的过程中总是会或多或少出现与计划不一致的现象。管理控制的必要性主要由以下因素决定。

1. 环境的变化

企业面对的是一个完全动态的环境，如市场供求、产业结构、科技水平等，管理人员需要根据外部的一切变化随时调整计划，这些变化必然要求企业对原定的计划进行调整，从而更改经营内容。

2. 管理权力的分散

企业经营到一定规模后，高层管理者不再直接组织和指挥全体员工的活动。时间和精力会限制高层管理不得不分权，从而形成管理层次。分权程度越高，控制就越有必要。控制系统可以提供被授予了权力的助手的工作绩效的信息和反馈，以保证授予他们的权力得到正确的利用。否则，会出现权力滥用或活动不符合计划要求等其他情况。

3. 工作能力的差异

组织中的成员是在不同时空进行工作的，他们的认知能力不同，对计划要求的理解可能发生偏差；或者工作能力差异，导致实际工作结果在质量上与计划要求不符。因此，加强对员工的工作控制很有必要。

（三）控制的作用

（1）控制能保证计划目标的实现，这是控制的最根本作用；

（2）控制可以使复杂的组织活动能够协调一致、有序地运作，以增强组织活动的有效性；

（3）控制可以补充与完善组织期初制订的计划与目标，以有效减轻环境的不确定性对组织活动的影响；

（4）控制可以进行实时纠正，避免和减少管理失误造成的损失。

二、控制的过程

控制的对象无论是新技术的研究和开发，还是产品的加工或制造、市场营销，控制的过程主要包括三个基本工作：确立标准，衡量工作成效，纠正偏差。

（一）确立标准

标准是人们检查和衡量工作及其结果（包括阶段结果和最终结果）的规范。制定标准是进行控制的基础，是制定完整的标准、衡量绩效和纠正偏差的客观依据。在确定控制标准时，也主要包括三个内容，即确定控制对象、选择控制的重点和制定标准的方法。

1. 确定控制对象

对于企业的经营活动而言，经营结果就是其需要重点分析的对象，因此在建立标准时首先要分析企业需要什么结果（如盈利性、市场占有率等）。确定企业需要的结果类型后，加以明确的、定量的描述。同时还应分析影响企业经营结果的各种因素，例如：① 企业环境特点及发展趋势。预测和规划未来经营环境是否会发生变化，从而制定预期为“正常环境”的具体标志或标准。② 资源投入。企业需对资源投入进行有效控制，使其在数量、质量和价格等方面符合要求。③ 组织的活动。建立员工的工作规范和各部门、各员工在各时期的阶段标准。

2. 选择控制的重点

实际经营中，企业没有精力对所有成员的所有活动进行控制，而应选择关键环节作为控制重点。而往往影响企业成败的因素主要包括八个方面：获利能力、市场地位、生产率、产品领导地位、人员发展、员工态度、社会责任、短期目标与长期目标之间的平衡。

3. 制定标准的方法

一般来说企业确定标准的方法有三种：① 统计性标准。又叫历史性标准，以分析历史数据为未来活动建立标准。这种方法由于参考的经验和历史，具有其局限性，如要克服则要充分考虑行业平均水平。② 根据评估建立标准。根据管理人员的经验、判断和评估来建立标准。通过评估来确定标准，需要管理人员具有极强的知识和经验水平。③ 工作标准。通过对工作的情况进行客观的定量分析来进行。例如，劳动时间定额法，用秒表来测定生产人员是否用正常速度来操作生产和加工流程。

（二）衡量工作成效

企业经营活动中的偏差如果能尽早发现，则可指导企业管理者预先采取必要措施来避免。为此，这就要求管理者及时掌握能够反映偏差是否发生的信息，并能够判断其严重程度。用预定标准对实际工作成效和进度进行检查、衡量和比较，并为此提供各类信息。管理者在衡量工作成效时应注意以下几点：

（1）通过衡量成绩，检验标准的客观性和有效性；

（2）确定适宜的衡量标准；

（3）建立信息反馈系统。

（三）纠正偏差

实际执行计划的过程中，可能会出现偏差，而纠正偏差则需要分析偏差产生的原因，制定并实施必要的纠正措施。纠正偏差是整个控制工作中最关键的一步。为了确保纠正措施的有效性，在实施纠正偏差的过程中应注意以下问题。

1. 找出偏差产生的原因

并非所有偏差都可能影响企业的最终结果。在采取纠正措施之前，企业应当判断偏差的严重程度，是否足以构成对组织活动效率的威胁。对于影响比较重大的偏差，找出最主要、最深层次的原因来纠正指引方向。

2. 确定纠正偏差措施的事实对象

在纠正偏差时，往往更重要的是调整活动背后的工作标准或指导工作的计划，而非表面上的实际活动。这样才能使企业内部的活动组织得到完善，使得企业预定目标能够实现，事半功倍。

3. 选择恰当的措施

在实际选择和实施纠正措施时应当注意几个方面：① 纠正后方案的经济性应优于偏差可能给企业带来的损失；且选择的纠正方案应当是各种可行性方案中追加投资少、解决效果最好的。② 充分考虑原计划实施已经消耗的资源以及这种消耗对客观环境造成的各种影响。③ 注意消除人们对纠正偏差措施的疑虑。针对纠正措施，组织中可能会有不同的态度，在采取措施时应尽可能消除执行者的疑虑，争取更多的人员支持，来削弱人为因素的障碍。

任务实施

实施前准备：学生自行深入调查经营控制的详细资料与案例，并结合情境导入中的案例来参与决策。

1. 全班分5小组(每组5～10人)组成管理团队。

2. 由CEO主持，各组成员担任该公司部门成员。

3. 模拟决策，分小组汇报和模拟表演公司决策的过程。

(1) 你认为李广明创业者社团的管理控制是否存在问题？

(2) 结合平时经验，针对创业者大赛举办给出你们的计划和控制方案。

(3) 该社团在未来的经营中还可以采取哪些措施进行控制？

任务评价与反馈

1. 评价标准：能运用控制的要领与控制过程，并提出有价值的意见或建议。阐述时吐字清晰，态度大方得体。

2. 参与人员：班级各小组、教师

3. 评价：(1) 教师需对发言人管理情境的调研、分析与建议报告实行评估；

(2) 对各公司或个人的表演(或讲述)与表现进行评估；

(3) 提出建议。

评价指标		A组	B组	C组	D组	E组
职业素质能力（30分）	仪态仪表(10分)					
	语言表达(10分)					
	精神面貌(10分)					
团队协作能力（20分）	成员参与(10分)					
	合作效果(10分)					
职业技能能力（50分）	PPT 制作(10分)					
	分析能力(20分)					
	创新能力(20分)					
总　分						

任务 2　控制的方法

任务情境

戴尔公司创建于 1984 年，是美国一家以直销方式经销个人电脑的电子计算机制造商，其经营规模已迅速发展到当前 120 多亿美元销售额的水平。戴尔公司是以网络型组织形式来运作的企业，联结许多为其供应计算机硬件和软件的厂商。其中有一家供应厂商，电脑显示屏做得非常好。戴尔公司先是花很大的力气和投资使这家供应商做到每百万件产品中只能有 1 000 件瑕疵品，并通过绩效评估确信这家供应商达到要求的水准后，戴尔公司就完全放心地让他们的产品直接打上“Dell”商标，并取消了对这种供应品的验收、库存。类似的做法也发生在戴尔其他外购零部件的供应中。

通常情况下，供应商将供应的零部件运送到买方那里，经过开箱、触摸、重新包装，经验收合格后，产品组装商便将其存放在仓库中备用。为确保供货不出现脱节，公司往往要贮备未来一段时间内可能需要的各种零部件。这是一般的商业惯例。因此，当戴尔公司对这家电脑显示屏供应商说道：“这种显示屏我们今后会购买 400 万到 500 万台左右，贵公司为什么不干脆让我们的人随时需要、随时提货？”商界人士无不感到惊讶，甚至以为戴尔公司疯了。戴尔公司的经理们则这样认为，开箱验货和库存零部件只是传统的做法，并不是现代企业运营所必要的步骤，遂将这些“多余的”环节给取消了。

戴尔公司的做法就是，当物流部门从电子数据库得知公司某日将从自己的组装厂提出某型号电脑多少部时，便在早上向这家供应商发出配额多少数量显示屏的指令信息，这样等到当天傍晚时分，一组组电脑便可打包完毕分送到顾客手中。如此，不但节约了检验和库存成本，也加快了发货速度，提高了服务质量。

任务要求

你认为，戴尔公司对电脑显示屏供应厂商是否完全放弃和取消了控制？如何评价戴尔公司的控制手段？

知识准备

一、控制的方法

（一）控制方法的概念

企业在实际运营当中为了更好地经营，往往需要运用合适的方法来控制企业的内部系统，通常又称作内部控制。内部控制的目标主要是为了控制企业的整体战略，增进企业的经营效率和效果，确保财务信息和管理信息的真实可靠和资产的安全完整。企业为了更好地建立内控机制，需要在预算、生产、人事分工和授权以及财务管理等方面进行管理和监控。

（二）控制方法的分类

管理学上常见的控制方法主要包括预算控制、生产控制、财务控制和人事管理控制等。

这些控制方法从获取信息的时间上来看可以大体分为三类：前馈控制、现场控制和反馈控制。这三种类型的控制，可以为企业在采取控制方法时提供管理思路。

前馈控制需要采用预防型的手段，做到事先识别和预防偏差；获取了有关未来的信息后，反复认真预测，将可能出现的执行结果与计划要求的偏差预先确定，如预算控制。

现场控制偏向于同步实时控制，即在活动中同时施与控制，如生产控制。

而反馈控制是在活动完成后，通过已发生的工作结果测定偏差并纠正偏差、调整计划，如财务控制。

思考

你认为前馈控制、现场控制和反馈控制哪种控制更重要，为什么？

二、预算控制

预算是运用财务数据等形式为企业的目标进行数据计划，预估企业未来时期的经营收入或现金流量，合理分配各项资源的一种控制过程。预算控制是根据计划的收支标准来检查和监督各个部门的经营，是最高层次的决策范畴，也是目标的行为起点。

(一) 预算的内容

不同组织受生产活动特点的影响,预算的项目会有不同。预算的内容一般包括经营预算、财务预算和专项预算(见图 5-1)。

经营预算指预算期内企业日常经营活动(如销售、生产、供应等)的预算。进行经营预算时应遵循"先销后产再供应"的原则,分级编制、逐级汇总。

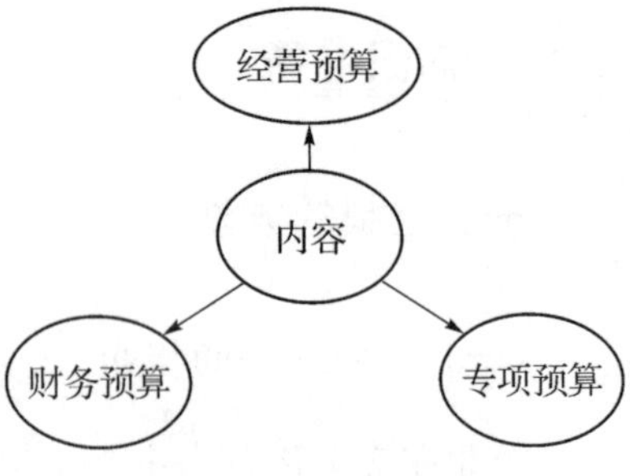

图 5-1　预算的内容

财务预算是企业在预算期内对现金收支、经营成果、财务状况的统筹安排。其中,利润预算应当根据目标、经营和投资预算编制,严格审核有关预算指标是否符合经营要求;现金预算需要制定现金收支的总目标和现金政策,平衡现金预算确定余缺;财务状况预算需根据期初有关报表资料和数据加以分析。

专项预算是对企业不常发生的一次性的项目进行的预算,包括资本支出预算、专项拨款预算。此类预算需要在明确投资性活动的程序和内容的前提下,对项目进行可行性研究。

(二) 预算流程

各类预算的内容应当结合企业的实施目标,按照特定流程执行相关预算。编制相关预算时的流程如图 5-2 所示。

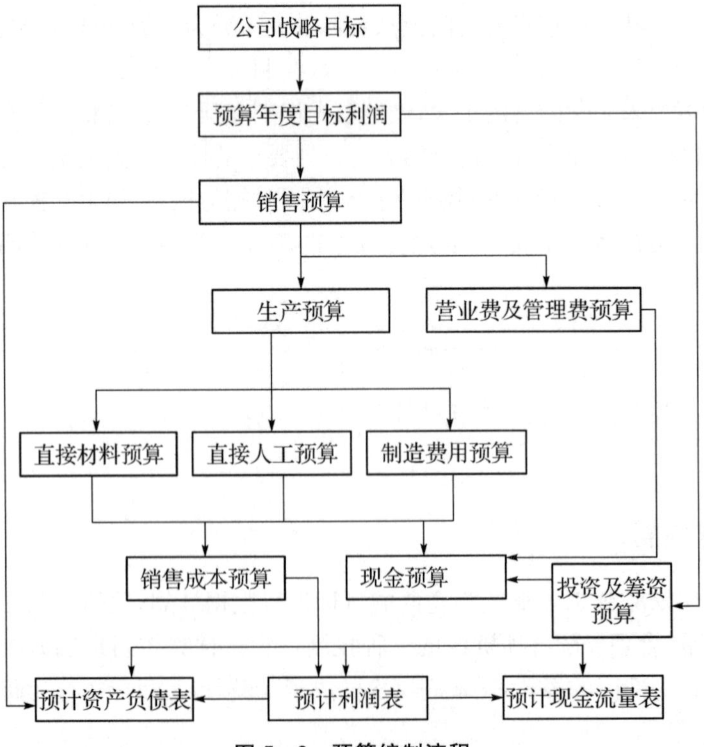

图 5-2　预算编制流程

（三）预算编制方法

常用的预算编制方法主要有固定预算法、弹性预算法、增量预算法、零基预算法等。同一预算项目，可因地制宜地选用不同方法保证预算方案最优化。

1. 固定预算法

固定预算法又叫静态预算法，在预算期内用正常的、可实现的某一业务量标准作为编制基础，是预算编制最基本方法。

优点：编制过程简单明了，不考虑业务量水平的变化；

缺点：因为数值每年固定，缺乏实用性和可比性。

适用范围：（1）经营业务和产品销量稳定的企业；

（2）能准确预测产品需求和产品成本的企业；

（3）非营利性组织；

（4）企业经营中成本费用相对固定的支出项目。

2. 弹性预算法

弹性预算法又名变动预算法，考虑预算期内可能发生的销售量变动，编制的一套能适应多种业务量的费用预算。

该预算方法实用性、可比性强，但相对固定预算法，该预算必须考虑到所有的业务量情况，编制工作量大。

使用范围：变动性成本费用预算、变动性利润预算和其他与业务量水平有关的预算。

3. 增量预算法

在以往的成本费用的基础上，结合预算期内业务量水平和降低成本的措施，调整费用项目而编制预算的方法。这种方法假定前提是：现有的业务活动是企业必须执行的且现有业务活动不变；所有开支全部合理；未来费用变动可根据现有成本调整。

使用范围：业务变化大的企业；收入与费用呈正比例变动时。

4. 零基预算法

编制预算时，不考虑以往会计期间的费用，对预算均以零为基础，从实际需要出发，逐项审议必要费用和数额，最后汇总确定预算成本的方法。这种方法有利于最大化资源配置，有利于调动员工参与的积极性和创造性。缺点则在于工作量巨大、费用高。

适用范围：行政事业单位、社会团体、军队和企业职能部门的费用预算。

（四）预算的作用及局限性

预算的主要是对企业各部门各项活动编制计划的货币变现，它能为不同时期、不同部门的经营绩效提供比较，让管理者了解经营状况的变化方向，协调企业各项活动。用数值形式为各活动设立了财务标准。在此基础上，很容易测量出实际活动对预期效果的偏离程度，方便采取纠正措施。

然而，在企业进行控制管理时，预算手段也存在一些局限性。第一，预算只能帮助企业管理可量化的行为，对于非量化活动，如企业文化、企业形象等的改善没有参考性。第二，预算的编制通常会参照上期预算项目和标准，和活动的实际需要有偏离，因此会导致一些错误。第三，企业外部环境的变化会改变企业获取资源的支出和可实现的收入，从而使得预算不合时宜。

总而言之，为了更好地发挥预算的作用，企业应该适时地调整预算，使其尽可能的有效和可靠。

（五）预算的实施与调整

有效的控制措施主要包括建立标准的成本系统，建立基本标准成本，建立理想标准成本，建立正常标准成本，实现标准成本和实行责任制。

当公司的预算设定之后，企业在执行预算的过程当中，应当结合实际运行情况来调整并且反思预算执行情况。预算的调整主要在两个方面进行：

(1) 实施计划的调整，包括实施期限、实施措施和实施结构等；

(2) 目标的调整，包括经营目标、投资目标、筹资目标等。

案例分析 5-1

力行电力建设公司的预算失控

力行电力建设公司总经理张润祥先生的办公桌上放着刚送来的审计报告。报告指出，公司的财务预算已明显失控，新拟出的下一年预算方案也有一大半指标过高。张经理十分重视，将负责编制预算的财务部主管李琦和负责支出控制的副经理陈子为请到办公室商量对策。

李琦介绍了财务预算的产生过程。据她介绍，下一年度的预算每次都是由下属项目单位先报部门预算，然后由财务部门汇总，并进行资金平衡计算。各下属单位与财务部门经常采用“下一年度指标＝本年度指标×(1＋变动率)”的公式算出新预算指标。按照公司惯例，各项目间的经费支持，一般优先保证现有工程项目。

陈副经理负责的支出控制委员会是公司内部的高层次管理机构，负责预算的审核和监督执行工作，委员会还有审查批准追加投资的权力。委员会每年都接到 20 份左右来自各部门的预算外追加投资申请，其中获得批准的比例约占 50%。当被问及这些追加申请的主要原因时，陈经理解释，常见的理由有：出现了一些临时性机会；预期市场情况发生了变化，使原预算不能顺利执行；产品项目等开发工作出现新进展，争取经费支持等。

张总经理听取了两人的叙述后，将审计结果告知二人：公司预算明显偏高；各个项目工程中普遍存在拖延工时和资金浪费现象；现有工程承包商建造费用比同类承包商的费用高出 20%。三人一致感到问题的严重性，认为有必要调整公司预算控制程序。

请问：

1. 你认为该公司的预算控制程序有哪些主要问题？
2. 是否需要改进公司的预算编制方法？你有什么建议？
3. 你对公司采用的追加投资的控制方法有什么看法？

案例分析
5-1 解析

三、生产控制

生产控制是整个生产系统的组成部分,其目标是减低生产的不必要成本,确保生产的数量和质量。生产管理是指对生产活动进行计划、组织和控制,促进生产的效率化、效益化,以保证企业生产目标实现的过程。为了更好地保证生产的有序进行,通常企业的生产控制从三个方面来进行:供应商管理、库存管理和质量控制。

(一) 供应商管理概念

供应商作为提供企业所需材料和零部件的来源,是影响企业核心竞争力的因素之一。供应商的还价能力、供货质量和供货速度都会影响企业的表现。因此,企业在进行存货控制时,应当从源头抓起。在选择合作的供应商时,企业应当制定结合自身需求,对供应商设定择取标准(见图 5-3)。

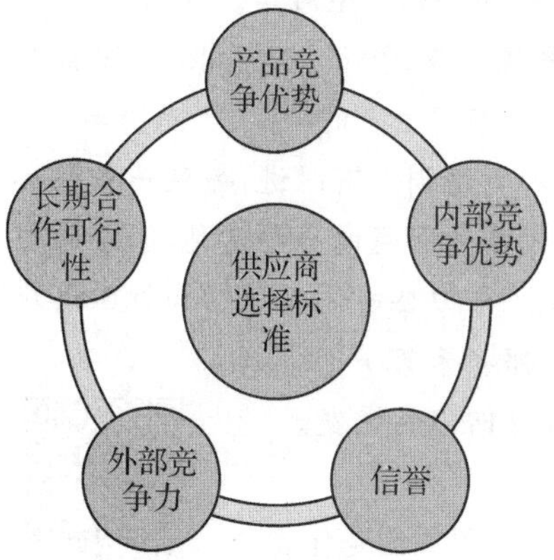

图 5-3 供应商选择标准

选择供应商的过程可以分为两个阶段:第一阶段,调查、评估与选择;第二阶段,使用、考核和激励。

1. 调查、评估与选择阶段

此阶段主要是了解供应商的规模和层次。

一方面,企业应选择实力相当的供应者。因为若企业的产品量在供应商的市场份额中所占较低,此时供应商的议价能力高,则企业能获得的进货成本高、供应数量少且供应期长,不利于企业生产正常进行。

另一方面,企业应控制供应商数量,保证 2 家以上的同类供应者供应竞争,避免单一来源采购。因为单一来源采购没有竞争,虽然可以节省时间,但是难以控制供应商的质量和价格。因此企业应做到多货源储备,以此保证供应稳定,有效降低管理成本。

2. 使用、考核和激励阶段

在供应商和制造商之间建立良好的双赢关系模式。在这一模式下,企业与供应商之间共同分享信息,相互合作、相互协调。制造商协助供应商减低成本、改进质量和速度,双方减低交易和管理成本,用长期合作取代短期合作。

同时为了激励供应商,要建立良好的激励体制,如给予价格折扣和柔性合同,使其分享成功成果,促进双方下次合作。而为了保证供应商不断改进,企业还要制定合理的评价方法,定期对于供应商的服务提供反馈结果,并且采取相应的措施予以改进。

案例分析 5-2

丰田召回门事件

2009 年 8 月 28 日,在美国加州的高速公路上,一名警察驾驶的一辆雷克萨斯 ES 350

轿车突然加速，导致一家四口死亡。美国媒体轮番报道，丰田车的质量问题引发关注。政府介入责令丰田公司对其汽车安全系统进行检查，爆发了丰田召回门事件。

接连几次的全球性召回成为丰田公司最大的危机。召回门事件给丰田公司在美国及全球市场造成的间接损失难以预估。全球召回的丰田汽车超过 1 000 万辆。除了支付召回费用、停工损失、挽救品牌形象的广告费、销售激励的花费和法务开销外，丰田还面临着前所未有的信任危机，其全球化战略也受到了严重冲击。

丰田此次败走，质量存在微瑕是根本原因，而危机公关失败则是关键因素。其实在美国市场上，丰田公司本应有很好的经验。可此次召回门事件发生后，丰田迟迟未做出适当的反应，直到政府的介入使其遭受了重创。

然而召回，仅仅是刚刚开始。2010 年 10 月 21 日，丰田又在全球范围内召回 153 万辆问题汽车，召回原因是刹车总泵油封存在缺陷，可能会影响行驶安全。2010 年 11 月 4 日，丰田 Compact IQ 与 Passo 这两款车因震动会使动力转向感应器失灵，令汽车转向困难，存在安全隐患。丰田宣布，在日本和欧洲召回大约 13.58 万辆小型汽车。2011 年 1 月 26 日，据日本共同社报道，丰田 2011 年 1 月 26 日向日本国土交通省提交了报告，因存在漏油隐患，将在日本国内召回 2000 年 5 月至 2008 年 10 月期间生产的 120.28 万辆车。

经过调查，丰田公司扩张速度过快，产品质量管理和人员培训没有跟进，导致一系列部件存在缺陷。在扩张市场期间公司没有采纳部分员工对于质量问题的一些意见，高层的理念存在一定误区，使得丰田的纲领偏离了朴实稳健的作风。丰田公司依靠压制和打压供应商来盲目地降低成本、扩张市场，却没有注重汽车的售后服务和客户信息反馈，导致汽车各零部件不断出现问题，最终导致了全球性召回门的爆发。

请问：

1. 从管理学的角度来看，你认为丰田发生召回门事件的主要原因是什么？
2. 如果你是丰田总裁，你会如何应对此次召回危机？

案例分析 5-2 解析

（二）库存管理

1. 库存管理定义

库存管理是指对流通中的商品数量的管理。要进行库存管理，其根本就是要确定企业的存货采购时间、采购数量和采购方式，建立库存管理机制。库存管理的目的是合理支持生产运作。而所谓的库存在广义上来说是指所有具有经济价值的可供使用的闲置资源，包括原材料、在产品和商品等。

2. 库存管理原则

库存管理的目的是希望在保证生产需要的同时，减少库存，降低各种占用，最终提高经济效益。因此在控制企业的库存、进行采购时，企业应遵循 5R 采购原则，做到适时(Right Time)、适质(Right Quality)、适量(Right Quantity)、适价(Right Price)和适地(Right Place)(见图 5－4)。

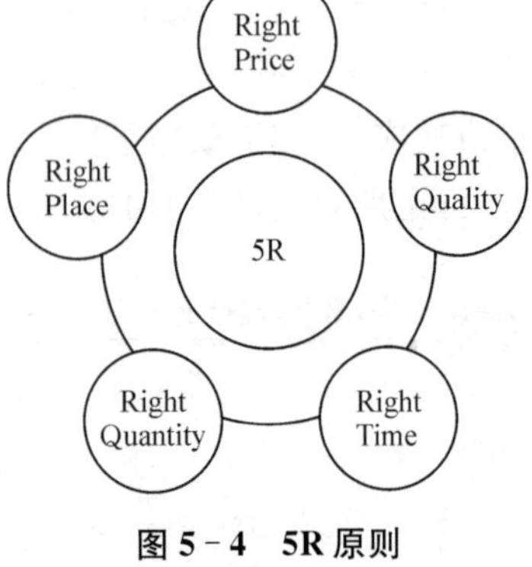

图 5－4　5R 原则

3. 库存管理技术

库存管理决策主要解决四大内容:进货项目、进货单位、进货时间和进货批量。进货单位即所谓的供应商管理,此处不多加赘述。而进货时间、进货批量则可以通过集中存货管理技术来进行。

1) JIT 法

所谓的 JIT 法(Just in Time)又叫即时制或零库存制,这种生产方法的核心思想是接单后再根据需求生产产品,使库存数量最小化,减少存货的生产和储存成本。

为了做到无库存,产品的质量要好,避免不合格品退货囤积。因此,采用 JIT 法时,既要保证生产的质量标准,又要保证生产科技水平。这高质量、低消耗的生产方式被视为制造业最理想的新型生产系统之一。如图 5-5 所示。

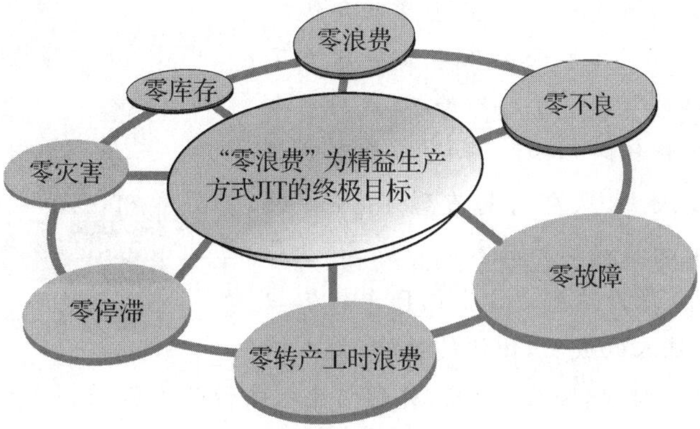

图 5-5 库存 JIT 法

思考

企业究竟应不应该保留多余的库存?

2) 安全库存管理

安全库存也称安全存储量,又叫保险库存,是指为了防止不确定性因素(如大量突发性订货、交货期提前等原因)而预计的保险储备。零库存是每个企业追求的目标,但是这需要高水平的管理体制,并且因每日需求量、交货时间和供应商要求都存在着不确定性因素,这些因素如果控制不当,企业很容易断货,影响企业交货,造成损失。因此,另一种库存理念出现,即安全库存。

安全库存是假定库存变动随着平均消费速度发生变化,大于平均需求量和小于平均需求量的可能性各占一半,缺货概率为 50%。安全库存越大,出现缺货可能性越小;但库存越大,会导致剩余库存的出现。因此要将缺货保持在适当水平上,允许一定程度的缺货现象。

其计算公式为:

安全库存=(预计最大消耗量-平均消耗量)×采购提前期

=日平均消耗量×一定服务水平下的前置期标准差

最高库存量＝最高日需求量×最短交付天数＋安全库存

最低库存量＝最低日生产量×最长交付天数＋安全库存

需要注意的是，由于安全库存的计算数据是基于过去的数据预测将来，因此具有较大的风险。另外安全库存还受到企业库存周转的影响，设计和调整安全库存时，应综合考虑这些因素。

拓展阅读

松下的水坝式经营法

松下幸之助，1894 年出生于日本和歌山县，1989 年去世。10 岁那年他没有上完小学四年级就退学当学徒。1918 年，23 岁的松下在大阪建立了“松下电气器具制作所”，在其苦心经营下，成为当今世界闻名的松下电器集团。1925 年松下幸之助首次成为日本最高收入者，从那时起直到 1988 年的 63 年中，有 10 年他的收入均为日本第一位，有 6 年居第二位，他的个人资产达到 3 500 亿日元。尽管松下幸之助取得了惊人的成功，但他的性格、为人依然是典型的大阪商人样子：腿短、身长，见到陌生人先低头哈腰，说起话来小声小气，生怕吓着了对方。

图 5－6　松下幸之助

松下在经营公司的同时，也关心政治、文化和国际问题，经常在各地举行演讲，并有许多著作。日本人民非常尊敬和崇拜他，称之为“经营之神”“20 世纪最伟大的成功者”，他的思想被称为“松下哲学”。

松下认为维持企业的稳定成长是天经地义的事情，为了使企业确实能够稳定地发展，水坝式经营是很重要的观念。

水坝的目的是拦阻和储存河川的水，随着季节或气候的变化，经常保持必要的用水量。企业也需要有这种调节和运用的机制，才能稳定发展。如果公司的各部门都能像水坝一样，一旦外界情况发生变化，也不会受很大影响，而能够维持稳定的发展，这就是“水坝式经营”的观念。在企业中，不论设备、资金、人员、库存、技术、企划或新产品的开发等各方面都必须有水坝，并发挥其功能。换句话说，在经营上各方面都要保留宽裕的运用弹性。

比如资金，假设经营一个需要 10 亿元资金的事业，如果只准备 10 亿元，万一发生事情，10 亿元不够时，问题就不能够得到解决。因此需要 10 亿元时不妨准备 11 亿元或 12 亿元的资金，这就是资金水坝。关于资金问题，松下还发表过他的特殊看法。日本在一段时期内流行过银行要求公司把从银行贷款中的一部分再存入银行的做法，许多企业指责银行的做法太过分了。松下却说：“50 多年来，我一直是这样做的，我从银行借钱的时候，只需借 1 万元就够了，可是我多借些，借了 2 万元，然后把剩余的 1 万元钱又原封不动地作为定期存款存入银行。看起来是赔钱的，但是我却不那么认为，我是把它当成保险金。

有了这笔保险金，在需要的时候，随时都可以提出来使用，而且银行总是十分信任我。”实际上，这也是一种资金水坝的建立方法。

比如生产设备，如果只有生产设备的使用率达到100%才会盈利，那对企业来讲是非常危险的。换句话说，平时即使只运用80%或90%的生产设备，企业也应该有获利的能力。那么一旦市场需求量突然增加时，因为设备有余，才可以立即提高生产量，达到市场的要求。这就是设备水坝发挥了作用。

另外，经常保持适当的库存，以应付需要的激增，不断开发新产品，永远要为下一次的新产品做准备，这些都应在制订企业的发展计划中有所考虑。如果公司能随时运用这种水坝式的经营法，即使外界有变化，也一定能够迅速而妥当地应付这种变化，维持稳定的经营与成长。这就好像水坝在干旱时能通过泄洪来解决水源短缺的问题一样。

但是，还有一点必须注意的是，“设备水坝”或“库存水坝”并不是设备闲置或库存过剩。如果一个企业预估它的销售量，并根据这一预测来购置设备和决定生产量，却因为卖不出去而有库存，设备也没有完全利用，这和水坝式经营没有关系。这只不过是估计错误所造成的，而这种剩余是不应该发生的。松下特别强调水坝式经营是基于正确的估计，事先保留10%或20%的准备。

松下同时认为，除了有形的经营水坝，还有更加重要的“心理水坝”，也就是企业经营者要具有水坝经营观念。如果能以水坝意识去经营，就会根据各个企业的具体情况而拟订不同的水坝式经营方法。

为了经营上有所发展，在一切方面都应做到留有余地，而那种只顾眼前的做法是十分危险的。水坝式经营不是靠眼前的利益而获益的，如果仅仅筑起资金、设备水坝并无法在短期内产生利润。但是采取水坝式经营从长远角度来看则比较可靠，很少出现失败的结局。所以企业如果希望长期稳定地发展，就必须筑建经营中的水坝。

在我国有许多的民营企业取得一时性成功之后，往往没有多长时间就走向衰退，使得企业的平均寿命只有3年左右，形成了各领风骚三五载，你方唱罢我登台的局面。造成这种局面的原因很复杂，但是不能克服过度扩张的风险是一个共同的原因。而松下就是通过水坝式经营方法克服这种风险的。这种被他自己称为经营秘诀之一的“经营要留有余地”的思想，或者叫作水坝式经营哲学，为企业的长远发展、永续经营提供了重要的保证，是值得我们的民营企业经营者借鉴和学习的。

3）经济订购批量法

经济订购批量法（Economic Order Quantity，EOQ）是用来确定企业一次订货的数量，确保发出订单的次数有关成本与所发订单的订货量有关的成本达到平衡的一种存货管理法。

在EOQ库存管理模型中的成本主要包括：

（1）订货成本。为取得某种物资的支出。

（2）储存成本。为保持库存发生的成本，如仓储费、货物损坏支出等。

（3）缺货成本。由于断货造成的损失，如失去销售机会的损失、停工待料损失及违约罚款等。

经济订购批量的基本模型（见图5－7）是不考虑数量折扣，不考虑缺货成本和变质过时成本、一次订货、均衡耗用情况下的订货批量模型。基本模型下，其公式可以写成：

$$存货成本=变动订货成本+变动储存成本$$

$$TC=\frac{A}{Q}\times B+\frac{Q}{2}\times C$$

式中：A——全年需要量；

B——每次订货成本；

Q——每次订货批量；

C——单位存货年储存成本。

经济批量，即要选择存货相关总成本最低时的订货量。即 TC 的导数 $TC'=0$ 时，TC 最小，此时的 Q 为最佳经济订货量。

$$最佳经济批量\ Q=\sqrt{\frac{2AB}{C}}$$

$$最低存货相关总成本\ TC=\sqrt{2ABC}$$

$$年度最佳进货批次\ N=\frac{A}{Q}=\sqrt{\frac{AC}{2B}}$$

$$最佳订货周期\ t=\frac{360}{N}$$

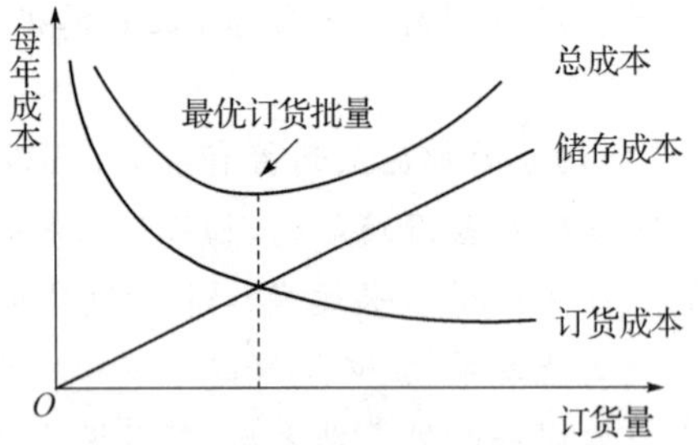

图 5－7　经济订货量模型

例题 5－1：A 公司每年以需使用甲材料 9 000 千克，每千克甲材料的储存费用为 2 元，每次订货成本为 30 元，求经济生产量。

解： $Q=\sqrt{\frac{2\times 9\,000\times 30}{2}}\approx 519.62$（千克）

4）ABC 分类管理法

ABC 分类法（Activity Based Classification），全名 ABC 分类库存控制法，也叫主次因素分析法。根据实物在技术或经济方面的主要特征，分清重点和一般，从而区别管理分析的一种方法，分析对象往往被分成 A、B、C 三类。

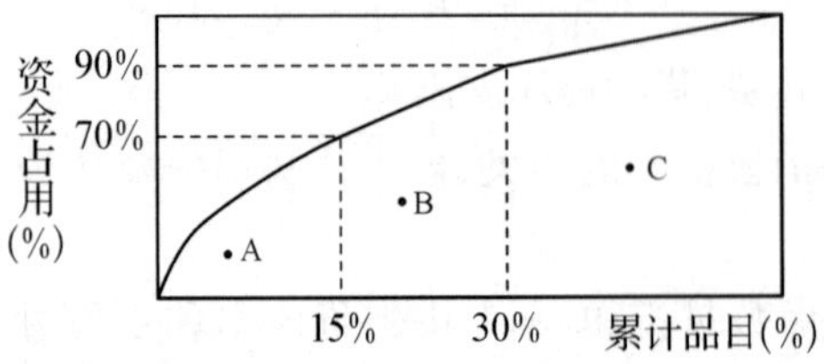

图 5－8

在 ABC 分析法的分析图中，横坐标表示影响质量的各项因素，按影响大小从左向右排列，纵坐标表示某类因素发生的累计频率，曲线代表各种影响因素大小的累计百分数，图 5－8 为某公司运用 ABC 法将装备采购件进行的管理示例。表 5－2 为 ABC 法应用示例。

表 5-2　ABC 法应用示例

项目、级别	A 类库存	B 类库存	C 类库存
控制程度	严格控制	一控制	简单控制
库存量计算	依库存模型详细计算	一般计算	简单计算或不计算
进出记录	详细记录	一般记录	简单记录
存货检查频度	密集	一般	很低
安全库存量	低	较大	大量

结合上图，可以分析 ABC 法如何进行分类。

第一步，计算每一种材料的金额；

第二步，按照金额由大到小进行排序；

第三步，计算每一种材料金额占库存总金额的比率；

第四步，计算累计比率。

第五步，分类。累计频率为 0～70％，是主要影响因素（A 类），重点管理；发生累计频率为 70％～90％，是次要影响因素（B 类）；C 类因素，发生累计频率为 90％～100％，是一般影响因素。

案例分析 5-3

詹姆电子的库存管理

詹姆（Jam）电子是一家生产工业继电器等产品的韩国制造商。公司在远东地区的 5 个国家拥有 5 家制造工厂，总部在首尔。美国詹姆公司是詹姆电子的一个子公司，专门为美国提供配送和服务功能。公司在芝加哥设立了中心仓库，为两类顾客提供服务，即分销商和原始设备制造商。分销商一般持有詹姆公司产品的库存，根据客户需求供应产品。原始设备制造商使用詹姆公司的产品生产各类产品，如自动化车库开门装置。

詹姆电子大约生产 2 500 种不同产品，所有产品都在远东制造，产成品储存在韩国的一个中心仓库，然后分运到不同国家。在美国销售的产品是通过海运到芝加哥仓库的。

近年来，美国詹姆公司已经感到了竞争大大加剧，并感受到来自顾客要求提高服务水平和降低成本的巨大压力。不幸的是，正如库存经理艾尔所说：“目前的服务水平处于历史最低水平，只有大约 70％的订单能够准时交货。另外，很多没有需求的产品占用了大量库存。”

在最近一次与美国詹姆公司总裁和总经理及韩国总部代表的会议中，艾尔指出了服务水平低下的几个原因：

(1) 预测顾客需求存在很大困难。

(2) 供应链存在很长的提前期。美国仓库发出的订单一般要 6～7 周后才能交货。存在这么长提前期的原因：一是韩国的中央配送中心需要 1 周处理订单；二是海上运输时间比较长。

(3) 公司有大量库存。

(4) 总部给予美国子公司较低的优先权。美国的订单提前期一般比其他地方的订单早1周左右。

但是,总经理很不同意艾尔的观点。他指出,可以通过空运的方式来缩短提前期。这样运输成本肯定会提高,但是怎样节约成本呢?最终公司决定建立一个特别小组解决这个问题。

案例分析
5-3解析

请问:你认为詹姆公司如何应对存货管理所遇到的问题?

(三) 质量控制

1. **质量控制定义**

质量是企业产品的根本,企业产品的质量决定了企业在市场所能立足的基础,因此,确保产品质量才能更好地满足市场上顾客的需求。对于管理而言,产品质量包含了两种概念,狭义质量的含义是指产品的质量,即产品符合图纸要求的程度。广义的质量定义是指除了产品质量之外,还包括工作质量。

产品质量主要指产品的使用价值,即满足消费者需要的功能和性质,包括性能、寿命、安全性、可靠性和经济性。工作质量主要指在生产过程中,围绕保障产品质量而进行的质量管理工作的水平。

2. **质量控制方法**

质量管理和控制已经经历了三个阶段:

第一,质量检验阶段。

即生产后的事后检测,不让废品流入下道工序和顾客的手中,以此保证产品的质量。

第二,统计质量阶段。

根据已有的质量统计状况,探究其规律,用来控制日后的生产过程(如ABC分类法等)。

第三,全面质量管理阶段。

1) 全面质量控制的概念

为了更好地控制,1961年,美国费根鲍姆在《全面质量控制》一书中提出了全面质量管理(Total Quality Management,TQM)的概念。全面质量管理是公司整体参与企业产品质量和工作质量控制的一个过程。其含义是全员质量管理、全过程质量管理。特点是具有全面性、全员性、预防性、服务性和科学性。

全面质量管理的思想认为:

(1) 永远进取。产品没有最好,只有更好。

(2) 提高质量。不仅是产品本身,产品周边的一切质量都应当提高。

(3) 精确衡量。运用质量统计方法衡量实绩,比较标准,纠正偏差。

(4) 放权。授权给生产线工人和技术管理人员,激励其参与质量管理工作。

2) 全面质量控制的原则

全面质量控制主要提出了八项原则:① 以顾客为中心;② 重视领导的作用;③ 全

员参与；④ 过程方法；⑤ 系统管理；⑥ 持续改进；⑦ 以事实为基础；⑧ 互利的供方关系。

3）全面质量管理的方法

企业进行全面质量管理的基本方法就是采用 PDCA 循环，PDCA 是计划（Plan）、实施（Do）、检查（Check）和处理（Action）的简称，是全面质量管理反复循环的四个阶段。

第一阶段称，计划阶段（Plan）。这个阶段通过市场调查、用户访问、国家政策的收集，来明确客户对于产品的质量要求，制订质量政策和计划。

第二阶段，执行阶段（Do）。根据制订好的计划实施方案。

第三阶段，检查阶段（Check）。实施过程中不断考核和评估，将实施结果与计划目标对比。

第四阶段，修正阶段（Action）。这一阶段用于巩固成绩，进行标准化生产；未能解决的问题就进入下一循环，为下一个 PDCA 循环提供依据（见图 5－9）。

在采取了 PDCA 循环法后，企业的产品质量和工作质量将会在不断“发现问题、调整策略、实施策略、验证、标准化生产”的过程中持续改进提高。质量改进步骤如图 5－10 所示。使其质量符合有效性、充分性、符合性和适应性的特点。

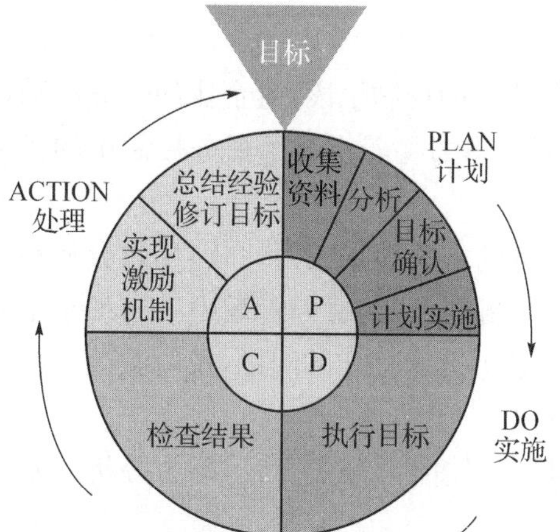

图 5－9　PDCA 循环图

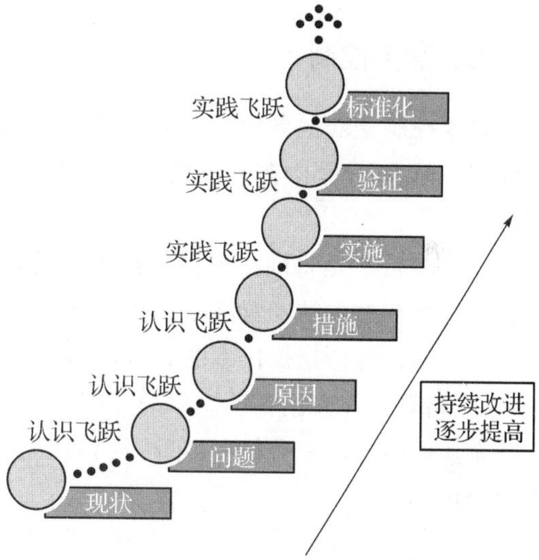

图 5－10　质量改进步骤

案例分析 5－4

肯德基速生鸡

肯德基（Kentucky Fried Chicken，KFC），是美国跨国连锁餐厅，同时也是世界第二大速食及最大炸鸡连锁企业，1930 年创建，主要出售炸鸡、汉堡、薯条、蛋挞、汽水等西式快餐食品。经营理念是不断推出新的产品，或将以往销售产品重新包装，从而获利。肯德基现隶属于百盛餐饮集团，并与百事可乐结成了战略联盟，截至 2013 年 8 月底，中国大陆已开出近 4 500 家门店，营业额达到 522 亿人民币。

2012 年 12 月，央视记者在山东青岛等地调查，曝光了“速生鸡”，山西粟海集团、山东六和、盈泰公司等在喂养鸡的过程中使用药物和饲料催养，使其成长期仅要 40 天，抗生素和激素含量严重超标。而这些鸡肉未经检验检疫就被宰杀，部分流入了百胜餐饮集团旗下的肯德基。根据央视的报道，此前六和集团平均每月会给肯德基提供约 40 吨到 50 吨的鸡肉产品。

根据 21 世纪网、大洋网—广州日报和《成都商报》电子版等多家媒体的报道，肯德基早在 2010 年和 2011 年的自检中已测出鸡肉原料的抗生素含量超标。其自检时委托第三方检测所进行的 19 次自检中，有 8 次显示药物超标，但肯德基在当时并未立刻与供应商终止供应合同。直到 2012 年 8 月才将其清出供应商名单。报道指出，肯德基向外界隐瞒了自检结果。而按照法律法规，肯德基在查明部分批次的原料抗生素超标时，就须立即向社会公布这一情况。而无论肯德基还是其母公司百胜，从 2012 年 8 月至今，都未在其官网或其他渠道上公布抗生素超标的抽检结果。

请问：

1. 你如何看待肯德基速生鸡事件？
2. 你认为，如何才能解决类似事件的发生？

案例分析 5-4 解析

四、财务控制

财务控制是现代管理的一个重要手段，通过规范化的控制手段，对企业的财务活动进行控制和监督，在整个控制类型中偏向于事后控制。本书将着重介绍财务控制中的指标比率控制。

比率分析法是将同一期财务报表上的重要项目的相关数据相互比较，用以分析和评价企业现今和过去的经营活动和财务状况的一种控制方法，是财务管理中的一种基本分析工具。通过分析指标比率的异常，企业可以排查各项运营存在的问题，及时整改。接下来，本文将概括性介绍各项比率的内容。

企业的财务比率分析可以分为：获利能力分析、偿债能力分析、营运能力分析和发展能力分析。

（一）获利能力分析

盈利能力就是公司赚取利润的能力，反映公司盈利能力的指标很多，主要使用的有资产报酬率、资本收益率和销售利润率等（见表 5-3）。

表 5-3　常用盈利能力指标

指标名称	定　义	指标公式	数值含义
资产报酬率	企业在一定时期内的净利润和资产平均总额的比率	净利润÷资产平均总额×100%	比率越高，资产盈利能力越强
资本收益率	企业一定时期的税后利润与实收资本（股本）的比率	净利润÷实收资本×100%	比率越高，表示投资者投入资本可获利能力越强

续　表

指标名称	定　义	指标公式	数值含义
销售净利率	企业实现净利润与销售收入的关系	净利润÷销售收入×100%	反映每1元销售收入带来多少净利润
销售毛利率	毛利占销售净值的百分比	（主营业务收入－主营业务成本）÷主营业务收入×100%	每1元销售收入扣除销售成本后，有多少钱可以用于各项期间费用和形成盈利

（二）偿债能力分析

企业偿债能力是指企业用资产偿还债务的能力，有无现金可以偿债，是判断企业资产结构是否健康的一大标准。在分析偿债能力时，常用的指标有流动比率、速动比率和资本周转率（见表5－4）。

表5－4　常用偿债能力指标

指标名称	定　义	指标公式	数值含义
流动比率	每1元流动负债有多少流动资产可偿还	流动资产÷流动负债×100%	标准值：200% 比率过高表示流动资产占用越多，影响资金周转和获利
速动比率	速动资产对流动负债的比率（速动资产之货币资金、短期投资、应收款等）	速动资产∶流动负债＝（流动资产－存货）∶流动负债	标准值：1∶1 速动比率低，短期偿债风险大；比率高，企业在速动资产上占用资金过多
资本周转率	衡量企业自有经营资本的运用程度，表现为可变现流动资产与长期负债的比例	（货币资金＋短期投资＋应收票据）÷长期负债×100%	该指标值越大，表明公司近期的长期偿债能力越强，债权的安全性越好
资产负债率	企业负债总额对资产总额的比率	负债总额÷资产总额×100%	企业资产总额中，债权人提供资金所占的比重，及企业资产对债权人权益的保障程度

（三）营运能力分析

企业营运能力主要是对反映企业资产营运效率与效益的指标进行计算与分析，评价企业营运能力，为企业经济效益指明方向。常见的指标主要有存货周转率和固定资产周转率（见表5－5）。

表5－5　常用营运能力指标

指标名称	定　义	指标公式	数值含义
存货周转率	企业一定时期内营业成本（或销售成本）与平均库存余额的比率	存货账款周转率＝主营业务成本÷平均存货余额×100% 平均应收款余额＝（期初存货余额＋期末存货余额）÷2	周转率高表明存货变现速度快

续 表

指标名称	定 义	指标公式	数值含义
应收账款周转率	一定时期营业收入与平均应收账款的比率	应收账款周转率=主营业务收入净额÷平均应收账款余额×100% 平均应收款余额=(期初应收账款+期末应收账款)÷2	标准值:3 反映应收账款变现速度的快慢及管理效率的高低,指标过低,表明应收账款坏账风险高
固定资产周转率	一定时期营业收入与平均固定资产净值比率	固定资产周转率=主营业务收入净额÷平均固定资产净值×100% 平均固定资产净值=(期初固定资产净值+期末固定资产净值)÷2	比率越高,表明企业对固定资产的利用越充分,投资得当,资产结构合理

(四)发展能力分析

企业的发展能力,也称企业的成长性,它是企业通过自身的生产经营活动,不断扩大积累而形成的发展潜能。企业发展能力衡量的核心是企业价值增长率。企业能否健康发展取决于多种因素,包括外部经营环境、企业内在素质及资源条件等,其主要指标如表5-6所示。

表5-6 常用发展能力指标

指标名称	定 义	指标公式	数值含义
营业收入增长率	本年营业收入增长额与上年营业收入总额的比率	(本年营业收入总额—上年营业收入总额)÷上年营业收入总额×100%	反映企业营业收入增减变动情况。指标>0,比率越高,说明收入增长越好,市场占有能力越强
资本积累率	本年所有者权益增长额与年初所有者权益的比率	本年所有者权益增长额÷年初所有者权益总额×100%	体现企业资本的积累情况,体现企业扩大再生产的发展潜力。指标>0,比率越高,表示企业资本积累多,应付风险小,持续发展能力大
总资产增长率	总资产增长额同年初总资产的比率	本年总资产增长额÷年初资产总额×100%	表明企业规模增长水平对企业发展后劲的影响。指标越高,说明资产经营规模扩张速度越快

案例分析5-5

新星公司的财务人员编制了2020年企业的利润表

表5-7 利润表

编制单位:新星公司　　　　2020年度　　　　单位:万元

项 目	2020年
一、主营业务收入	10 379.46

续　表

项　目	2020 年
减:主营业务成本	8 432.54
营业税金及附加	51.92
二、主营业务利润	1 895
加:其他业务利润	15.46
减:销售费用	498.56
管理费用	330.85
财务费用	481.75
三、营业利润	568.38
加:投资收益	26.56
营业外收入	3.18
减:营业外支出	4.26
四、利润总额	593.86
减:所得税	209.86
五、净利润	384

要求:计算企业的销售净利率和销售毛利率。

案例分析
5-5解析

五、审计控制

审计是对反映企业资金运动过程及其结果的会计记录及财务报表进行审核、鉴定,以判断其真实性和可靠性,从而为控制决策提供依据。根据审查主体和内容的不同,可将审计划分为三种主要类型:

(1) 由外部审计机构的审计人员进行的外部审计;

(2) 由内部专职人员对企业财务控制系统进行全面评估的内部审计;

(3) 由外部或内部审计人员对管理政策及其绩效进行评估的管理审计。

(一) 外部审计

外部审计是由外部机构(如会计师事务所)选派的审计人员对企业财务报表及其反映的财务状况进行独立的评估,验证财务记录的真实性和准确性,分析这些记录是否符合公认的会计准则和记账程序。

优点:审计人员与被审单位管理层相互独立,不需要顾虑被审单位管理层意见,只对国家、社会和法律负责,确保审计的独立性和公正性。

缺点:可能对被审单位的流程等了解不够深入,被审方不愿配合。

(二) 内部审计

内部审计是一种旨在增加组织价值和改善组织营运的独立、客观的鉴定和咨询活动,它通过系统化、规范化的方法来评价和改善风险管理、内部控制和治理程序的效果，以帮助实现组织目标。

内部审计审查内容：

(1) 经营过程各环节账目是否齐全、准确；

(2) 经营过程各环节资金使用的合理性；

(3) 控制系统的有效性，进行检查并判别其合理性；

(4) 对采购、生产流程、工作质量、产品质量等进行审计；

(5) 试图对材料使用的合理性、材料能否达到要求进行判别。

优点：审计人员可提供有关公司政策、工作程序和方法的对策建议，促使公司政策更加符合实际，工作流程更加优化，作业方法更加合理，更有利于组织目标的实现；有助于分权化管理。

缺点：费用投入较多，审计人员的技能要求高，检查者与被检查者之间易发生矛盾。

(三) 管理审计

对企业所有管理工作及其绩效进行全面、系统的评价和鉴定。

(1) 审计人员：外部专家。

(2) 审计方法：利用公开记录的信息，从反映企业管理绩效及其影响因素的若干方面、将企业与同行其他企业或其他行业的优秀企业进行比较，判断企业经营和管理的健康程度。

(3) 管理审计的影响因素。

管理审计的相关影响因素如图 5－11 所示。

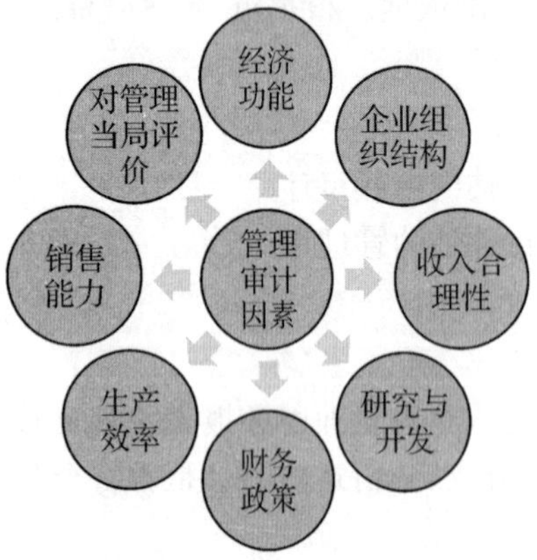

图 5－11　管理审计因素

经济功能：检查企业产品或服务对公众的价值，分析企业对社会和经济的贡献。

企业组织结构：能够有效达成企业目标。

收入合理性：盈利情况是否合理、持续、稳定。

研究与开发：企业针对新科技和新产品的准备情况。

财务政策：是否合法健全，是否合理应用财务杠杆来控制目标。

生产效率：评估企业是否能在保证产品质量的前提下确保数量达标。

销售能力：分析企业商业信誉、代销网点、服务系统以及销售人员的能力与态度，确定企业产品能否顺利营销。

对当局评估：即对企业管理人员的知识、能力、勤劳、态度等素质进行分析和评价。

案例分析 5－6

通用电气公司审计系统

一、公司简介

通用电气公司(General Electric Company,简称 GE,又称奇异公司,NYSE:GE),是世界上最大的提供技术和服务业务的跨国公司。GE 是在公司多元化发展当中,出色的跨国公司。目前,公司业务遍及世界上 100 多个国家,拥有员工 315 000 人。公司有 12 大类产品和服务项目,包括家用电器、广播设备、航空机械、科技新产品开发、销售服务等。

企业一旦成长到集团规模,对整个企业进行有效控制便成为企业最高管理者面前的一个课题,甚至是一个难题。更何况对于通用电气这样一个拥有 30 万名员工、10 多个拳头产业、下属企业遍及世界各地的超大型跨国公司,这样的企业如何实现集团对下属公司的所有权？通用电气给我们的答案就是:强化内部审计。下面让我们来看它具体是如何做到的。

二、通用电气内部审计

GE 实行四级审计。最基层是下属企业财务部门自身的审计,重点审查自身经营情况以及财务活动是否符合总公司规定和政府有关法令;其次是公司审计署的审计,第三级是注册会计公司的审计,按照美国法律规定,这是必不可少的,否则公司的财务报告得不到政府和公众的承认;最后是政府审计机关认为有必要进行复审时进行审计。后两级主要着眼于税收与政府法令是否得到遵守。

下面我们着重强调公司审计署的审计。

通用电气为其公司审计署规定了即使在美国公司中也可算是标新立异的工作目标:超越账本、深入业务。这一措施的运用使得他们在检查和改善下属单位的经营状况、保证投资效果符合公司总体战略目标和培养企业管理人才方面开创了极为成功的范例。

在审计工作中,审计人员首先从查账入手,但绝不止步于单纯查账,而是花费更多的时间和精力去研究可能有问题的业务,包括业务流程和有关策略、措施,意在从中发现经营效果、公司内部资源的开发利用、产品质量和服务等各个方面有无可以改进之处。他们对于风险大、一般利益也大的方面尤其注意。因为人们习惯于在风险面前明哲保身,往往出现低效率、浪费、不求进取等种种弊端。而这些领域又恰好是审计人员应当关注的重点。在这里就涉及了两个关键问题。

概括地说,总公司审计署的任务是发现问题、分析问题和解决问题。通用电气认为,要做好审计工作,有 2 个关键问题必须解决:一个是共同接受的会计标准和原则,另一个是双重报告系统。

总公司财务部保存有一套国家出版的会计标准和原则,每级财务部门的职责就是坚持贯彻这些原则。此外,总公司财务部还提供了一个基本会计结构,各个企业围绕此结构运行。此结构有助于坚持共同的会计标准和原则,审计主要监督的就是各下属企业是否认真遵守了这些标准和原则。

另一个重要问题是双重报告原则。每个产业集团的财务负责人既要向本企业的负责人报告，还要直接向总公司的财务副总裁报告。

GE内部审计人员绝大多数是工作过几年的年轻人，其中大约80%的人是有财会方面的学历；15%的人有相关产业知识背景和管理等方面的经验；5%的人是搞信息处理的。公司每年从几百个报名者中精心挑选几十名进入审计署，同时从审计署中输送同样数量的人去充实GE各业务集团的管理干部队伍。

在审计工作开始之前，审计小组要做的工作是了解和研究情况，倾听其他有经验成员的各种想法和建议，他们形象地将之称为对自己大脑的一次知识和概念“轰炸”，在此之后才确定本次审计的目标。审计中，审计小组对整个审计工作负全权，召开调查会，进行个别谈话，收集情况和资料等活动都由他们自主安排。此后是分析情况，理清头绪，衡量各种问题之间的相互影响。为实现审计目标，他们可以展开有必要的任何工作，目的只有一个：找出问题的解决方案。

发现问题仅仅是解决问题的开端，即便找到了解决方法，事情也远未结束。实施方案的具体建议一般由审计小组提出，而且他们已经习惯于把新方案变成一种日常工作，具体落实后才肯罢手，以便他们离任后能持之以恒。在这一过程中，审计小组要与被审计部门的领导和业务人员无数次打交道。

总体说来，GE公司内部审计已经远远不是我们一般人认为的审计概念了，它成了GE对下属企业进行强有力控制的最有效工具，也是GE对其下属企业所有权的具体体现和保证。

案例分析
5-6解析

思考：分析和评价GE公司的审计系统。

六、标杆控制

（一）定义

标杆控制是用某一项指标或某一方面实践上竞争力最强的企业或行业中的领先企业或组织内某部门作为基准，将本企业的产品、服务管理措施或相关实践的实际状况和这些基准进行定量化的评价、比较，在此基础上制定、实施改进的策略和方法，并持续不断地反复进行的一种管理方法。所谓“标”，是在质量、数量、价值方面所期望获得的业绩标准；所谓杆是某种参照物。

（二）标杆控制步骤的要素

（1）标杆管理实施者，即发起和实施标杆管理的组织。

（2）标杆伙伴，也为标杆对象，即定位标杆被学习借鉴的组织，是任何乐于通过与标准管理实施者进行信息和资料交换，而开展合作的内外部组织或单位。

（3）标杆管理项目，管理中存在的不足，通过标杆管理向他人学习借鉴以谋求提高的领域。

（三）标杆分类

根据标杆来源选择的不同，可将标杆管理分为五类：内部标杆管理、竞争性标杆管理、非竞争性标杆管理、功能性标杆管理和通用性标杆管理。

（四）标杆控制步骤

标杆控制的步骤主要分为以下几步：

（1）确定标杆控制项目；

（2）确定标杆控制的对象和对比点；

（3）组成工作小组，确定工作计划；

（4）资料收集和调查；

（5）分析比较，找出差距，确定最佳纠正偏差的方法；

（6）明确改进方向，制定实施方案；

（7）沟通与修正方案；

（8）实施与监督；

（9）总结经验；

（10）进行再标杆循环。

案例分析 5-7

美孚石油公司标杆管理

美孚石油公司曾是全球行业第一，但其管理者仍在加油站为顾客提供加油服务的过程中发现如下问题：① 加油服务太慢，顾客等不及就流失到别的加油站。② 服务态度差。③ 由于前两个原因而造成的——顾客除非不得已，否则不来美孚。

美孚试图从日常的工作方式中查找原因并解决问题，但非常困难——因为身陷庐山。管理层考虑到去对标，可美孚那时是行业第一，很难找到优于自身的同行企业来对标。但美孚的管理者对“卓越”永远不懈追求，他们把之前提到的现象提炼出三大“要素”：① 加油服务慢——“速度”是要素一。② 服务态度不好——“微笑”是要素二。③ 除非不得已，否则不来美孚——“忠诚度”是要素三。最终针对三要素成立三个研究小组，分别去找标杆。

“速度”小组找到了职业赛车队。在风靡美国的印第 500 汽车大赛上，他们观察到车队人员着装统一，佩戴无线电耳机，站位标准，动作也有标准化流程——几秒钟完成哪些动作。速度小组把这种标准化引入美孚加油站，同时开辟快速加油通道，使服务速度得到提升。

“微笑”小组选择了“全美最温馨酒店”——丽嘉卡尔顿酒店。经协商小组成员去做酒店实习生。他们发现丽嘉酒店在个性化服务方面力图完美，客户数据库相当完善——他们存有几乎所有入住过该酒店客户的个人信息，竭尽所能关注服务细节。比如某客户爱吃甜点，他的这一喜好就会录入数据库，下次入住酒店就会提供甜点。这一点被美孚公司借鉴。小组成员还发现了令人不可思议的状况：酒店每个员工都有超强服务意识，对客户像亲友，微笑发自内心，服务主动而不考虑个人得失，比如顾客租不到车，就有员工会把自己的车租给顾客用。这种事数不胜数。员工们为何对顾客如此尽心呢？原来丽嘉酒店提倡尊重文化，时时处处为员工着想，公司有专用的员工应急机制来解员工之难，使员工没有后顾之忧。这样员工在这里工作就会很安心，怀着感恩之心去服务顾客。

"忠诚度"小组选择了"全美回头客大王"——家得宝建材超市。这里的顾客基本都是老主顾，熟悉到可以和营业员拉家常。他们发现一个顾客拿着片叶子在和一位非花卉售卖区的员工聊天，这位员工指导客户养花竟像花卉售卖区员工一样游刃有余。原来，家得宝的培训机制非常完善，公司每年都会出资让员工接受培训，当然，也规定每位员工受训回来后作为讲师和大家共享知识，因此每位员工都是多岗位专家，顾客无论在哪个售卖区都会得到超值且贴心的服务。

丽嘉和家得宝的员工在充分得到公司的尊重后，潜移默化中将"尊重"传递给顾客，其服务发自内心，自然让客户满意。

对标之后，美孚把这三项内容（工作标准化、尊重员工、培训机制）引入管理中，这一系列改造使得美孚第二年的销售额增加了百分之十！

请问：阐述美孚公司是如何应用标杆管理成功改变的？

案例分析 5－7 解析

七、平衡积分卡控制

1992年，卡普兰和诺顿在《哈佛商业评论中》发表文章，第一次提出了综合性的企业绩效评估方法，名为平衡积分卡。这种方法是由顾客、财务、内部经营过程、学习和成长四个方面构成的用来衡量企业、部门和人员的卡片。这卡片的目的在于平衡、兼顾战略与战术、长期和短期目标、财务和非财务衡量方法、滞后和现行指标，因此取名为"平衡积分卡"。

通过平衡积分卡不仅可以用作企业绩效评估方法，也可以用作战略管理方法，同时还是企业的一种控制工具。它的设计理论原理是企业不仅要关心短期目标，而且应考虑长期战略发展。平衡积分卡是一种将战略转达为由财务、顾客、内部经营过程、学习和成长四个业务角度紧密组成的系统（见图5－12）。

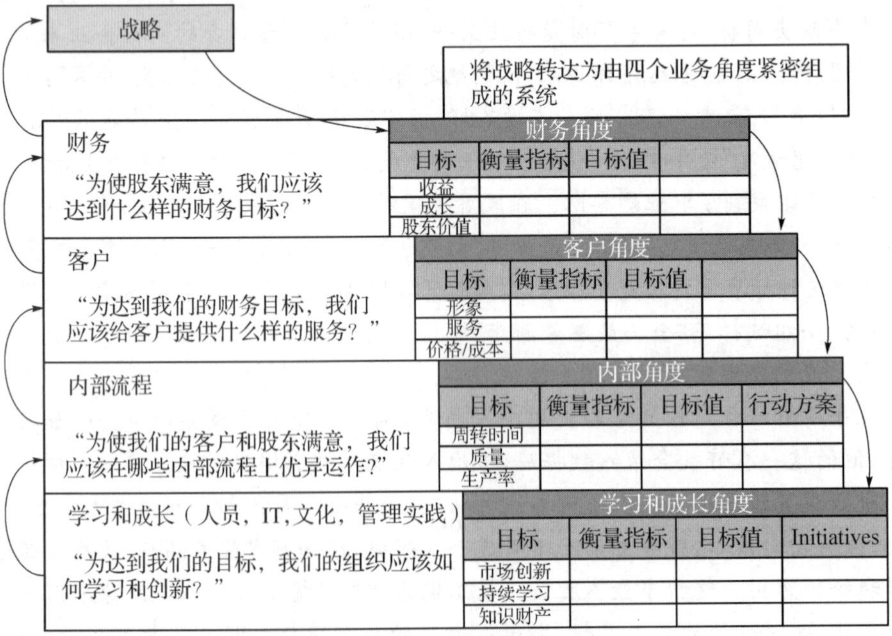

图5－12　平衡积分卡理论原理

平衡积分卡的标准设定原则：遵守因果关系；成果量度与绩效驱动因素关联；与财务链接。

平衡积分卡是完整而科学的管理平台，能够容纳各类管理工具。帮助员工提升工作能力；加强企业各部门间的横向沟通和协同作业的能力；提升企业领导者的领导力，达到各维度的平衡发展。

任务实施

实施前准备：学生自行寻找或搜集我国国企、民营、私营及中外合资和外商独资企业如何进行有效控制的成功典范或失败教训的案例或资料。

1. 全班分5小组(每组5～10人)组成管理团队。

2. 由CEO主持，各组成员担任该公司部门成员。

3. 模拟决策，分小组汇报和模拟表演公司决策的过程。

(1) 分享和介绍企业控制案例；

(2) 运用所掌握的控制职能的内容，分析作为管理者应如何提高控制在管理中的地位和作用。

任务评价与反馈

1. 评价标准：能对控制方法进行分析，并提出有价值的意见或建议。阐述时吐字清晰，态度大方得体。

2. 参与人员：班级各小组、教师。

3. 评价：(1) 教师需对发言人管理情境的调研、分析与建议报告实行评估；

(2) 对各公司或个人的表演(或讲述)与表现进行评估；

(3) 提出建议。

评价指标		A组	B组	C组	D组	E组
职业素质能力(30分)	仪态仪表(10分)					
	语言表达(10分)					
	精神面貌(10分)					
团队协作能力(20分)	成员参与(10分)					
	合作效果(10分)					
职业技能能力(50分)	PPT制作(10分)					
	分析能力(20分)					
	创新能力(20分)					
总　分						

巩固与提高

一、单选题

1. 一般而言，预算内容不涉及(　　)。

A. 收入预算　　B. 现金预算

C. 资金支出预算　　D. 人员编制预算

2. 对于供应商的控制，说法不正确的是(　　)。

A. 供应商供货及时与否、质量的好坏、价格的高低，都对本企业最终产品产生重大影响

B. 大型跨国公司多采用的做法是在全球范围内选择供应商

C. 持有供货商一部分或全部股份是一种控制供应商的方法

D. 为了降低供应商对企业的影响，企业应该与供应商签订短期的合同，激发供应商的服务意识

3. 经济订购批量模型中，企业在一定期间内总需求量或订货量为一定时，如果每次订购的量较少，则订购成本较(　　)，但保管费用较(　　)。

A. 高、高　　B. 高、低　　C. 低、高　　D. 低、低

4. 下列指标中，(　　)可衡量企业资产流动性。

A. 速动比率　　B. 负债比率　　C. 盈利比率　　D. 经营比率

5. (　　)是销售总额与固定资产之比。

A. 固定资产周转率　　B. 资产收益率

C. 投资回报率　　D. 库存周转率

6. 亡羊补牢体现的是(　　)。

A. 前馈控制　　B. 同期控制　　C. 反馈控制　　D. 预防型控制

7. 质量控制过程中，质量的含义是(　　)。

A. 产品的质量　　B. 工作质量

C. 产品质量和工作质量　　D. 设备质量

8. 全面质量管理说法不正确的是(　　)。

A. 开始于20世纪60年代　　B. 以保证产品质量和工作质量为中心

C. 企业全体员工参与的质量管理体系　　D. 以产品质量为中心

9. 注重对已经发生的错误进行检查改进属于(　　)。

A. 预先控制　　B. 现场控制　　C. 事后控制　　D. 直接控制

10. 下列不属于审计控制类型的是(　　)。

A. 内部审计　　B. 科学审计　　C. 外部审计　　D. 管理审计

二、多选题

1. 支出预算包括(　　)。

A. 直接材料预算　　B. 直接人工预算
C. 附加费用预算　　D. 分项销售预算
2. 流动比率是(　　)。
A. 企业的流动资产与流动负债之比
B. 反映了企业偿还需要付现的流动负债的能力
C. 流动资产和存货之差与流动负债之比
D. 反映了企业所有者提供的资金与外部债权人提供的资金的比率关系
3. 盈利比率(　　)。
A. 为企业总负债与总资产之比
B. 反映了企业所有者提供的资金与外部债权人提供的资金的比率关系
C. 反映了企业利润与销售额或全部资金等相关因素的比例关系
D. 反映了企业在一定时期从事某种经营活动的盈利程度及其变化情况
4. 关于存货周转率的说法错误的是(　　)。
A. 销售总额与固定资产之比
B. 销售收入与销售费用的比率
C. 销售总额与库存平均价值的比例关系
D. 销售总额与库存最高价值的比例关系
5. 下列属于JIT特点的是(　　)。
A. JIT是一种直接面向需求的采购模式
B. 用户需要什么,品种、质量、数量、时间、地点都需要符合顾客要求
C. JIT追求零库存,是比较科学、理想的采购模式
D. JIT使得用户库存量最小,无法保证企业的生产要求
6. 防止供应商控制的方法体现在(　　)。
A. 全球化采购　　B. 扩大供应库
C. 与其他用户联手　　D. 协商长期合同
7. 按照标杆的来源划分,标杆管理分为(　　)。
A. 战略标杆　　B. 内部标杆　　C. 外部标杆　　D. 职能性标杆
8. 平衡积分卡的"平衡性"表现在(　　)方面。
A. 财务与非财务平衡　　B. 长期与短期平衡
C. 内部与外部平衡　　D. 结果与动因平衡
9. 现代质量管理的发展经历了(　　)三个阶段。
A. 质量检验阶段　　B. 统计质量阶段
C. 质量改进　　D. 全面质量管理
10. 下列属于采购的5R原则的是(　　)。
A. 适质　　B. 适量　　C. 适价　　D. 适地

三、判断题

1. 质量有狭义和广义之分,广义的质量除了涵盖产品质量外,还包括工作质量。(　　)

2. 全面质量管理的思想是管理者高度集权，把控好整体产品和工作质量。（ ）

3. 准时制的思想是企业不储备原材料库存，一有需要，立即向供应商订货。（ ）

4. 预算控制能保证各种活动和各个部门达成既定目标，合理利用资源达成利润。（ ）

5. 预算是一种可据以执行和控制管理活动的、最为具体的计划。（ ）

6. JIT 采购采用较多的供应商。（ ）

7. 平衡积分卡的“平衡性”表现在财务与非财务平衡、长期与短期平衡、内部与外部平衡和结果与动因平衡。（ ）

8. 全面质量管理的概念最早在 1945 年提出。（ ）

9. 安全库存管理追求的是最大限度的零库存，以减少浪费。（ ）

10. 控制是管理中最重要的职能，没有控制，企业的计划和目标无法顺利地开展。（ ）

四、简答题

1. 简单介绍经济订购批量法。

2. 什么是预算控制？

3. 简述 ABC 法的内容。

4. 内部审计的概念。

5. JIT 采购的概念。

6. 标杆管理的概念。

五、案例分析

案例 1：

西湖公司的控制系统

西湖公司是由李先生靠 3 000 元创建起来的一家化妆品公司。开始只是经营指甲油，后来逐步发展成为颇具规模的化妆品公司，资产已达 6 000 万元。李先生于 1994 年发现自己患上癌症后，对公司的发展采取了两个重要措施：① 制定公司要向科学医疗卫生方面发展的目标；② 高薪聘请雷先生接替自己的职位，担任董事长。

雷先生上任后采取了一系列措施，推行李先生为公司制订的进入医疗卫生行业的计划：在特殊医疗卫生业方面开辟一个新行业，同时开设一个凭处方配药的药店，并开辟上述两个新部门所需产品的货源、运输渠道。与此同时，他在全公司内建立了一条严格的控制措施：要求各部门制定出每月的预算报告，要求每个部门在每月月初都要对本部门的问题提出切实的解决方案，每月定期举行一次由各部门经理和顾客代表参加的管理会议，要求各部门经理在会上提出自己本部门在当月的主要工作目标和经济往来数目。同时他特别注意资产回收率、销售边际及生产成本等经济动向，他也注意人事、财务收入和降低成本费用方面的工作。

由于实行了上述措施，该公司获得了巨大的成功，到 20 世纪 90 年代末期，年销售量提高24%，到2000年达到20亿元。然而，进入21世纪以来，该公司逐渐出现了问题：2002年出现了公司有史以来第一次收入下降、产品滞销、价格下跌。主要原因有：① 化妆品市场的销售量已达到饱和状态；② 该公司制造的高级香水一直未打开市场，销售情况没有预测的那样乐观；③ 国外公司挤占了本国市场；④ 公司在国际市场上出现了不少问题，推销员的冒进得罪了经销商，公司形象没有很好地树立等。

雷先生也意识到公司存在的问题，准备采取有力措施以改变公司目前的处境。他计划要对国际市场方面进行总结和调整，公司开始研制新产品。他相信用了大量资金研制的医疗卫生工业品不久可以进入市场。

问题：

1. 雷先生在西湖公司里采取了哪些控制方法？

2. 假设西湖公司原来没有严格的控制系统，雷先生在短期内推行这么多控制措施，其他管理人员会有什么反应？

3. 就西湖公司的目前状况而言，怎样健全控制系统？

案例2：

PP公司的库存控制

PP公司是一家中型的汽车部件生产商。多年来，PP公司很多客户向PP公司发出订单，订购的产品品种很多，尽管各品种订购批量比较小，但需求量都比较稳定。PP公司采用备货生产模式来追求生产规模效益。为了保证生产的持续进行，生产经理的权力很大，包括采购经理、仓储经理都需向其汇报工作。

最近，PP公司营销部门成功地与几家新汽车制造商签订了几个大合同。新客户订单订购批量都很大，由于技术变化较快，这些新客户希望PP公司采用快速送货模式。

为了降低由于零部件质量不佳或供应商供货延迟而造成缺货的风险，PP公司囤积大量原材料与零部件库存。所有库存采用再订货点控制模式。除非出现意外因素，再订货点通常保持不变。PP公司根据EOQ（经济订货批量）决定向其供应商发出的订购批量。为了满足新客户的大合同，PP公司采用了双供应源策略，两个供应商按40/60的比率分配订单。

问题：

如何评价PP公司现存的双供应源制度？在进行存货管理时，PP公司应注意什么？

巩固与提高答案

参考文献

[1] 陈鸿雁，任艳.管理学实务[M].北京：中国轻工业出版社，2021.
[2] 李庆文，杜远阳.管理学实务[M].大连：大连理工大学出版社，2014.
[3] 张妍.管理学实务[M].北京：中国财富出版社，2018.
[4] 李海峰，张莹.管理学基础[M].北京：人民邮电出版社，2019.
[5] 单凤儒.管理学基础[M].5 版.北京：高等教育出版社，2014.
[6] 毛杰，郭琰.管理学基础[M].南京：南京大学出版社，2015.
[7] 张云河.管理学基础[M].北京：中国人民大学出版社，2013.
[8] 单凤儒.管理学基础实训教程[M].第五版.北京：高等教育出版社，2014.
[9] 杨清华.管理学实务教程[M].北京：北京大学出版社，2015.
[10] 杨清华，杨芸伊.管理学实务教程[M].2 版.北京：北京大学出版社，2017.